Activités de production et syndicalisme en Afrique et au Cameroun XIXe & XXe siècles

Mélanges en hommage au Professeur Léon Kaptué

Émergences Africaines
Dirigée par Magloire KEDE ONANA

La collection « ÉMERGENCES AFRICAINES » se propose de renverser des certitudes faciles. Nous sommes convaincus que l'Afrique, longtemps considérée comme en retrait, s'ouvre au monde, et est plus que jamais au cœur des enjeux. Son Histoire ne doit plus s'écrire ailleurs, par des continents eux-mêmes en crise de modèles à proposer/imposer.

Une nouvelle génération très entreprenante d'Africains et d'Africanistes existe aujourd'hui, qui problématise et réécrit l'Histoire du continent dans toutes ses facettes, et par une approche multidisciplinaire. Il s'agit de dévoiler une Afrique des « Bonnes Nouvelles » : celle qui, parce que plus ouverte au monde, présente tous ses atouts d'émergence.

Dernière arrivée dans la compétition mondiale, l'Afrique est capable d'apporter un élan différent à la mondialisation grâce à son devenir, qui est subordonné à son être.

Dernières parutions

Victor-Joseph BELLA, *L'Ultime mort du Ressuscité*, 2022.
Guy David MBARA A BETSEM, *La chose constatée devant le Comité des droits de l'Homme des Nations Unies. Contribution à la théorie de l'expertise internationale*, 2021.
Jules Ambroise NOPOUDEM, *Le Cameroun dans l'accord de partenariat de Cotonou. Une analyse de la mise en oeuvre des Programmes indicatifs Nationaux du Fonds européen de Développement (2000-2020)*, 2021.
Rock Cyrille ABADA, *Révisions constitutionnelles et stabilité sociopolitique en Afrique francophone post-guerre froide*, 2021.
Sabine Sylvie MENGUE, *La quête du nom* (roman), 2021.
Sabine Sylvie MENGUE, *L'anthropologie au féminin à la lumière d'Edith Stein. Pour un éveil de conscience de la femme au Cameroun*, 2021.
Jean-Paul OSSAH MVONDO, *L'archéologie. De la restitution de l'histoire à l'émergence de l'Afrique*, 2021.
Joseph NDZOMO-MOLÉ, *L'identité culturelle itón. Essai anthropo-philosophique sur le groupe Etón – Manguissa – Batsenga*, 2021.
Jacques Didier Lavenir MVOM, *L'Afrique de la défense et de la sécurité. Contribution pour l'émergence d'une nouvelle approche des questions de défense et de sécurité en Afrique*, 2021.
Marcel KAGAMBEGA, *Les droits des Burkinabè en France : de droits privilégiés au droit commun. Une analyse critique de la diplomatie migratoire franco-burkinabè de 1960 à nos jours*, 2021.
René NGEK MONTEH, *A chronicle of ethnic strife and peace building in the North West Region of Cameroon. The Oku - Mbesa predicament, 1942-2017,* 2021.

Sous la direction de
Christophe Signié

Activités de production et syndicalisme en Afrique et au Cameroun
XIXe & XXe siècles

Mélanges en hommage au Professeur Léon Kaptué

L'Harmattan

5-7, rue de l'École-Polytechnique, 75005 Paris
http://www.editions-harmattan.fr
ISBN : 978-2-14-020808-9
EAN : 9782140208089

Comité de lecture

Pr David Mokam (Université de Ngaoundéré), Pr Christophe Signié (Université de Yaoundé I), Pr Koffi Nutefe Tsigbe (Université de Lomé), Pr Jean Gormo (Université de Maroua), Pr André Tassou (Université de Yaoundé I), Pr Mamoudou (Université de Ngaoundéré), Pr Gabriel Maxime Dong Mougnol (Université de Yaoundé I), Pr Kum (Université de Yaoundé 1), Dr Bang Mbang Kingue (Université de Dschang), Dr Mireille Ebéné Nyamding (Université de Yaoundé 1), Dr Alexis Armélien Gasisou (Université de Yaoundé I), Dr David Keming (Université de Yaoundé 1).

Comité scientifique

Pr Koffi Nutefe Tsigbe (Université de Lomé), Pr Hugues Mouckaga (Université de Libreville), Pr Philippe Blaise Essomba (Université de Yaoundé I), Pr Salvador Eyezo'o (Université de Yaoundé I), Pr Saïbou Issa (Université de Maroua), Pr Jean Koufan (Université de Yaoundé I), Pr Albert François Dikoumé (Université de Douala), Pr Robert Kpwang Kpwang, (Université de Yaoundé I), Pr Roger Bernard Onomo Etaba (Université de Yaoundé I), Pr David Mokam (Université de Ngaoundéré), Pr Gilbert Taguem Fah (Université de Ngaoundéré), Pr Hamadou Adama (Université de Ngaoundéré), Pr André Tassou (Université de Yaoundé I), Pr Virginie Wanyaka Bonguen (Université de Yaoundé I), Pr Funteh Mark Bolak (Université de Bamenda), Pr Emmanuel Tchumtchoua (Université de Douala), Pr Célestin Christian Tsala Tsala (Université de Yaoundé I), Pr Raymond Ebalé (Université de Yaoundé I), Pr Eugène Désiré Eloundou (Université de Yaoundé I), Pr Elvice Achile Bella (Université de Yaoundé I), Pr Gabriel Maxime Dong Mougnol (Université de Yaoundé I), Pr Rogatien Tossou (Université d'Abomey-Calavi Bénin), Pr Faustin Kenné (Université de Yaoundé I), Pr François Wassouni (Université de Maroua I), Pr Alexis Tagué Kakeu (Université de Yaoundé I), Pr Michel Alain Mombo (Université Marien Gouabi), Pr Jean Gormo (Université de Maroua), Pr Joël Narcisse Meyolo (Université de Yaoundé 1), Pr Linda Akiambon Lawyer épse Yang (Université de Yaoundé I), Pr Liliane Atoukam (Université de Ngaoundéré), Pr Edouard Bokagne (Université de Yaoundé I), Pr Moussa II (Université de Yaoundé I), Pr Willybroad Dze Ngwa (Université de Yaoundé I) ; Pr Mamoudou (Université de Ngaoundéré), Pr Célestine Fouelefack Kana (Université de Dschang), Pr Canuté Ambé (Université de Bamenda), Pr Joseph Tanga Onana (Université de Yaoundé I), Pr Edith Tégna (Université de Ngaoundéré), Pr Jules Kouosseu (Université de Dschang I), Pr Jabiru Muhammadou (Université de Yaoundé I), Pr Souley Mane (Université de Yaoundé I), Pr Michael Ndobegang (Université de Yaoundé I), Pr Asil Batenguene (Université de Douala), Pr Ngek Monteh René (Université de Yaoundé I).

Avant propos

Le professeur Léon Kaptué est né vers 1945 à Baleng dans l'actuelle région de l'Ouest-Cameroun. Ses études primaires le conduisent successivement à Souza dans le littoral camerounais et à Dschang dans la province de l'Ouest où il obtient son baccalauréat série A4. Ce qui lui permit de poursuivre ses études supérieures à l'Université de Yaoundé. Étudiant brillant, il obtient successivement un Doctorat de troisième cycle et un Doctorat d'État en 1988.

Sur le plan professionnel, Léon Kaptué intègre officiellement l'Université de Yaoundé, dans laquelle il fait tout son cursus universitaire, en qualité d'Assistant au département d'histoire le 24 novembre 1974. Il gravit progressivement les échelons et passe de Chargé de cours de deuxième classe en 1988 à Chargé de cours de première classe en 1990, puis Chargé de cours de classe exceptionnelle en 1996. En 1998, plus précisément le 22 janvier, il est promu au prestigieux grade de Maitre de Conférences de classe exceptionnelle. Il est mort à l'aube de l'année 2002.

Mais avant sa mort, il a eu à former de milliers d'historiens à travers ses enseignements et l'encadrement des mémoires. Dans le cadre de l'histoire moderne et contemporaine, Léon Kaptué s'est plus particulièrement intéressé à l'histoire socioéconomique. C'est dans ce champ de recherche qu'il produisit sa volumineuse thèse de Doctorat au titre évocateur : **''L'expérience syndicale au Cameroun : des origines à nos jours''** Il est auteur de plusieurs publications scientifiques et d'un ouvrage phare dont le titre est *Travail et Main d'œuvre au Cameroun sous régime français, 1916-1952*, publié à l'Harmattan Paris en 1986.

C'est pour honorer la mémoire de ce grand maitre que ceux qu'il a formé ont choisi de commettre cet ouvrage collectif. Les questions abordées sont dignes d'intérêt et portent essentiellement sur le travail et le syndicalisme au Cameroun et en Afrique. L'ouvrage comporte deux parties traitant chacune d'un des domaines de recherche de Léon Kaptué.

La première partie traite essentiellement des questions de travail et main d'œuvre et contient huit articles. Cette partie s'ouvre par trois textes sur les migrations de la main d'œuvre dans la partie septentrionale du Cameroun. Le premier s'intitule ''Migrations et installation des paysans dans la vallée de la Bénoué au Nord-Cameroun''. Sur la base des données écrites et orales, et s'appuyant sur une approche à la fois diachronique et synchronique, analyse les facteurs qui ont amené les migrants à s'installer dans la vallée de la Bénoué et la transformation agricole qui s'en est suivie. Mais, ces migrants sont confrontés au quotidien aux insécurités foncières et sociales qui les empêchent de s'adonner à une agriculture durable.

Dans le deuxième article intitulé, ''colonisation humaine et développement agricole à Maga'', l'auteur analyse la contribution des migrations des populations allogènes dites ''toupouri'' dans le développement de la riziculture à Maga entre 1979, date de création du projet SEMRY II et 2001. À partir des sources d'archives, de la tradition orale et d'une bibliographie sélective, le travail montre que pour promouvoir la culture du riz dans l'arrondissement de Maga dans l'Extrême Nord du Cameroun, la SEMRY planifia et organisa le transfert des populations allogènes pour peupler cette région autrefois vide. Une fois installés, les migrants reçurent de la société rizicole des parcelles sur lesquelles ils pratiquèrent la culture du riz. Le développement de cette culture eut des conséquences à la fois positives et négatives sur la localité concernée.

Le troisième article sur les migrations a pour titre, ''l'importation de la main-d'œuvre allogène et ses problèmes d'insertion sociale dans le périmètre rizicole de la SEMRY II a maga''. Cette étude qui complète le texte précédent retrace les contours de l'implantation de la riziculture dans la vallée du Logone ainsi que les circonstances de l'importation de la main d'œuvre dans le périmètre de la SEMRY II à Maga, leur insertion sociale dans ce nouveau milieu aussi bien que leur départ depuis les années 90 vers des zones plus prospères au regard de nombreuses crises.

Une autre réflexion s'intéresse au travail en milieu carcéral et a pour titre ''Le travail pénal au Cameroun : absence de logique d'efficacité au regard des attentes d'une politique de resocialisation (1973-2020)''. Il ressort de cet article que l'institution du travail au sein des prisons est une nécessité pour le gouvernement, afin de permettre aux détenus(es) de se réinsérer aisément au sein de la société. Cependant, la mise en œuvre de cette activité rencontre d'énormes difficultés sur les plans structurel et managérial.

L'article portant sur la médecine d'entreprise et la médecine du travail au Cameroun, dans une approche chronologique et analytique, étudie de façon comparée la place des entreprises dans le système de santé au Cameroun pendant la période coloniale française et après l'indépendance. Il ressort de cette recherche que, contrairement à la période coloniale française où les entreprises ouvrirent les portes de leurs formations sanitaires aux populations riveraines pour s'assurer une main-d'œuvre en quantité considérable pour la réalisation de l'œuvre coloniale, après l'indépendance du Cameroun, plus précisément à partir de l'adoption du premier code du travail en 1967, les données changèrent car, les textes qui régissent la médecine du travail ne permettent pas aux entreprises d'utiliser leurs établissements hospitaliers pour recruter la main-d'œuvre mais, protègent davantage le travailleur et sa famille afin de s'assurer un rendement efficient de ce dernier.

Une autre réflexion portant sur le travail dans les musées au Cameroun montre que malgré la création des musées plus structurés (publics et privés) dans les années 50 et 70, les conditions des personnels sont restées misérables. L'absence aigue de visibilité et la persistance d'un secteur touristique décadent ont froissé les lignes budgétaires et par conséquent, les salaires ont chutés. Aujourd'hui, chaque personnel de musée camerounais rêve du jour où son esclavage sera transformé en travail décent. Cette étude retrace ainsi les origines et la typologie des musées camerounais, revoit les conditions de travail de leurs personnels, identifie les défis liés à l'atteinte du travail décent et propose un plan d'amélioration.

Toujours dans la rubrique du travail, un autre texte étudie la relation entre l'aide extérieure et la modernisation de la main d'œuvre dans les activités de production. L'auteur de cette réflexion montre que depuis l'indépendance, le secteur agricole souffre de l'absence d'une main-d'œuvre qualifiée, d'une insuffisance d'équipements et de laboratoires pour l'analyse des sols et semences pouvant contribuer à sa modernisation. L'une des solutions à ces problèmes est venue de la coopération bilatérale, à travers des appuis multiformes que le Cameroun a constamment reçus de ses pays partenaires. L' article montre que les appuis apportés par les partenaires du Cameroun dans la modernisation de la main-d'œuvre agricole ont porté sur la création des écoles d'agronomie, mais aussi sur l'offre du matériel technique en vue de la mécanisation de la production.

Une dernière analyse concernant toujours les problèmes de travail et de main d'œuvre s'intéresse à la coopération entre l'organisation internationale du travail et l'Afrique. Il ressort de cette étude que l'organisation internationale du travail est la plus ancienne institution du système onusien. Créée au lendemain de la Première Guerre mondiale, elle devint après l'échec de la SDN, une organisation spécialisée de l'ONU après la Deuxième Guerre mondiale. La création de l'OIT témoigne de l'importance croissante prise par le travail et par la question sociale tout au long des siècles. Cependant, entre les deux guerres mondiales, les efforts de l'OIT pour l'Afrique furent absorbés par les puissances coloniales qui étaient aux commandes et qui orientaient à leur guise les politiques sociales de l'OIT vers les États africains dont ils avaient la charge. Ce n'est qu'à partir de 1960 que les réalisations de L'OIT vers l'Afrique furent plus libres, désintéressées et plus perceptibles.

La deuxième partie de l'ouvrage porte sur le syndicalisme et comporte sept articles dignes d'intérêt. Le premier traite de la floraison de syndicats dans les sous-secteurs de l'enseignement primaire et secondaire au Bénin entre 1990-2019. Les analyses montrent que les libertés démocratiques retrouvées à la faveur de la Conférence des forces vives de la nation de février 1990 ont eu un impact sur l'univers syndical du Bénin. Le monde syndical du nouvel État démocratique est caractérisé par la création d'une multitude d'organisations syndicales. Les Ministères des enseignements maternel et primaire et celui de l'enseignement secondaire général, de la formation technique et professionnelle connaissent un dynamisme syndical avec près de deux cent mouvements syndicaux. En 2014, il était dénombré quatre-vingt-huit syndicats au niveau du sous-secteur de la maternelle et primaire et une soixantaine au niveau du secondaire. Cette floraison des mouvements syndicaux au niveau du système éducatif a eu comme conséquence, leur fragilisation et leur discrédit auprès du gouvernement.

Toujours dans le domaine de l'éduction, une autre réflexion analyse la contribution du Syndicat National des Enseignants du Supérieur (SYNES) dans l'amélioration des conditions de vieet de travail des enseignants. Il ressort de ce texte que créé en 1991, suite à la perte et l'anéantissement du droit fondamental des enseignants, le SYNES a entrepris plusieurs actions pour améliorer les conditions de vie et de travail des enseignants. Comme moyen d'action, le SYNES utilise les négociations et les grèves pour parvenir à ses fins. Ces actions ont eu un impact positif sur les conditions de vie et de travail des enseignants : Octroi de la prime de l'enseignement supérieur, octroi de l'allocation spéciale à la modernisation de la recherche universitaire en 2009 et bien d'autres choses. Mais, plusieurs obstacles empêchent le bon fonctionnement du SYNES comme la répression syndicale et le harcèlement des dirigeants du SYNES.

Un autre article de cette partie étudie la collaboration entre le parti politique au pouvoir et le monosyndicalisme camerounais. Il ressort de cette analyse que du 1er octobre 1961 au 20 mai 1972, le mouvement d'unification des structures politiques et sociales n'a pas arrêté sa progression. En tant que partie prenante non négligeable de la vie de la jeune nation qui venait de se libérer de la domination des puissances européennes, injustes et prédatrices, le syndicalisme camerounais qui a joué un rôle capital dans le processus de décolonisation du Cameroun n'échappa point à cette politique d'unification. Pour y parvenir, il fallut l'intervention du parti politique au pouvoir qui n'hésita pas à inféoder le mouvement syndical unifié dont la mission première était d'œuvrer au bien-être et à l'épanouissement des travailleurs camerounais. L'auteur montre en fin de compte, que le monosyndicalisme, l'une des forces vives de la nation sur qui le jeune Etat pouvait compter pour son développement économique et social, s'est vu obliger de jouer les seconds rôles au point où certains le confondaient à un organe annexe du parti politique au pouvoir.

Une autre réflexion étudie le rôle joué par le secteur informel dans le retour du pluralisme syndical en Afrique francophone. Dans ses analyses, l'auteur montre que dans de nombreux pays d'Afrique subsaharienne, le déclin des emplois formels dans les secteurs publics et privés a atteint un point critique au début des années 1990. Avec la libéralisation économique induite par les Programmes d'Ajustement Structurel, il va s'ensuivre une sévère récession matérialisée par de vastes programmes de privatisation conduisant à des licenciements massifs et à l'extension du marché du travail dans le secteur informel. Les syndicats ayant peu d'emprise sur le secteur informel, ne sont pas en mesure de représenter de manière significative les travailleurs face aux employeurs ou au gouvernement, ou bien se retrouvent même confrontés à un effondrement total. Le recrutement d'un grand nombre de travailleurs informels devient essentiel à leur survie. C'est ainsi que le pluralisme syndical refait surface, obligeant plusieurs anciennes centrales syndicales uniques à se populariser et à prendre leurs distances de l'État ou du parti au pouvoir.

Un autre article s'intéresse à l'engagement politique des syndicats au Cameroun entre 1944 et 2015. Ce texte montre que les syndicats camerounais ont une longue tradition d'engagement politique, depuis leur implication dans les mouvements anticoloniaux jusqu'aux luttes actuelles pour la démocratie. Leur engagement historique dans la politique peut être résumé en trois grandes périodes. La première concerne la lutte contre le colonialisme, au cours de laquelle des liens étroits se sont établis entre les syndicats et les mouvements de libération nationale. La seconde période débute avec l'indépendance, sous le prisme de la collaboration avec l'État et spécifiquement le système de parti unique institué par le président Ahidjo, mais aussi du foisonnement des sociétés de développement étatiques et par ricochet des emplois dans le secteur public. La troisième période est celle de la régulation du marché, au début des années 90. Elle est marquée par une augmentation spectaculaire du nombre de syndicats au Cameroun, une généralisation des protestations et des troubles sociaux. En utilisant une approche thématique et chronologique, et sur la base de sources primaires et secondaires, l'article montre que les syndicats ont été des acteurs majeurs dans le processus de décolonisation, de transformation démocratique et d'amélioration des conditions de travail des travailleurs au Cameroun.

L'ouvrage se referme par un dernier article qui étudie l'appui des syndicalistes français à leurs camarades camerounais entre 1955 et 1960. Dans cette réflexion, l'auteur montre que dans un contexte de grave crise sociopolitique marqué par la volonté du gouvernement français de mettre « hors d'état de nuire » l'UPC et tous ceux qui luttaient pour la fin de la domination coloniale, les syndicats, surtout ceux qui étaient affiliés à l'USCC et qui étaient largement majoritaires, furent, malgré eux, entrainés dans la spirale de la répression. Dans ces moments de grandes incertitudes et de lutte, les syndicalistes camerounais reçurent un soutien multiforme de leurs collègues français. L'article étudie ainsi les origines, les formes et les conséquences de ce soutien.

Christophe Signié
Maitre de Conférences

Première partie

TRAVAIL, MAIN D'ŒUVRE ET IMPACT SOCIOÉCONOMIQUE AU CAMEROUN ET EN AFRIQUE

Migrations et installation des paysans dans la vallée de la Bénoué au Nord-Cameroun : du défi agricole à la montée des insécurités (1973-2020)

Pr André Tassou & Dr Gaïmo Mounsi
Université de Yaoundé I (Cameroun)

Résumé

Dans sa politique de développement agricole lancée dès son indépendance et face aux disparités démographiques et agronomiques, l'État du Cameroun a opté, à partir des années 1970, pour une politique visant à corriger l'inégale répartition de la population entre les actuelles régions de l'Extrême-Nord et du Nord par rapport aux ressources agronomiques pour un développement agricole équilibré. À travers les projets Nord-Est Bénoué et Sud-Est Bénoué, il s'est attelé à déplacer certains paysans de l'Extrême-Nord qui se trouvaient nombreux sur des espaces peu propices aux activités agricoles pour les installer dans la vallée de la Bénoué (actuelle région du Nord) riche en potentialités agronomiques, mais sous-peuplée à l'époque. Cela a engendré, par la suite, l'afflux des migrants spontanés venus non seulement de l'Extrême-Nord, mais également des pays voisins comme le Tchad, la RCA et le Nigéria. La préoccupation du présent article est d'analyser l'impact de l'installation des migrants agriculteurs dans la transformation agricole de cette vallée au regard des insécurités auxquelles ils font face de nos jours. Sur la base des données écrites et orales, l'analyse des informations collectées a reposé sur une approche à la fois diachronique et synchronique. Ayant défriché et mis en culture de grandes surfaces, faisant de la région un bassin important de production agricole ravitaillant certaines régions du Cameroun et des pays sus-évoqués, ces migrants agriculteurs restent confrontés aux insécurités foncières et sociales qui les empêchent de s'adonner véritablement à une agriculture durable. Cette situation suscite une interpellation pour les autorités coutumières et administratives qui doivent garantir à ces derniers une sécurité maximale, afin qu'ils puissent développer une agriculture consistante, capable de nourrir la population locale, voire nationale toujours croissante.

Mots clés : Migrations, vallée de la Bénoué, Nord-Cameroun, défis agricole, insécurité.

Abstract

In its agricultural development policy launched upon independence and in the face of demographic and agronomic disparities, the State of Cameroon opted from the 1970s, for a policy aimed at correcting the unequal distribution of the population between the current regions of Far North and the North in relation to agronomic resources for a balanced agricultural development. Through the North-East Benue and South-East Benue projects, it set about relocating certain farmers from the Far North who were in large number in areas not very conducive to agricultural activities to settle them in the Benue valley (current northern region) rich in agronomic potential, but underpopulated at the time. This subsequently generated an influx of spontaneous migrants who come not only from the Far North, but also from neighboring countries such as Chad, CAR and Nigeria. The concern of this article is to analyze the impact of the settlement of these migrant farmers in the agricultural development of this valley regarding the insecurities they face today. Based on written and oral data, the analysis of the collected information was based on diachronic and synchronic approach. Having cleared and cultivated large areas, making the region a major agricultural production basin supplying certain regions of Cameroon and the above-mentioned countries, these migrants farmers remain confronted with land and social insecurities that prevent them from indulging in truly sustainable agriculture. This situation raises an issue for customary and administrative authorities who must guarantee them maximum security, so that they can develop a consistent agriculture, capable of feeding the local population, even growing national.

Keywords: migrations, Benue valley, North Cameroon, agricultural challenge, insecurity.

Introduction

Après son accession à l'indépendance, l'État du Cameroun a fait face, dans sa partie Nord, à des disparités démographiques et agronomiques qui ont constitué de véritables freins à son décollage. D'une part, on a noté des zones surpeuplées aux terres à faibles potentialités agronomiques (actuelle région de l'Extrême-Nord avec une densité de 52, 1 hab./km^2) et d'autre part, des zones sous-peuplées aux riches potentialités agronomiques (actuelles régions du Nord et de l'Adamaoua avec des densités respectives de 6,8 hab./km^2 et 5, 2 hab./km^2). Cette situation ne favorisait guère son développement socio-économique qu'il venait d'amorcer, dans son deuxième plan quinquennal de développement économique et social (juillet 1966-juillet 1971), sur la production agricole. Une production qui se devait de remplir un double rôle: satisfaire les besoins internes avec un taux de couverture aussi élevé que possible et, ensuite, procurer au pays, par le jeu des exportations, des devises dont il a besoin pour importer les biens d'équipement et de consommation qu'il ne pouvait pas produire (République Fédérale du Cameroun, 1966 : 98).

À partir des années 1970, l'administration camerounaise a pensé à mettre sur pied une politique visant à corriger cette inégale répartition de la population entre les actuelles régions de l'Extrême-Nord et du Nord[1] par rapport aux ressources agronomiques pour un développement agricole équilibré. Elle s'y est attelée en favorisant et même en suscitant les migrations de certains paysans de l'actuelle région de l'Extrême-Nord qui se trouvaient nombreux sur des espaces peu propices aux activités agricoles et exigus vers la vallée de la Bénoué (actuelle région du Nord) aux conditions climatiques et agricoles plus favorables, jugée à l'époque sous-peuplée et sous-exploitée (Boulet, 1972 : 126). De cette politique sont nés

[1] Selon Beauvilain (1989), les 52,1 hab/km^2 ne représentent que la densité moyenne de l'Extrême-Nord. L'auteur a relevé, sur la base du Recensement Général de la Population et de l'Habitat de 1976, des zones comme les massifs de Ziver, de Koza et de Djinglia dans le Mayo-Tsanaga qui enregistraient respectivement 250 hab/km^2, 230 hab/km^2 et 220 hab/km^2. Dans le Mayo-Sava, le canton Podokwo avait une densité de plus de 240 hab/km^2. Dans le Mayo-Danay par exemple, le canton Wina avait 118 habitants au km^2. Contrairement à ces zones de l'Extrême-Nord, dans l'actuelle région du Nord, la zone qui présentait un certain niveau de peuplement était celle de Garoua Nord avec une densité de 12,7 hab/km^2. Les autres zones comme celle de Garoua Sud, Poli et Tcholliré avaient un faible niveau de peuplement avec respectivement 5,2 hab/km^2, 4,7 hab/km^2 et 2,1 hab/km^2.

respectivement en 1973 et en 1979, les projets Nord-Est Bénoué et Sud-Est Bénoué; lesquels ont conduit à l'installation d'importants migrants agriculteurs dans la vallée de la Bénoué. Ces différents projets de migration ont, par la suite, enclenché des migrations spontanées vers ladite vallée en provenance non seulement de l'Extrême-Nord, mais également des pays voisins comme le Tchad, la RCA et le Nigéria. La préoccupation du présent article est de savoir quel est l'impact de l'installation des migrants agriculteurs dans la transformation agricole de la vallée de la Bénoué au regard des insécurités auxquelles ils font face ?

La méthode pluridisciplinaire adoptée dans ce travail a permis de consulter des sources diverses dont celles orales et écrites. Suivant une approche diachronique et synchronique, l'analyse des informations recueillies se fait en trois articulations. La première s'intéresse aux différentes formes de migrations ayant conduit à l'installation des migrants agriculteurs dans la vallée de la Bénoué, tandis que la deuxième appréhende leur action dans la transformation agricole de ladite vallée et la dernière se penche sur les problèmes que rencontrent ces migrants et qui constituent des freins au développement agricole efficient et durable dans cette région.

1. Des mouvements migratoires à l'occupation agricole de la vallée de la Bénoué

L'installation des migrants agriculteurs dans la vallée de la Bénoué s'est faite à travers deux formes de migration. Il s'agit des migrations dites organisées et de celles dites spontanées ou incontrôlées.

1.1. Les migrations organisées des paysans de l'Extrême-Nord vers la vallée de la Bénoué

Les migrations organisées désignent des déplacements des populations qui interviennent dans le cadre d'une politique de peuplement ou de développement sous l'encadrement des pouvoirs publics ou sous l'encadrement des acteurs non étatiques (Vandi, 2018 : 456). Elles ont été utilisées par l'État du Cameroun à partir de 1973 dans la vallée de la Bénoué, afin de corriger son sous-peuplement (6,8 hab./km^2) pour sa mise en valeur agricole. Il s'est agi d'une politique de mise en valeur des régions insuffisamment développées et d'étalement des populations en vue de l'obtention d'une densité compatible avec les ressources agronomiques disponibles pour un développement économique, culturel et social (MEAVSB/NEB, 1979 : 2). C'est ainsi que, de concert avec la SODECOTON, il a initié dans la vallée de la Bénoué les projets Nord-Est Bénoué et Sud-Est Bénoué ; lesquels ont amené des organisations chrétiennes comme les Comités Diocésains de Développement (CDD), à étendre l'encadrement des migrations vers l'Ouest de ladite vallée.

1.1.1. Les migrations organisées vers le périmètre Nord-Est Bénoué

Constituant le plus grand projet de migration piloté par l'État camerounais dans la partie septentrionale, le Projet Nord-Est Bénoué (PNEB) a été initié par décret présidentiel n°72/332 du 17 juillet 1972, modifié par celui n°73/59 du 09 février 1973 qui a confié à la Mission d'Études et d'Aménagement de la Vallée Supérieure de la Bénoué (MEAVSB) l'aménagement et l'installation des migrants agriculteurs au Nord-Est de la vallée de la Bénoué. Sa zone d'implantation a couvert le périmètre compris entre le Mayo-Kébi au Nord, le Mayo-Rey au Sud et à l'Ouest, le parc national de Bouba Ndjida au Sud-Est et la frontière Tchad à l'Est (Ministère de l'Économie et du Plan, 1980 : 1). Au départ, il s'étendait sur une surface de 6008 km^2 et a été élargi à 10 308 km^2 durant la deuxième phase du projet, notamment de 1983 à 1985 (Beauvilain, 1989 : 535), soit un agrandissement de l'ordre de 4 300 km^2. Elle a ainsi englobé au total les secteurs de Padermé, de Béré, de Lagdo, de Rey-Bouba, d'Adoumri, de Houla, de Pitoa et de Bibémi (Gonné, 2009 : 382).

Pour la viabilisation du périmètre, la MEAVSB y a procédé à la réalisation des infrastructures, afin de le désenclaver pour l'accueil des migrants. C'est ainsi que des ponts, des routes, des radiers, des écoles, des puits, des dispensaires, des marchés hebdomadaires et autres y ont été construits (Dugué, Koulandi et Moussa, 1994 : 18).

Après cela, la MEAVSB, par le biais du personnel du PNEB, est allée organiser dans les campagnes surpeuplées de l'Extrême-Nord des réunions d'information et de sensibilisation, afin d'attirer un maximum de candidats à la migration. Lors de ces réunions, les potentiels candidats ont été rassurés de la disponibilité quasi illimitée des terres cultivables, de leur indépendance vis-à-vis des autorités traditionnelles des zones d'accueil, du non-paiement d'impôt durant les trois ans suivant leur installation, de l'octroi de l'aide alimentaire du Programme Alimentaire Mondial (PAM), de la disponibilité des infrastructures, des facilités de crédits etc. (MEAVSB, 1990 : 46). Pour se montrer plus sérieux, le personnel du PNEB est allé jusqu'à « l'organisation des visites de reconnaissance des périmètres d'accueil par les potentiels migrants ou leurs représentants, sous la conduite des chefs de postes agricoles et de l'ingénieur homologue du projet » (MEAVSB, 1990 : 46). Bref, la migration a été présentée d'une manière très positive aux migrants (Ndembou, 1998: 143).

Après la réalisation des premières infrastructures d'accueil et de désenclavement, les réunions de sensibilisation ainsi que l'enregistrement des premiers candidats à la migration, le PNEB, avec des camions, a débuté à partir de 1976 le transport et l'installation des migrants dans le périmètre qui n'avait que 3,6 hab./km^2 de densité en 1974 (Dugué, Koulandi et Moussa, 1994 : 18). Ils ont été installés dans les villages compris entre la Bénoué et le Mayo-Kébi. Entre autres ces villages, on peut citer : Famouré, Mandjaola, Padermé sur la rive gauche du Mayo-Kébi et en amont du pont sur ledit Mayo ; Houla, Bounga, Dengui en aval du pont ; Adoumri, Mbigou, Dougué, Ouro-Kéo, Soulmaki, Nadoura sur la route d'Adoumri ; Kéhéni, Douloumi, Ouro-Boboa, Bessoum, Riao, Gounougou, Ouro-Doukoudjé, Dingalé sur la rive droite de la Bénoué et autres (Koulandi, 2000 : 3).

Il importe ainsi de relever qu'au démarrage du projet, le périmètre Nord-Est Bénoué comptait environ 23 000 habitants, le projet y a installé, entre 1976 et 1986, 43 941 migrants transportés de l'Extrême-nord, soit presque le double de la population trouvée sur place (MEAVSB/NEB, 1987 : 1). Les migrants transportés sont constitués des Toupouri, des Moundang, des Guiziga, des Massa, des Mousgoum, etc. issus des plaines et des Mada, des Mafa, des Mofou, des Daba, des Kapsiki, des Mouktélé, des Mouyengué, etc. issus des Monts Mandara. Cette initiative, de par son importance, a vite inspiré la SODECOTON qui n'a pas hésité à l'instaurer dans la partie Sud-Est de cette vallée.

1.1.2. Les migrations organisées vers le périmètre Sud-Est Bénoué

Pendant que les installations des migrants agriculteurs se faisaient en faveur du périmètre Nord-Est Bénoué, dans la partie située au Sud-Est de cette vallée, la SODECOTON pilotait le Projet de Développement Intégré. Dans sa politique d'intensification de la culture du coton, cette société d'État a, très vite, été confrontée à un problème de main-d'œuvre agricole. Malgré les conditions du milieu assez favorables et la disponibilité d'importantes surfaces agricoles, la zone était sous-peuplée avec, à certains endroits, une densité de moins de 1 hab/km^2 (Beauvilain, 1989 : 540). Devant cet obstacle, la SODECOTON initia en 1979 le projet Sud-Est Bénoué avec un objectif semblable à celui du PNEB, c'est-à-dire le transport et l'installation des migrants pour l'exploitation agricole.

Inscrit dans un rectangle large de 180 km et long de 230 km, le périmètre dédié à ce projet a été limité à l'Ouest par la route bitumée Ngaoundéré-Garoua, au Nord par le Mayo Godi et le parc national de Bouba Ndjida, à l'Est par les frontières tchadienne et centrafricaine et au Sud par la limite avec la région de l'Adamaoua (République du Cameroun, 1978 : 9). Pour rendre viable ledit périmètre, la SODECOTON s'est attelée, durant la première phase du projet (1979-1982), à le désenclaver. Pour se faire, elle y a construit des pistes secondaires d'ordre de 400 km et un dispensaire (MEAVSB, 1983 : 78). Au cours de la deuxième phase (1983-1985), la SODECOTON y a intensifié ses efforts d'infrastructures avec la réalisation de 382 km de piste, la construction de 25 écoles, de 4 centres de santé et de 60 forages d'eau potable (MEAVSB, 1983 : 80).

Pour le peuplement de la zone aménagée, la SODECOTON, en dépit d'un fort courant migratoire spontané issu du Tchad, a entrepris de transporter des migrants et de les y installer (Beauvilain, 1989 : 541). Pour ne pas se compliquer la tâche, l'attention de la SODECOTON fut tournée, une fois de plus, vers les paysans de l'Extrême-Nord qui avaient déjà fait leur expérience dans la culture du coton(Beauvilain, 1989 : 541). Il s'agit des ethnies des Monts Mandara septentrionaux et de celles de la plaine du Mayo-Danay. Afin de stimuler une envie à la migration chez ces dernières, la Direction de Développement Rural (DDR) de la SODECOTON, à l'exemple des responsables du PNEB, est allée organiser des réunions de sensibilisation dans les marchés de ces zones surpeuplées de l'actuelle Extrême-Nord (SODECOTON, 1994 : 27) à l'instar de

Margui Wandala représenté de nos jours par les départements du Mayo-Tsanaga et du Mayo-Sava qui avait une densité de 65, 5 hab/km^2, le Diamaré avec 48, 3 habitants au km^2 et le Mayo-Danay avec 42, 5 hab/km^2 (Roupsard, 1987 : 80). À partir de 1984, les premiers migrants du périmètre Sud-Est Bénoué, venus de 09 campagnes des zones sus-évoquées, ont été installés (Seignobos, 2006 : 6).

À la fin de la troisième phase du projet (1985-1988), c'est-à-dire en décembre 1988, le nombre de migrants de la région Sud-Est Bénoué s'élevait à 8 937 personnes. Au total, 18 816 migrants agriculteurs ont été installés entre 1984 et 1992 (Seignobos, 1996 : 13). Ces migrants venus de l'Extrême-Nord se répartissaient comme suit : 42, 8% de Toupouri ; 21, 9% de Mafa venus de Koza ; 7, 1% de Mofou (Molwko, Mbokou, Zoulgo, Gemsek…), 5,1 de Mouktele, 7, 1% de Moussey et 7, 5 d'autres montagnards (Seignobos, 1996 : 13).

Au bout du compte, les migrations organisées par l'État et la SODECOTON ont permis à des populations venues des zones saturées de l'Extrême-Nord, de trouver des terres cultivables dans la vallée de la Bénoué. Cette situation a fini par inspirer d'autres acteurs œuvrant dans le bien-être socio-économique des populations de cette région qui ont trouvé utile d'insérer les migrations encadrées dans leur plan d'action comme les Comités Diocésains de Développement.

1.1.3. Les migrations organisées par les Comités Diocésains de Développement (CDD) vers la partie Ouest de la vallée de la Bénoué

L'arrêt des interventions de l'État en 1986 dans l'encadrement des migrations vers la vallée de la Bénoué a conduit à la récupération de la problématique par des ONG chrétiennes telles les CDD. Celui du diocèse de Maroua-Mokolo, singulièrement, en a fait un des axes de solution aux problèmes d'insuffisance des terres agricoles constatées dans la zone montagnarde de l'Extrême-Nord (Vandi, 2018 : 456). Pour ce faire, son choix pour le site d'installation de migrants s'est tourné vers l'Ouest de la vallée de la Bénoué qui avait déjà bénéficié des infrastructures socio-économiques, réalisées à partir de 1989 par la

SODECOTON dans le cadre du projet Ouest Bénoué[2]. Ces infrastructures comprennent la construction des points d'eau, des écoles et des centres de santé ; la réfection des pistes à bétail et des pistes rurales ou l'ouverture d'autres appelées pénétrantes à partir d'un axe principal, jusqu'à un site éventuel d'installation de migrants (Kossoumna Liba'a, 2012 : 163).

De concert avec le CDD de l'archidiocèse de Garoua, le CDD de Maroua-Mokolo a ainsi fait déplacer plusieurs familles montagnardes pour la vallée Ouest de la Bénoué. Dans leurs actions, celui du diocèse de Maroua-Mokolo recensait les familles sans terres et contactait celui de l'archidiocèse de Garoua qui, à son tour, prenait attache avec les autorités traditionnelles des *lamidat* de Touroua et de Tchéboa, afin d'identifier des zones susceptibles de recevoir de nouveaux venus (Ndembou, 1998 : 145).

Ainsi, les deux CDD installaient conjointement environs 15 familles par an (Ndembou, 1998 : 145). En 1990, par exemple, le CDD du diocèse de Maroua-Mokolo a organisé la migration des paysans mafa vers l'arrondissement de Touroua où ces derniers ont fondé les villages de Koza I et de Koza II (Watang Ziéba, 2010 : 151) en référence à leur arrondissement d'origine.

De ce qui précède, les migrations organisées vers les périmètres Nord-Est Bénoué et Sud-Est Bénoué sous l'égide de l'État et de la SODECOTON, ainsi que celles dirigées vers l'Ouest Bénoué sous l'encadrement des CDD ont conduit à l'installation d'un nombre important d'agriculteurs venus de l'Extrême-Nord dans la vallée de la

---

[2] La première esquisse de projet concernant l'Ouest Bénoué date de 1973 et a été effectuée par la Permanent Mission in West of Africa (PMWA). La zone définie pour ce projet concernait celle située à l'Ouest du fleuve Bénoué et à l'Ouest de la route Garoua-Dourbeye jusqu'à la limite actuelle de la région du Nord. Elle comprenait, à l'époque, tout l'arrondissement de Poli et une partie de l'arrondissement de Garoua, c'est-à-dire partant du Nord de la Bénoué aux montagnes situées au Sud qui intègrent le côté Est de la route Garoua-Ngaoundéré jusqu'aux monts Alantika. Il visait un plan de mise en valeur agricole portant, comme les projets Nord-Est et Sud-Est Bénoué, à rééquilibrer la démographie du Nord-Cameroun par la création d'une infrastructure économique et sociale, la création de pôles de développement et des mesures d'intensification de la production agricole. Seulement, à la différence des projets Nord-Est et Sud-Est Bénoué, il a été proposé par la PMWA que, sur le périmètre Ouest Bénoué, les migrations soient spontanées.

Bénoué. Qu'en est-il des migrations spontanées qui se sont développées pendant et après celles-ci ?

1.2. Les migrations spontanées des paysans vers la vallée de la Bénoué

La vallée de la Bénoué, de par ses terroirs peu peuplés aux potentialités agricoles favorables, avait déjà commencé à attirer l'attention des agriculteurs de l'Extrême-Nord qui s'étaient implantés bien avant les projets de migration. Une enquête réalisée en 1978-79 sur l'origine des élèves du secondaire au Nord-Cameroun (nés pour la plupart entre 1955 et 1966), avait révélé que 60 d'entre eux nés dans les villages de la route Figuil-Garoua, dont 40 à Pitoa sont d'ethnie Moundang (24), Toupouri (16), Guiziga (11), Baïnawa (7) ou Massa (2) ; presque tous s'étaient déclarés de parents agriculteurs (Roupsard, 1987 : 82). Mais, c'est avec les différents projets de migration initiés dans cette vallée à partir des années 1970 qu'ils vont s'y implanter de manière intensive.

Parallèlement aux migrations encadrées visant à coloniser les périmètres Nord-Est et Sud-Est de la vallée de la Bénoué, se sont développés des mouvements vers toute la vallée. Ils ont d'abord visé le périmètre Nord-Est Bénoué et ont été aussi importants que ceux encadrés. De 1976 à 1986, le nombre de migrants spontanés a été évalué à 35 980 personnes (AGRAR-UND HYDROTECHNIK GMBH, 1987 : 39) contre 43 941 migrants transportés. Ces mouvements se sont intensifiés avec la mise en service du barrage de Lagdo en 1984, suivie de l'aménagement d'un périmètre hydro-agricole situé en aval.

En effet, après la fin des travaux de construction du barrage et l'aménagement du périmètre rizicole pour la culture irriguée, les manœuvres de la construction du barrage se sont convertis en agriculteurs et sont allés s'installer dans les villages du périmètre Nord-Est Bénoué des environs. Ce sont en tout 338 manœuvres qui se sont installés dans les localités de Bessoum, Dingalé, Riao, Gounougou, Labaré, Ouro Boboa et Ouro Doukoudjé[3]. Ces anciens manœuvres ont ensuite été rejoints par d'autres migrants venus pour

[3] Archives de la MEADEN, « Liste des manœuvres de la construction du barrage de Lagdo installés dans les villages du périmètre Nord-Est Bénoué ».

l'exploitation du périmètre irrigué. Suite aux migrations qui se sont intensifiées vers ce périmètre, sa population est passée de 53 800 habitants en 1980 à 205 602 habitants en 1991 (MINEPLAT, 1993: 65), soit une augmentation de 151.082 habitants.

À côté des migrations spontanées en direction du périmètre Nord-Est Bénoué, d'autres fronts se sont ouverts. L'important afflux des populations, en quête des terres cultivables, s'est prolongé au-delà du périmètre Nord-Est Bénoué, notamment vers la rive Ouest du fleuve Bénoué au Sud de Garoua. Les arrivées ont commencé à s'y accélérer entre 1975 et 1980 (Roupsard, 1987 : 91), faisant de la zone un front pionnier important. Les premiers se sont installés à Sanguéré et en plus grand nombre à Ngong, situé à 40 km au Sud de Garoua, dans le *lamidat* de Tchéboa. En 1981, le recensement sur l'extension Ouest du périmètre Nord-Est Bénoué vers les zones de Ngong et de Lagdo avait relevé que 45% de leur population provenait des zones du Nord de Garoua et de l'Extrême-Nord, soient 4 436 personnes sur un total de 9 898 habitants (Roupsard, 1987 : 91). Il s'agit, par ordre d'importance numérique, de 1 165 Guidar (de la zone de Guider dans l'actuelle région du Nord) ; de 1 027 Moundang ; de 994 Toupouri ; de 705 Massa ; de 632 Guiziga et de 415 montagnards du Nord des Monts Mandara issus de l'Extrême-Nord (Roupsard, 1987 : 91).

À partir de 1978, les arrivées spontanées de migrants se sont amplifiées dans l'Ouest de la vallée de la Bénoué, faisant de Ngong un pôle de relais et de redistribution des arrivants dans la zone. Après une ou deux années d'installation précaire dans cette localité, les migrants se dirigent vers des hameaux de colonisation qui se créent dans un rayon de quelques kilomètres où il était possible de trouver de nouvelles terres à défricher non grevées de redevances locatives (Roupsard, 1987 : 91). Ces nouveaux venus ont créé, autour de Ngong, des hameaux qui se sont très vite transformés en villages. On peut citer ici les cas de Lakaré créé en 1978 par 41 familles laka, de Laïndé Bamé à 3 km au Nord-Est de Ngong en 1980 par 12 familles (5 famille de Guidar, 6 de Daba et une de Hina), Laïndé Massa à 8 km au Nord de Ngong et à 3 km de l'axe Garoua-Ngaoundéré en 1980 par 7 familles massa (Roupsard, 1987 : 91). Ces différents hameaux, devenus de véritables villages à partir de 1984, ont continué à recevoir d'importants migrants. L'immigration dans la vallée Ouest Bénoué a concerné environ 35 000 personnes entre les RGPH de 1976 et 1987, soit environ 3 000 personnes par an (Bonifica, 1992 : 17).

Suite à l'arrivée continuelle et massive d'autres migrants, le front pionnier de la vallée Ouest de la Bénoué s'est mis à progresser suivant l'axe Garoua-Ngaoundéré. À partir de 1985, les installations ont commencé à se faire dans des villages existants tels que Tongo et Boki situés respectivement à 50 et 70 km au Sud de Garoua (Roupsard, 1987 : 92). Au vu de l'importance des migrations dans la densification de leurs territoires, certains *lamibé* de l'Ouest Bénoué, à l'instar de celui de Touroua dans les années 1990, ont commencé à solliciter l'arrivée de migrants dans leurs *lamidats*. Ce dernier, en 1995, avant sa mort, a incité des migrants toupouri qui étaient déjà installés dans le *lamidat* de Rey-Bouba, à venir inspecter la localité de Mbaga pour une éventuelle installation (Koulandi, 2000 : 4). Son fils, qui lui succède le 2 mai 1995 après sa mort, a poursuivi sa politique jusqu'à autoriser l'installation des migrants toupouri et massa sur le site de Mbaga en 1996 (Koulandi, 2000 : 4). Trois ans après, c'est-à-dire en 1999, Mbaga comptait déjà plus de 300 familles de migrants pour une population estimée à 1 800 habitants (Koulandi, 2000 : 4).

L'installation des migrants spontanés au Sud de Garoua s'est ainsi intensifiée et se poursuit jusqu'à nos jours. Selon le *Djaoro* toupouri de Djalingo dans le *lamidat* de Tchéboa : « on enregistre chaque année des arrivées des frères venus du village, à qui on conseille de s'installer à Babla, Laïndé Massa, etc. D'autres préfèrent aller plus loin vers Touboro, Touroua et même vers Gamba » (Watang Ziéba, 2010 : 134).

Dans la haute Bénoué, le long de la route Garoua-Ngaoundéré, les installations progressent depuis 1990, poussant à la création de nouveaux villages comme Badankali en 1994 et Djamboutou peu de temps après (Raimond, 2014-2015 : 87). En 1995, les migrants ont commencé à coloniser l'axe partant de la route Garoua-Ngaoundéré vers Poli (Raimond, 2014-2015 : 87). En 2000, les installations de migrants spontanés ont atteint Gamba (région du Nord) et Mbé (région de l'Adamaoua) (Aoudou Doua et *al.*, 2009 : 476). Au total, « en 2006, sur l'ensemble de la zone comprise entre le Mayo-Bocki au Nord, Mbé au Sud, Poli à l'Ouest et la route Garoua-Ngaoundéré à l'Est, les migrations spontanées avaient touché 40 villages, dont 25 ont été entièrement créés pour une population totale de 40 500 habitants (Raimond, 2014-2015 : 88).

Avec les troubles sociaux orchestrés par le groupe *Boko Haram* dans la région de l'Extrême-Nord qui ont pris de l'ampleur en 2013, d'importants migrants se sont convergés vers la région. Suite à son enquête de 2015 à 2016, Vandi affirme que des

> centaines de personnes provenant des villages de Kolofata, Mozogo, Badjoel, Gansé, Tourou, Diamaré, Tolkomari dans la région de l'Extrême-Nord et du Nigéria ont trouvé refuge dans les localités de Koza II, Hinga, Taparé, Waté, Hoy, Samo Gouna, Windé Pintchoumba, Pikba et Louga Badji dans les département du Faro et de la Bénoué (Vandi, 2018 : 456).

Il ressort de ce qui précède que la colonisation de la vallée de la Bénoué par des peuples d'agriculteurs est le fruit des migrations organisées par l'État, la SODECOTON et les CDD du diocèse de Maroua Mokolo et de l'archidiocèse de Garoua. Elle est également le fruit des migrations spontanées venant de l'initiative personnelle des migrants, fuyant les aléas climatiques que subit l'Extrême-Nord du Cameroun. L'installation des paysans issus de ces différentes formes de migrations s'est suivie d'une transformation agricole de la zone qu'il importe d'analyser.

2. Les extensions agricoles créées par les migrants dans la vallée de la Bénoué

L'augmentation progressive de la population de la vallée de la Bénoué, occasionnée par l'installation des migrants, a eu une influence évidente sur la transformation de l'espace. Il en a résulté l'agrandissement des surfaces cultivées. C'est d'ailleurs ce qu'a laissé entendre en 2003 le Ministère camerounais des Affaires Économiques, de la Programmation et de l'Aménagement du Territoire (MINAEPAT) quand il a mentionné dans son rapport sur la situation du développement de la province du Nord que

> Les surfaces cultivées ont considérablement augmenté du fait de l'installation des migrants suite à la création des projets visant à coloniser les terres neuves (Projets NEB, SEB). Les surfaces couvertes en cultures vivrières dans l'ensemble de la province ont plus que triplé, passant de 138 779 ha en 1995/1996 à 445 796 ha en 1998/1999. Les surfaces en coton ont plus que doublé passant de 48 575 ha à 98 784 (MINAEPAT, 2003 :11).

Cette réalité reste fort perceptible aussi bien dans les périmètres ayant abrité les projets de migration que dans ceux qui ont accueilli les migrants spontanés. Dans le périmètre Nord-Est Bénoué, le PNEB a procédé à l'encadrement agricole des migrants. Pour les encourager à défricher et à cultiver de grandes surfaces, il leur a octroyé entre 1973 et 1978 du matériel agricole. Composé de houes, de charrues, de pulvérisateurs, des charrettes, etc., le nombre de ce matériel a varié selon les années comme le montre le tableau 1.

Tableau 1 : Situation d'aides en matériels agricoles dans la zone NEB de 1973-1974 à 1977-1978.

Matériel	1973-1974	1974-1975	1975-1976	1976-1977	1977-1978	Total
Charrues	250	375	400	400	445	1 470
Houes	50	150	200	350	450	1 200
Semoirs	50	150	200	350	350	1 100
Charrettes	30	30	30	30	30	150
Pulvérisateurs	50	75	80	130	165	500

Source : Gonné, 2009 : 383.

L'octroi du matériel agricole aux migrants du périmètre NEB a été considérable entre les périodes agricoles de 1973-1974 et de 1977-1978. Il a été de l'ordre de 1 470 pour les charrues, de 1 200 pour les houes, de 1 100 pour les semoirs, de 150 pour les charrettes et de 500 pour les pulvérisateurs. Grâce à ce parc de matériel offert, les paysans de ce périmètre, issus des migrations encadrées, ont su coloniser de nouvelles terres agricoles. On a assisté ainsi à une mise en culture permanente des surfaces autrefois vacantes ou cultivées pour l'autoconsommation. C'est ainsi que les surfaces cultivées pour le sorgho, le *mouskouari*, l'arachide, le maïs et le coton, dans ce périmètre, ont évolué considérablement, passant de 6.685 hectares en 1973 à 65.752 hectares en 1991 comme le démontre le tableau 2.

Tableau 2 : Évolution des surfaces cultivées en hectares (ha) dans le périmètre NEB de 1973 à 1991

Culture	1973/1974	1980/1981	1983/1984	1987/1988	1990/1991
Sorgho	2 200	7 742	14 284	18 821	15 502
Mouskouari	1 500	2 011	5 130	5 490	10 097
Arachide	980	1 925	5 241	8 294	8 182
Maïs	260	830	1 230	7 656	15 331
Coton	1 745	2 830	11 251	18 502	16 640
Superficie totale cultivée	6685	15338	37136	58 763	65 752

Source : MINEPLAT, 1993 : 68.

Il ressort de ce tableau que l'arrivée des migrants dans le périmètre a été d'un apport capital pour les extensions agricoles. Pour les cultures vivrières, les surfaces cultivées sont passées de 4 940 hectares en 1973 pour atteindre le seuil de 49 112 hectares en 1991, soit un agrandissement de 44 172 hectares pour un taux d'augmentation de 89,94%.

À cette ouverture des surfaces agricoles occasionnée par les migrants eux-mêmes, s'ajoute l'aménagement du périmètre hydroagricole en aval du barrage pour la culture irriguée. En rappel, dès le début des travaux de la construction du barrage de Lagdo en 1978, l'un des objectifs principaux à lui assignés a été la promotion de la culture irriguée. À cet effet, sur les 17 000 hectares aménageables situés en aval de l'ouvrage, 1 000 ha ont été aménagés pour la culture du riz aussi bien en saison de pluie qu'en saison sèche (MEAVSB, 2001 : 1). Aménagé sous le financement conjoint du Fonds Européen de Développement (FED), de la République Populaire de Chine et de la République du Cameroun, ce périmètre irrigué couvre les villages de Gounougou, Dingalé, Bessoum et Ouro Doukoudjé (Gaïmo Mounsi, 2017 : 40). Son exploitation est assurée par les paysans issus des migrations spontanées, constitués en majorité des anciens manœuvres de la construction du barrage à côté desquels on rencontre des hommes d'affaires de la ville de Garoua (Gaïmo Mounsi, 2017 : 42).

Du côté Sud-Est du bassin de la Bénoué, les migrants ont aussi impulsé la transformation agricole. À titre d'exemple, pour la seule culture du coton, ils ont occasionné l'extension de la superficie cultivée qui est passée de 6 274 ha en 1970/1971 à 9 853 ha en 1980/1981, soit une augmentation de 36,32%. C'est cette extension, centrée sur la culture du coton, qui a permis à la SODECOTON de créer une 4e région agricole dans ledit bassin avec pour chef-lieu Touboro (Oumarou Yalla, 2013 : 235). Elle est composée de 05 secteurs que sont Tcholliré, Ndock, Touboro, Sorombéo et Madingrin (Cathérine, 1981 : 15). Au fil du temps et avec l'arrivée continuelle des migrants dans la zone, la superficie cultivée en coton a évolué pour atteindre 215 027 ha durant la campagne agricole 2004/2005 (Seignobos, 2006 : 17). De nos jours, dans cette zone, les défriches agricoles progressent jusque dans les aires mises en défens, réservées pour la protection de la faune et de la flore telles que le Parc National de Bouba Ndjidda et les Zones d'Intérêts Cynégétiques (ZIC).

L'action des migrants agriculteurs dans l'extension agricole est également considérable à l'Ouest de la vallée de la Bénoué. On peut s'apercevoir de cette extension dans les *lamidats* de Touroua, de Garoua, de Tchéboa et de Poli qui ont été grossis grâce à l'installation des migrants spontanés. Par exemple, dans la zone comprise entre le massif de Poli à l'Ouest, le fleuve Bénoué à l'Est, Mayo Bocki au Nord et Mbé au Sud, l'installation des migrants a permis l'extension fulgurante des superficies cultivées. Seulement, pour le terroir de Djaba, suite à l'arrivée des familles migrantes venues de l'Extrême-Nord du Cameroun et du Tchad entre 2000 et 2004, les superficies cultivées qui étaient de 82 ha en 1992 ont atteint 529 ha en 2002 (Aoudou Doua et *al.*, 2009 : 478). Pour l'ensemble de la région, les parcelles cultivées qui étaient de l'ordre de 3 528 ha sont passées à 8 167 ha en 2002, puis à 10 168 ha en 2004 (Aoudou Doua et *al.*, 2009 : 478), soit une augmentation de l'ordre de 65, 30%.

Tout compte fait, partout dans la vallée de la Bénoué, l'implication des migrants dans la transformation agricole est visible et considérable. Grâce à leurs efforts, la région du Nord est devenue pour les autres régions du Cameroun (Adamaoua et Extrême-Nord) et les pays voisins (Tchad, RCA et Nigéria) un bassin agricole important. Toutefois, ces migrants agriculteurs se retrouvent confrontés à des difficultés qui les empêchent d'exercer pleinement leur activité qu'il convient de soulever dans ce travail.

3. Les obstacles aux actions d'extension agricole dans la vallée de la Bénoué

Si les migrants agriculteurs ont réussi à mettre en valeur les riches terres de la vallée de la Bénoué comme l'a souhaité l'administration camerounaise dans les années 1970 quand il y initiait les projets de migration, ces derniers ont fait et font face à des difficultés dans leurs actions. Celles-ci comprennent les insécurités foncières et sociales.

3.1. L'insécurité foncière alimentée par les autorités traditionnelles : obstacle à l'extension agricole impulsée par les migrants agriculteurs

L'insécurité foncière à laquelle font face les migrants agriculteurs de la vallée de la Bénoué est alimentée en grande partie par l'autorité traditionnelle. Ayant acquis auprès du pouvoir central de Yaoundé[4] le privilège tacite de gérer les ressources foncières et la reconnaissance, mieux la soumission de leurs sujets, les *lamibé* de la vallée de la Bénoué ont maintenu leur position de « maître des terres » au grand dam de la législation foncière (celle de 1974) en vigueur dans le pays. Certains de ces *lamibé* exercent librement une justice foncière et une taxation sur la terre suivant des barèmes qu'eux seuls déterminent et font varier en fonction de l'identité de leurs sujets (Teyssier et *al.*, 2003 : 93). Dans un tel système, les migrants ne sont que des usufruitiers et les parcelles qu'ils défrichent peuvent leur être arrachées sans aucune forme de procès. Ils n'ont donc, à cet effet, aucune assurance d'avoir accès aux mêmes terres agricoles une année deux.

Dans le *lamidat* de Rey-Bouba, par exemple, les terres sont considérées comme une propriété exclusive du *lamido* que les *dogari* (membres de sa milice) n'hésitent pas à qualifier de terre de *Baaba* et qui ne doivent être investies sans l'accord de ce dernier. La suspension en novembre 2004, par le *dogari* Abdou, des opérations de démarcation des villages de migrants engagée par le projet Territoire et Développement Local (TerDel) dans la zone de Touboro est évocatrice. Dans ce même *lamidat*, il avait été institué dans les années 2000 une taxe à l'installation des migrants qui s'élevait à 1 000 000 FCFA pour chaque nouveau village installé ; ce qui a fait rebrousser chemin à de nombreuses familles de migrants qui ont trouvé refuge dans l'Ouest Bénoué (Seignobos, 2006 : 16). Lors de notre enquête dans ce *lamidat* en 2019, plus précisément à Dobinga, les migrants agriculteurs ont rapporté qu'un geste déplacé de leur part, à l'endroit d'un *dogari*, peut faire l'objet de confiscation des parcelles défrichées ou même d'une expulsion du territoire.

Ayant développé une enchère autour des ressources foncières, certains *lamibé* de la vallée de la Bénoué ont vite fait d'ériger leur répartition en source de revenu. Comme partout en Afrique noire

---

[4] Le vent de démocratisation qui a atteint le Cameroun à partir des années 1990, marqué par l'avènement du multipartisme, a conduit à créer une alliance entre le gouvernement de Paul Biya et les forces politiques vives du Nord-Cameroun que sont les *lamibé*. Il a été conlu, selon Teyssier et *al.*, 2003 : 93, un marché tacite accordant à ces chefs traditionnels un blanc-seing pour l'administration de leurs territoires et leurs représentations dans les hautes sphères dirigeantes en contrepartie de leur fidélité au pouvoir tant dans ses actions que lors des échéances électorales.

traditionnelle où le dépositaire de la terre est le seul à accueillir sur la terre de nouveaux venus (Conac, 1998 : 71), les *lamibé*, à travers leurs envoyés et subalternes que sont les *ardo* et les *djaoro*, se sont arrogés le droit d'accueillir les migrants et de leur distribuer les terres agricoles contre redevance. Pour s'installer dans les villages Ndiam Baba et Laïndé Ngobara du *lamidat* de Tchéboa, chacun des migrants agriculteurs a dû débourser 30 000 FCFA (Koussoumna Liba'a, 2008 : 59). Il faut noter qu'ici, les frais versés et le défrichement d'une parcelle ne donnent aucune garantie au migrant. L'entrée en jeu d'un acteur plus important peut pousser l'autorité traditionnelle à le déposséder au profit de celui-ci.

À Tongo, dans le *lamidat* de Garoua, le *ardo* n'a pas hésité à s'emparer des champs de certains migrants originaires de Mokolo (Extrême-Nord) pour les vendre à certaines élites peules, à l'instar de la femme du ministre Hayatou, a rapporté Watang Ziéba en 2010 (Watang Ziéba, 2010 : 206). Du côté du *lamidat* de Touroua, le *lamido* a procédé en 2018 à la confiscation des parcelles défrichées par les migrants mafa pour les redistribuer à ses frères peuls sous le prétexte que ces derniers en avaient de trop à leur disposition[5]. Ce fut également le cas pour le village Dagué où les migrants agriculteurs ont été sommés, entre 2003 et 2004, par le *lamido* de Touroua, Halim Moustapha, de libérer le village au profit des éleveurs mbororo qui ont affirmé lui avoir versé 8 millions de pourboire (Hien, 2009 : 102).

Parfois, les autorités traditionnelles, dans leurs pratiques mafieuses de distribution des terres cultivables, utilisent subtilement les migrants agriculteurs pour défricher des parcelles qu'elles vendent à des personnes plus importantes. Cette pratique consiste à indiquer une parcelle à défricher au migrant. Dès que ce dernier finit de la défricher, le même chef revient lui ordonner de l'abandonner en disant qu'elle a été choisie pour un projet. Une fois que le migrant l'abandonne, le chef la vend à une personne nantie. Par rapport à cette pratique, Jean Pierre Mahina nous a confié que

> Lors du défrichement de la zone de Bakassi, l'*ardo* de Djalingo nous a trop malmenés. Au début, il nous a indiqué des parcelles à défricher et après, il est revenu nous dire d'arrêter le défrichement sous prétexte que c'était une zone dédiée à l'installation des campements d'éleveurs alors que nous avions déjà

[5] Bonnéguissata, 32 ans, coordonnateur adjoint de la commission Justice et Paix de l'archidiocèse de Garoua, Garoua, le 15/10/2019.

défriché la plus grande partie. Dès l'arrivée de la saison pluvieuse, nous avons vu des gens venus de Garoua et de Ngong investir les parcelles en question[6].

Ces faits ne sont que des exemples parmi tant d'autres qui plongent les migrants de la vallée de la Bénoué dans une insécurité foncière permanente. Ils ne leur permettent donc pas d'investir pleinement dans les parcelles qu'ils ont défrichées, afin de véritablement booster la transformation agricole de la région. Il faut aussi relever que cette situation est due au manque de solidarité entre les migrants agriculteurs qui ne disposent pas d'associations crédibles et reconnues leur permettant de défendre unanimement leurs droits et leurs intérêts. À cette insécurité foncière dont ils sont victimes, vient se greffer l'insécurité sociale.

3.2. L'insécurité sociale : facteur paralysant les activités agricoles

L'insécurité sociale est une réalité patente dans les zones d'immigration de la vallée de la Bénoué. Chaque année, les migrants agriculteurs se retrouvent confrontés à ce phénomène et ce, dans tous les *lamidat* de la vallée. Elle tourne autour des agressions des éleveurs et des kidnappings avec demande de rançon par les bandits.

3.2.1. Les agressions des éleveurs transhumants

Les agressions des éleveurs transhumants contre les migrants agriculteurs dans la vallée de la Bénoué sont fréquentes. Elles constituent le plus grand obstacle au développement agricole durable dans la région. En rappel, avant la décision de l'État d'installer les migrants dans la vallée de la Bénoué pour l'exploitation agricole, ladite vallée était le domaine des pasteurs qui y pratiquaient l'élevage transhumant sur de vastes espaces. L'afflux des peuples d'agriculteurs qui ont défriché et mis en culture une bonne partie de ces espaces a constitué une menace pour les activités de ces pasteurs transhumants qui se retrouvent contraints d'exercer entre les champs. Cette situation qui déplait aux éleveurs, les pousse parfois à attaquer nuitamment les villages d'agriculteurs. Le cas du village des migrants agriculteurs mafa et Koza II, dans le *lamidat* de Touroua, qui a subi l'attaque des Mbororo en 2004 est démonstratif. Ce village a été attaqué dans la

[6] Jean Pierre Mahina, 60 ans, migrant agriculteur, Amazonie, le 26/12/2019.

nuit du 31 mai au 1er juin 2004 par 20 Mbororo du clan kessou armés de fusils, machettes, couteaux et gourdins qui ont laissé derrière eux 09 morts, des dizaines de blessés graves et 123 maisons contenant de biens incendiées (Djarmaïla, 2004 : 15). En plus de ces dégâts, les assaillants ont emporté avec eux une quinzaine de bœufs et plus d'un million de Francs CFA (Djarmaïla, 2004 : 15). Cette attaque a poussé certains auteurs à l'instar de Koulandi (2006) et Hien (2009), à parler de massacre de Koza II. Sept jours après ce massacre, c'est-à-dire le 07 juin 2004, une famille d'agriculteurs du côté de Mbaga-Toupouri, toujours dans le *lamidat* de Touroua, fut également attaquée dans son champ à coups de flèches (Hien, 2009 : 85).

Pendant ce temps, à Mayo-Karlaye, trois agriculteurs défrichant leurs parcelles ont été agressés et fouettés par d'autres éleveurs mbororo. Dans ce *lamidat*, surtout à Koza II, après le massacre de 2004, les migrants agriculteurs sont restés sur le qui-vive en raison de la terreur que les éleveurs leur font vivre constamment. En décembre 2019, l'incursion dans la nuit des éleveurs mbororo dans ce village s'est soldée par l'extermination d'une famille de trois personnes qui ont été fusillées et égorgées[7].

Parfois, ce sont des disputes lors des dévastations de cultures en journée qui poussent les éleveurs mbororo à revenir s'attaquer aux migrants agriculteurs dans la nuit. En 2016 à Boumédjé, dans le *lamidat* de Tchéboa, après des altercations en journée entre des bergers mbororo et un agriculteur suite à la dévastation d'un champ, ces bergers sont revenus décapiter l'agriculteur en question la nuit[8]. Dans d'autres cas, les bergers, quand ils sont surpris par un agriculteur en train de dévaster son champ, peuvent décider d'en découdre avec lui. Cette situation a poussé les agriculteurs à ne pas se rendre au champ les jours de culte (dimanche) comme l'a exprimé le *djaoro* de Gada-Tchoffol en ces termes : « les dimanches, les agriculteurs évitent d'aller au champ par peur d'être attaqués par les bergers mbororo, car ces jours-là, la plus grande majorité d'agriculteurs est à l'église et celui qui se retrouve en solitaire dans les champs peut subir les attaques de ces derniers »[9].

---

[7] Pardapa Jonas, 40 ans, migrant agriculteur, Koza II- Touroua, le 02/05/2019.
[8] Godwé Kaoga, 42 ans, commandant de la Brigade de recherches de Ngong, Ngong, le 09/11/2018.
[9] Yaya Hamidou, 47 ans, djaoro, Gada-Tchoffol, le 18/11/2018.

Il faut également noter que lorsqu'une dévastation de culture fait l'objet d'un règlement auprès des autorités traditionnelles ou administratives, elle peut constituer un motif d'attaque des éleveurs contre les agriculteurs si ces derniers ont mal apprécié la sentence. En 2015, à Guirling dans le *lamidat* de Rey-Bouba, des éleveurs mbororo, qui avaient été contraints par le *lamido* de dédommager un agriculteur dont ils venaient de ravager les récoltes stockées dans un enclos, sont revenus la nuit brûler la maison du voisin de ce dernier pensant que c'était la sienne[10]. Les mêmes circonstances ont conduit, en décembre 2019, à l'assassinat d'un agriculteur à Mayo-Bocki. Deux fils d'éleveur mbororo, après avoir dédommagé l'agriculteur devant le commandant de la brigade de Gouna, sont allés tendre une embuscade à celui-ci dans son champ avant de le poignarder mortellement[11].

Ces agressions d'éleveurs transhumants découragent certains agriculteurs et les poussent à abandonner leurs défriches. Dans les villages où les attaques sont fréquentes et plus meurtrières comme Koza II, les agriculteurs s'inquiètent de leur avenir. Quelques-uns d'entre eux abandonnent l'agriculture pour aller s'installer près des zones urbaines comme Garoua, Ngong[12]. À ces agressions d'éleveurs, s'ajoutent les kidnappings qui sont tout aussi importants.

3.2.2. Les kidnappings orchestrés par les bandits

Développés par des bandes armées et menés contre les grands éleveurs transhumants auparavant, les kidnappings sont aussi de nos jours dirigés contre les migrants agriculteurs. Dans les années 2000, bon nombre de migrants agriculteurs qui se sont installés dans la zone de Touboro dans le *lamidat* de Rey-Bouba avaient payé le prix. Après chaque vente du coton, les enfants et femmes de ces derniers subissaient des enlèvements de la part des bandits qui leur exigeaient de payer des rançons. Cette situation avait poussé nombre de migrants agriculteurs à abandonner leurs champs et la zone pour se réfugier dans les localités où ces pratiques n'étaient pas vécues. À ce sujet, des migrants mafa, rencontrés à Mayo-Bocki, ont laissé entendre ce qui suit : « nous étions installés à Touboro pour la culture du coton dans

---

[10] Bawowé Christian, 35 ans, ancien migrant agriculteur retourné dans son village d'origine, Golompoui, le 06/07/2019.

[11] Wanga, 35 ans, migrant agriculteur, Mayo-Bocki, le 14/12/2019.

[12] Pardapa Jonas, 40 ans, migrant agriculteur, Koza II- Touroua, le 02/05/2019.

les années 1995. Face à la montée du phénomène *zarguina* (coupeurs de routes) dans les années 2000 où nos enfants et femmes étaient kidnappés après chaque vente de coton, nous avons trouvé mieux de quitter la zone pour venir nous installer ici à Mayo-Bocki »[13].

De nos jours, dans certains villages, les migrants agriculteurs qui ont réussi à atteindre un certain niveau économique, reçoivent la visite de ces brigands. Du côté du *lamidat* de Touroua, le village Koza II qui brille par le dynamisme de ses habitants qui sont devenus de grands producteurs de céréales, d'arachide et du coton, subit les menaces des bandits. Dès la vente de leurs produits agricoles, ces derniers subissent les intimidations et menaces de mort des bandits qui leur extorquent de l'argent. Le migrant agriculteur de cette localité, Alphonse Voumvounoundi rencontré au marché de Ngong nous a relaté que

> À chaque période de vente de coton, nous recevons des menaces de mort venant des brigands. Dès qu'ils constatent que bientôt la SODECOTON va venir nous payer nos dus, ils laissent des messages, soit par des lettres, soit par appels téléphoniques nous demandant d'apprêter des sommes d'argent pour eux si nous tenons à nos vies et à celles de nos enfants et femmes. Ils exigent surtout de grosses sommes aux grands producteurs de coton, soit entre un et deux millions de Francs CFA. Cette année, les menaces sont plus intenses et nous ne savons pas si nous pourrions encore rester dans ce village dans les années à venir si la situation ne change pas[14].

À travers ces propos, on peut déceler l'inquiétude des migrants agriculteurs de ce village. La même situation est vécue à Amazonie dans le *lamidat* de Garoua. Dans ce village, en juin 2020, après la vente du coton, Jean Pierre Mahina a vu l'un de ses fils être kidnappé par des bandits armés qui ont fait irruption chez lui la nuit. Après avoir tiré des coups de feu en l'air pour apeurer le voisinage, ces derniers ont emmené son fils. Le sieur Mahina a dû débourser la somme de 1, 5 million aux ravisseurs pour voir son fils être libéré après deux semaines[15].

De ce qui précède, l'insécurité foncière alimentée en plus grande partie par les autorités coutumières combinée aux agressions des éleveurs et aux actions des bandits sont des phénomènes qui limitent considérablement l'action des migrants agriculteurs dans la

---

[13] Bilturé et Lerou, respectivement 40 ans et 56 ans, migrants agriculteurs, Mayo-Bocki, le 14/12/2019.

[14] Alphonse Voumvounoundi, 41 ans, migrant agriculteur, Ngong, le 12/11/2019.

[15] Jean Pierre Mahina, 60 ans, migrant agriculteur, Amazonie, 11/10/2020.

transformation agricole durable de la vallée de la Bénoué. Elles les maintiennent en situation d'insécurité permanente qui ne les motivent pas à s'investir davantage dans l'extension agricole de la zone pour une diversification de la production agricole.

Conclusion

Initiées après la première décennie de l'indépendance pour permettre la mise en valeur agricole de la vallée de la Bénoué, les migrations encadrées qui ont enclenché, par la suite, des migrations spontanées, ont conduit à l'installation d'un nombre important de paysans venus de l'Extrême-Nord et des pays voisins. Cela a abouti à la transformation agricole de cette vallée qui, naguère, était sous-peuplée et exploitée par des pasteurs transhumants, notamment à travers les extensions des superficies cultivées. Grâce aux efforts des migrants, la région administrative du Nord est devenue un bassin agricole important qui ravitaille, de nos jours, les autres régions du Cameroun et les pays voisins comme le Tchad, la RCA et le Nigéria.

Toutefois, ces migrants se retrouvent confrontés à des difficultés qui entravent la transformation agricole durable de ladite vallée, au nombre desquelles se trouvent l'insécurité foncière alimentée par les autorités coutumières, les agressions et attaques des éleveurs transhumants et la menace des bandits de grands chemins. Face à ces difficultés, les migrants agriculteurs demeurent dans une insécurité permanente qui les décourage et les empêche de s'investir activement dans une agriculture plus rentable et moderne. Une telle situation reste interpellatrice pour les agriculteurs qui doivent se réunir au sein des associations solides qui leur permettront de mieux défendre leurs droits et leurs intérêts. Il reste également une interpellation pour les autorités coutumières et administratives qui doivent garantir à ces migrants une certaine sécurité, afin qu'ils puissent développer une agriculture durable pour pouvoir nourrir une population locale et nationale de plus en plus croissante.

Bibliographie

1. Ouvrages

- Beauvilain, A., 1989, *Nord-Cameroun : crises et peuplement*, Vol.1 et 2, Coutances (Manche), Imprimerie Claude Bellée.
- Boulet, 1972, *Les pays de la Bénoué*, Paris, ORSTOM.
- Conac, G. (dir.), 1998, *La terre, l'eau et le droit en Afrique, à Madagascar et à l'Ile Maurice*, Bruxelles, Bruylant.
- Dugué, P., Koulandi, J. et Moussa, C., 1994, *Diversité et zonage des situations agricoles et pastorales de la zone cotonnière du Nord-Cameroun,* Projet Garoua II, Garoua, IRA/IRZV.
- Kossoumna Liba'a, N., 2012, *Les éleveurs mbororo du Nord-Cameroun. Une vie et un élevage en mutation*, Paris, L'Harmattan.
- Roupsard, M., 1987, *Nord-Cameroun : ouverture et développement*, Coutances(Manche), Imprimerie Claude Bellée.
- Seignobos, C, 1996, *Terroir de Siri : terroir pionnier tupuri dans la région de Touboro*, Paris, ORSTOM.

2. Articles

- Aoudou Doua, S. et *al*., 2009, « Suivi et évaluation par télédétection du parcellaire et des défrichements agricoles dans la haute vallée de la Bénoué entre 2000 et 2004 », *in* Tourneux, H. et Woïn, N., *Migrations et mobilités dans le bassin du lac Tchad*, Actes du XIIIe colloque international du Réseau Méga-Tchad, Maroua, 31 octobre-03 novembre 2005, Marseille, Éditions IRD, pp.467-483.
- Djarmaïla, G., 2004, « Une razzia fait neuf morts à Koza II », *Cameroon Tribune*, n°8109/4398 du 03 juin.
- Gonné, B., 2009, « Migrations et problématique d'installation récente des paysans toupouri dans la vallée de la Bénoué (Nord-Cameroun) », *in* Tourneux, H. et Woïn, N., *Migrations et mobilités dans le bassin du lac Tchad*, Actes du XIIIe colloque international du Réseau Méga-Tchad, Maroua, 31 octobre-03 novembre 2005, Marseille, IRD éditions, pp.379-394.

- Seignobos, C., 2006, « Une négociation foncière introuvable ? L'exemple du Mayo-Rey dans le Nord du Cameroun », in *Les frontières de la question foncière-At the frontier of land issues*, Colloque international, Montpellier.
- Teyssier, A. et *al.*, 2003, « Expériences de médiation foncière dans le Nord-Cameroun », *Land Reform, Land Settlement and Cooperatives*, Vol.1, pp.90-102.
- Vandi, F., 2018, « Migrations agricoles et développement durable, couple toujours inconciliable ? L'exemple de Koza II dans la région du Nord-Cameroun », *Tropicultura,* Vol. 36, N° 2, pp. 454-466.

3. Mémoires et thèses

- Gaïmo Mounsi, 2017, « Barrage de Lagdo et mutations socio-économiques dans la région du Nord (1978-2012) », Mémoire de Master en Histoire, Université de Yaoundé I.
- Hien, P., 2009, « Ressources naturelles et conflits dans le bassin de la haute Bénoué (1916-2006) », Mémoire de DEA, Université de Yaoundé 1.
- Kossoumna Liba'a, N., 2008, « De la mobilité à la sédentarisation : gestion des ressources naturelles par les éleveurs mbororo au Nord du Cameroun », Thèse de Doctorat en géographie, Université Montpellier III-Paul Valéry.
- Ndembou, S., 1998, « Le développement rural dans la plaine de la Bénoué (Cameroun) : changements géographiques et permanence sociale », Thèse de Doctorat en Sciences Sociales, Université de Paris I Panthéon-Sorbonne.
- Oumarou Yalla, 2013, « Culture du coton et dynamiques socio-économiques au Nord-Cameroun 1951-2013 », Thèse de Doctorat *Ph.D* en Histoire, Université de Yaoundé I.
- Raimond, C., 2015, « Agrobiodiversité et dynamiques paysagères : des champs aux territoires de conservation (Haute Bénoué) », Mémoire d'habilitation à diriger les recherches, Université de Paris 1 Panthéon-Sorbonne.
- Watang Ziéba, F., 2010, « Muskuwaari, immigration et mutations spatio-agricoles en pays guiziga (Extrême-Nord du Cameroun) »,

Thèse de Doctorat/*Ph.D.* en Géographie, Université de Ngaoundéré.

4. Rapports

- AGRAR-UND HYDROTECHNIK GMH, 1987, « Aménagement hydro-agricole : périmètre de Lagdo II, Phase III, étude de factabilité », Rapport de synthèse.
- Bonifica, 1992, « Projet de développement rural intégré des régions Ouest Bénoué et Monts Mandara », Rapport final, novembre.
- Catherine, O., 1981, « Rapport de stage effectué à la SODECOTON », ISTOM.
- MEAVSB/NEB, 1979, « Note de conjoncture du Projet Nord-Est Bénoué –phase II », 13 octobre.
- MEAVSB, 1983, « Plan directeur de l'aménagement de la vallée supérieure de la vallée de la Bénoué, phase I, annexe 2 ».
- MEAVSB/NEB, 1987, « Rapport annuel pour la période du 01 janvier au 31 décembre 1986 », janvier.
- MEAVSB, 1990, « Étude de la situation foncière et domaniale dans le périmètre Nord-Est Bénoué », Rapport provisoire, août.
- MEAVSB, 2001, « Étude diagnostique des aménagements hydroagricoles de Lagdo», Rapport final, mai.
- MINAEPAT, 2003, « Rapport de la session du comité de développement de la province du Nord », juillet.
- MINEPLAT, 1993, « Évaluation du programme de développement rural dans le bassin de la Bénoué, Vol.1 », Rapport définitif, janvier.
- MINEPLAN, 1980, « Étude des pôles de peuplement du NEB », Rapport de proposition, août.
- République Fédérale du Cameroun, 1966, *IIe plan quinquennal de développement économique et social, juillet 1966-juillet 1971,* Yaoundé.

- République du Cameroun, 1978, « Étude technique de pistes rurales dans le Sud-Est de la Bénoué (arrondissement de Tchollіré) », Rapport de février.

Colonisation humaine et développement agricole à Maga (1979 à 2001)

Christophe SIGNIE
Maitre de Conférences
Université de Yaoundé I

Résumé

Le présent travail analyse la contribution des migrations des populations allogènes dites ''toupouri'' dans le développement de la riziculture à Maga entre 1979, date de création du projet SEMRY II et 2001. Cette analyse répond aux questions suivantes : Comment s'est déroulé le transfert des populations des chefferies voisines vers Maga ? Quelle est l'impact de cette colonisation humaine sur le développement de la riziculture dans cette localité ? À partir des sources d'archives, de la tradition orale et d'une bibliographie sélective, ce travail apporte des réponses à ces questions.

Il ressort des développements effectués que pour promouvoir la culture du riz dans l'arrondissement de Maga dans l'Extrême Nord du Cameroun, la SEMRY planifia et organisa le transfert des populations allogènes pour peupler cette région autrefois vide. Une fois installés, les migrants reçurent de la société rizicole des parcelles sur lesquelles ils pratiquèrent la culture du riz. Le développement de cette culture eut des conséquences à la fois positives et négatives sur la localité concernée notamment l'amélioration des conditions de vies des paysans, la transformation de Maga en ville, l'apparition de la prostitution, de l'alcoolisme et le changement des habitudes alimentaires.

Mots clés : migration, Maga, Riziculture, Toupouri.

Abstract

This work analyses the contribution of the toupouri people to the development of rice production in the Maga region between 1979, date of the creation of SEMRY II's project and 2001. This study answers the following questions: How was operated the transfer of

Toupouri to Maga? What where the contribution of these people to the development of rice production in this locality? This article provides answers to these questions drowned from archival, oral tradition and published sources.

The results of our analysis reveal that to promote the culture of rice in the Maga division, SEMRY organized migration of Toupouri to Maga. After their installation, the migrants received from SEMRY some pieces of land in which they produced rice. The development of this culture had positive and negative consequences on Maga, namely the amelioration of the living standards of the peasants, the creation of Maga's town and the appears of prostitution and alcoholism.

Key words: migration, Maga, Rice culture, Toupouri.

Introduction

Pour promouvoir le développement rural des différentes régions du pays, l'Etat avait opté dans les années 1970 pour la politique par projet. C'est ainsi que dans l'arrondissement de Maga dans le département du Mayo Danay, la Société d'Expansion et de Modernisation de la Riziculture de Yagoua (SEMRY) créa le projet SEMRY II en 1979 dont l'objectif principal était la recherche de l'autosuffisance alimentaire par le développement de la riziculture. La condition sine *qua non* pour produire du riz était l'immigration des populations des localités voisines, car Maga était une zone vide qu'il fallait peupler ; d'où l'idée d'une colonisation humaine. C'est ainsi que la SEMRY mit sur pied un vaste programme de migration des populations des chefferies attenantes qu'on qualifia ''de migration Toupouri''. L'objet de cet article est d'étudier ces migrations et de montrer leur rôle dans la promotion de la riziculture dans la localité de Maga. Les questions suivantes constituent les leviers de notre démarche scientifique : Quels sont les facteurs de l'immigration des Toupouri et comment s'est faite cette colonisation ? Quelle a été leur contribution dans le développement de la riziculture à Maga. Quel est l'impact du développement de la riziculture dans la région ?

Cet article apporte des réponses à ces questions. Il analyse d'abord les migrations des Toupouri de leur lieu d'origine vers Maga, étudie le développement de la riziculture et se termine par l'examen de l'impact de cette activité à Maga.

1. La migration des populations Toupouri vers Maga

La migration des Toupouri vers la localité de Maga fut favorisée par la création du Lac de Maga qui donnait la possibilité de développer la riziculture.

1.1. Les facteurs de la migration des Toupouri

Dans la réalisation de ses objectifs en matière de production agricole, la SEMRY fit appel aux populations paysannes. Pour ce qui est de Maga, les conditions de mise en œuvre de SEMRY II furent très différentes de celles de SEMRY I. Cet arrondissement était en fait une zone vide qu'il fallait peupler. En 1976, le département du Mayo Danay dont dépend Maga comptait environ 40 000 personnes. La nécessité de libérer 35 000 hectares pour la création du Lac de retenue s'est traduite par d'importantes modifications dans l'occupation de l'espace. La population mousgoum habitant les villages devant être submergés par les eaux avait été estimée à 6 400 personnes.[1]

Les villages situés sur l'emprise de la digue du chenal et sur les terrains devant être affectés à l'administration et aux réalisations industrielles devaient être aussi déplacés. Les promoteurs du projet espéraient aussi que les habitants des villages recouverts par le lac et les habitants des villages déplacés sur la plateforme de Maga, siège du projet SEMRY II, allaient s'installer dans les villages dits satellites. Mal leur en a pris car, pour des raisons cumulées, mais principalement à cause du refus de se convertir à la riziculture irriguées et à son contraignant calendrier agricole, la moitié seulement des habitants du lac s'était installée en fin 1979 dans les villages de la SEMRY.[2] Une partie était en effet demeurée dans les anciens villages dont certains n'étaient pas totalement submergés, tandis que l'autre s'était établie à l'extérieur du périmètre.

Face à cette situation imprévue par les responsables du projet, le recours à des populations allogènes fut envisagé. Après des réunions avec les autorités locales, le choix se porta sur les populations Toupouri pour des raisons multiples. Le pays Toupouri, densément peuplé, était déjà caractérisé par d'importants flux d'émigrations qui amenaient ses habitants à s'employer comme salariés sur les champs

[1] Archives de la SEMRY, Rapport d'activités 1981/82, p.26.
[2] Entretien avec Semlina Fourna, 75 ans, Riziculteur, Vélé, 7 mars 2018.

de coton proche de Guirvidig. Leur caractère sérieux et travailleur ainsi que la tendance naturelle à émigrer étaient considérés comme des facteurs favorables par les responsables de la SEMRY. C'est dans ce contexte que débuta le transfert des populations allogènes vers Maga.

1.2. L'installation des migrants à Maga

Après de nombreux contacts et visites, un premier contingent de 958 Toupouri venant des Sous-préfectures de Doukoula et de Tchatibali furent installés sur le village satellite de Ziam au nord de Maga en Avril 1981 (République du Cameroun, 1991, p.244). Cette migration avait été initiée, programmée et organisée par un service d'animation créé pour les besoins de la cause. Un programme de migration plus ambitieux avait été élaboré dès que la nécessité de transférer des populations allogènes s'était fait sentir. Ainsi, la venue des peuls de la région de Bogo et de Kotoko de Logone Birni avait été envisagée. Mais ces options furent rapidement abandonnées devant le peu d'enthousiasme marqué par ces populations pour venir cultiver du riz à Maga. En outre, les zones dont elles sont originaires sont en comparaison avec le pays toupouri peu peuplée et l'immigration est peu importante. Le choix se porta finalement et principalement sur les Toupouri dont le pays présentait à l'époque des densités démographiques supérieures par endroit à 100 habitants au kilomètre carré, ce qui engendrait d'importants courants migratoires à l'intérieur et à l'extérieur du pays.[3]

La SEMRY avec l'aide des autorités administratives du pays Toupouri souhaitait détourner une partie des courants migratoires existant vers Maga et y attirer les jeunes n'ayant jamais émigrés. Malgré de nombreux contacts et visites réciproques, les autorités administratives qui avaient dans un premier temps donné leur accord de principe, ont par la suite manifesté des réticences face à l'émigration d'une partie importante de la population active des sous-préfectures dont ils avaient la charge. Cette situation s'expliquait par le fait que d'une part, le pays Toupouri était depuis les années 1960 une zone de production de coton et que les autorités administratives touchaient des ristournes proportionnelles aux quantités produites. Mais plus encore, le départ d'une partie de la population imposable

[3] Entretien avec Robert Rawa, 67 ans, Riziculteur migrant, Kolong, 15 mars 2018.

(impôt de 3000 francs CFA par personne) aurait eu pour effet de diminuer les rentrées fiscales déjà très affaiblies par d'importants courants migratoires. Le pays Toupouri, densément peuplé était déjà avant la création de la SEMRY mit à contribution chaque fois qu'une opération de développement ou un projet industriel voyait le jour. Ainsi, les Toupouri constituaient le groupe le plus nombreux parmi les coupeurs de canne à sucre à Mbandjock dans le département de la Haute Sanaga et plus récemment, le projet Nord Est Bénoué et la société de développement du blé à Ngaoundéré avait eu recours à eux (République du Cameroun, 1992, p. 245).

Depuis la création du village de Ziam en 1981, l'installation des Toupouri s'est poursuivie de façon continue. C'est ainsi qu'en 1983, on dénombrait près de 3595 personnes installées contre 3845 l'année précédente dont 2100 ont été transférées par la SEMRY. Le tableau 1 indique l'origine des migrants, le nombre de personnes installées ainsi que leur nombre par classe sociale.

Tableau 1 : Migrants installés par la SEMRY et ceux installés par leurs propres moyens en 1982/83.

Origine des migrants	Chef de famill e	Épouse Femm e	Enfant s de plus de 15 ans	Enfant s de -15 ans	Célibataire s	Totau x
Migrants transférés par la SEMRY						
Moulvouday e	23	31	4	96	22	176
Kalfou	7	10	1	20	8	46
Yagoua	23	29	-	57	15	124
Wina	5	7	2	25	4	43
Bago	8	8	-	20	2	38
Guirvidig	8	8	1	24	2	43
Guisage	5	7	-	18	4	34
Golonguini	13	16	2	31	10	72
Doubane	12	12	-	20	5	49
Touloun	10	11	3	22	14	60
Guidiguis	27	29	2	62	54	174
Bizili	40	18	3	81	35	177
Doukoula	145	181	40	333	138	837
Mokolo	10	11	-	27	2	50
Tchadiens	40	46	-	82	9	177

Total I	376	424	58	918	324	2100
Migrants installés par leurs propres moyens						
Mokolo	8	9	-	21	4	42
Mindif	4	4	-	1	1	10
Bozo	5	5	-	8	-	18
Yagoua	3	3	-	-	-	6
Garoua	1	1	-	1	-	3
Tchadiens	7	8	-	12	4	31
Pette	2	3	-	2	2	10
Total II	30	33	1	45	45	120
TOTAL I +II	406	457	59	963	335	2220

Source : Rapport d'activités SEMRY 1983/84

Il ressort du tableau 1 que la SEMRY avait installé pendant l'exercice 1982/83, 2100 personnes. A la même période, 120 personnes s'étaient installées par leurs propres moyens. A ces migrants spontanés s'ajoutaient les chiffres des villages tels que Balla-blah et Bakas Aray I avec 591 personnes, ceux de Bakas Aray 2 avec 142 personnes, ceux de Dangbai 42 personnes et ceux de Maga 600 personnes. L'ensemble de cette population se chiffrait en 1983 à 3595 personnes.[4] Ce sont ces colons venus des chefferies voisines qui ont joué un rôle catalyseur dans le développement de la riziculture à SEMRY II à Maga.

En effet, à chaque nouvel arrivant, la SEMRY mettait à sa disposition des parcelles pour la culture du riz, des denrées alimentaires de premières nécessités et du matériel pour bâtir une case. La section qui suit analyse les aménagements et l'évolution de la production rizicole dans l'arrondissement de Maga.

2. Développement de la riziculture à Maga par les migrants

La production du riz dans l'arrondissement de Maga débuta par l'aménagement des superficies où du riz devait être semé. Cette section étudie l'évolution des superficies rizicultivables ainsi que celle de la production rizicole elle-même.

[4] Archives de la SEMRY, Evolution des transferts des populations, poursuite des aménagements, np.

2.1. Les aménagements hydro agricoles à Maga

Le projet SEMRY II logé à Maga envisageait l'aménagement de 7000 hectares de rizière en doubles cultures annuelles avec irrigation gravitaire, évitant ainsi les charges et les aléas de pompage vers le Logone. L'ouvrage clé est constitué par une digue barrage longue de 27 km et haute de 4 m en moyenne coupant la plaine d'inondation de Pous à Guirvidig. Son but est de retenir les eaux dans la zone déprimée traversée par le Mayo Guerléo et le Mayo Vrik, formant un lac artificiel de retenu d'environ 40 000 hectares.[5] L'alimentation du Lac est assurée par les apports du Guerléo et du Mayo Tsanaga, mais surtout par un canal d'amenée qui, pendant la crue, capte les eaux du Logone par un ouvrage de prise au niveau de Djafga. Le lac de Maga ainsi formé permet l'irrigation gravitaire de 4 casiers alimentés chacun par une porte dans la digue.[6]

Les aménagements hydrauliques commencent effectivement en 1979 après le remplissage en eau du Lac. Les premières rizières sur le casier de Maga Ouest reçoivent des semis pour la saison des pluies 1979, sur une surface de 586 hectares sur les 700 hectares aménagés. La première campagne rizicole dans le secteur de Pouss a eu lieu au cours de la saison des pluies 1980, période au cours de laquelle plus de 90% de la superficie aménagée ont été cultivés, soit 778 hectares sur les 840 hectares aménagés. [7]Pendant la saison sèche 1980/81, les surfaces rizicultivées à Pouss étaient de 568 hectares contre 465 pour le secteur de Maga Ouest, alors qu'en saison de pluie, ce dernier secteur capitalisait 783 hectares de terres rizicultivés. Dans l'ensemble, près de 2020 hectares de superficies rizicultivables aménagées pour 1033 riziculteurs (M. Roupsard, 1984, p.54). Le faible taux de culture s'explique par l'éloignement excessif entre les rizières et les zones d'habitation, en particulier les localités de Pouss et Guirvidig.

Pendant la campagne 1981/82, les surfaces irrigables couvraient 3483 hectares. Elles devaient ensuite évoluées pour atteindre 4 244 hectares en 1982/83, 5407 hectares en 1983/84 et 5981 hectares en 1984/85. Cette évolution peut s'expliquer par le fait qu'à partir de

---

[5] Archives de la SEMRY, Projet SEMRY II : digue de Maga, aspect relatif à la consolidation.

[6] Archives de la SEMRY, Projet de développement rural intégré d'un périmètre de 55000 hectares dans le district de Maga-département du Mayo Danay.

[7] Archives de la SEMRY, Rapport d'activités SEMRY 1980/81.

1982, tous les casiers de Maga à savoir Pouss, Guirvidig, Maga-Ouest et Maga Est étaient concernés par les aménagements.[8]

Lors de la campagne 1988/89, les superficies rizicultivées étaient de 833 hectares pour la saison sèche et 4040 hectares pour la saison de pluie, soit un total de 4873 hectares pour l'année. En 1989/90, cette superficie était de 4788 hectares, soit 837 pour la saison sèche et 3951 hectares pour la saison pluvieuse. De 1990 à 1992, on nota une baisse substantielle des superficies repiquées avec 4012 hectares en 1990/91. Elles étaient réparties comme suit : 857 et 1581 hectares respectivement en saison sèche contre 3155 et 1817 hectares respectivement en saison de pluie.[9]

De 1992 à 1996, les espaces rizicultivables allaient relativement augmenter passant de 5271 hectares en 1992/93 à 7264 hectares en 1993/94, pour alors baisser à 5054 hectares en 1994/95 et 5096 hectares en 1995/96. Pendant les campagnes 1996/97 et 1997/98, on enregistra respectivement 5856 hectares et 5488 hectares de superficies repiquées. En 1998/99, la baisse fut assez sensible et on enregistra seulement 3525 hectares de terres réellement cultivées. En 1999/2000, les terres cultivées n'étaient que de 2585 hectares. Une légère hausse est cependant observée en 2000/2001 au cours de laquelle les superficies atteignaient 5198 hectares.[10] Ce sont ces terres aménagées qui furent distribuées aux migrants pour pratiquer la culture du riz. Nous analysons dans la partie qui suit l'évolution de la production rizicole issue de ces terres.

2.2. Évolution de la production rizicole dans l'arrondissement de Maga

La première campagne rizicole pour le compte de SEMRY II a été réalisée dans le secteur de Maga Ouest au cours de la saison des pluies 1979 où on a obtenu un taux de culture de 133%. En ce qui concerne le secteur de Pouss, la première campagne rizicole a été réalisée au cours de la saison des pluies 1980 et plus de 90% des superficies aménagées ont été cultivés.[11] Avec le temps, les

---

[8] Archives de la SEMRY, Rapport d'activités SEMRY 1984/85, p.13.

[9] Archives de la SEMRY, Evolution statistique de la production agricole sur les dix dernières années, np.

[10] Archives de la SEMRY, Rapport d'activités SEMRY 2000/2001

[11] Archives de la SEMRY, Rapport d'évaluation à mi-terme du projet SEMRY II.

superficies rizicultivées devaient s'accroître pour s'étendre sur l'ensemble de ce qui est aujourd'hui l'arrondissement de Maga. Le tableau 2 présente la production pour chaque campagne sur l'unité de production de Maga de 1979 à 2001.

Tableau 2 : Production rizicole de Maga de 1979 à 2001

Campagne	Superficies (en hectares)	Production (en tonnes)
1979/80	1045	2 945
1980/81	2595	10 069
1981/82	3931	18 943
1982/83	5379	27 414
1983/84	6653	35 462
1984/85	7797	35 260
1985/86	9992	46 535
1986/87	7847	37 498
1987/88	5211	26 382
1988/89	4873	22 655
1989/90	4788	23 790
1990/91	4012	20 789
1991/92	3398	17 294
1992/93	5271	24 908
1993/94	7264	30 403
1994/95	5057	17 745
1995/96	5096	21 605
1996/97	5856	18 318
1997/98	5488	23 775
1998/99	3525	15 075
1999/2000	2585	8 353
2000/2001	5198	21 310

Sources : les données sont tirées des rapports d'activités SEMRY de 1979 à 2001.

Il ressort du tableau 2 que la production du paddy à Maga était assez faible pendant les campagnes 1979/80 et 1980/81 où on enregistra 2945 et 10 069 tonnes respectivement.[12] Plusieurs raisons expliquent la faible production de cet arrondissement par rapport à l'unité SEMRY de Yagoua. En effet, bien que le potentiel productif des terres de SEMRY II à Maga fût égal, sinon supérieur à celui de SEMRY I à Yagoua, les aménagements étaient trop récents et les

[12] Archives de la SEMRY, Rapport d'activités SEMRY II 1980 /81.

mouvements de terre provoqués par le planage entrainaient une certaine hétérogénéité du sol.[13] Par conséquent, il fallait attendre trois ou quatre ans pour que les sols s'homogénéisent et pour que les rendements soient uniformes. Les faibles rendements de la première année de culture étaient dus aux semis direct. En effet, en raison de l'impossibilité d'irriguer les pépinières, le semis direct était obligatoire et les rendements étaient de ce fait beaucoup plus faibles que ceux obtenus en repiquage.[14]

Le manque d'expérience d'un grand nombre de riziculteurs qui étaient des migrants expliquait aussi en partie la faiblesse des rendements dans l'arrondissement de Maga. L'un des facteurs qui joue le plus pour l'obtention de bons rendements est le fait de repiquer les plants d'un âge acceptable. Le repiquage de plants trop âgés provoque un faible taillage et entraine une forte diminution des rendements.[15]Or, pendant les premières campagnes, les paysans de Maga, contrairement à ceux de Pouss qui avaient déjà acquis une grande expérience en matière de riziculture, repiquaient le plus souvent des plants trop âgés.

Une autre raison c'est que les paysans de SEMRY II sont beaucoup sollicités par des activités annexes, notamment la pêche qui assure un revenu monétaire important (M.P. Essomba Ngono, 2013, p.52). Dans certains cas, la pêche peut même représenter l'activité principale et concurrencer l'activité rizicole.

Mais la première contrainte limitant la production rizicole à Maga était l'insuffisance du peuplement qui se traduisait par une inoccupation de nombreuses superficies aménagées. L'évolution des superficies rizicultivées ainsi que le transfert des populations venues d'ailleurs allaient beaucoup influencer la production. Elle passa d'abord à 18 943 tonnes en 1981/82, puis à 27 414 tonnes en 1982/83.[16] Pendant la campagne 1983/84, cette production ne cessa de croitre et franchit le chiffre jamais atteint depuis la création de SEMRY II de 35 462 tonnes. Après une légère stagnation en 1984/85 avec 35 260 tonnes, la production rizicole connut un accroissement quasi exponentiel pendant les campagnes 1985/86 et 1986/87 avec

---

[13] Entretien avec Robert Nyonse, 70 ans environ, DGA de la SEMRY, Yagoua, 15 mars 2018.

[14] Entretien avec Haman Ndjidda, Riziculteur, 70 ans, Guirvidig, 15 août 2018.

[15] Entretien avec DALIWA, Directeur du centre de pêche SEMRY II, 52 ans, Maga, 16 Août 2018.

[16] Archives de la SEMRY, Rapport d'activités SEMRY II 1982/83, p.23.

respectivement 46 535 tonnes et 37 498.[17] L'Évolution des superficies aménagées justifie sans doute ce brillant résultat. En effet, les espaces aménagés sont passés de 5 379 hectares en 1982/83 à 6 653 hectares en 1983/84, puis à 7 797 hectares en 1984/85 et à près de 9 992 hectares en 1985/86.[18]

Les difficultés financières que connait la SEMRY allaient faire chuter ces superficies à 5 211 hectares en 1987/88, puis à 4 873 hectares et 4 788 hectares respectivement pour les campagnes 1988/89 et 1989/90. La production fut grandement affectée. Elle dégringola à 26000 tonnes environ en 1987/88, puis se stabilisa autour de 20000 tonnes de paddy entre 1988 et 1991.[19]

Après une chute notoire en 1991/92, la production se releva légèrement entre 1992 et 1994 avec respectivement 24000 tonnes et 30000 tonnes de paddy. La production la plus basse, jamais enregistrée fut en 1999/2000 où on enregistra à peine 8000 tonnes de paddy.[20] Le graphique 1 montre l'évolution de la production rizicole de Maga de 1979 à 2001.

Graphique 1. Évolution de la production de paddy à Maga de 1979 à 2001.

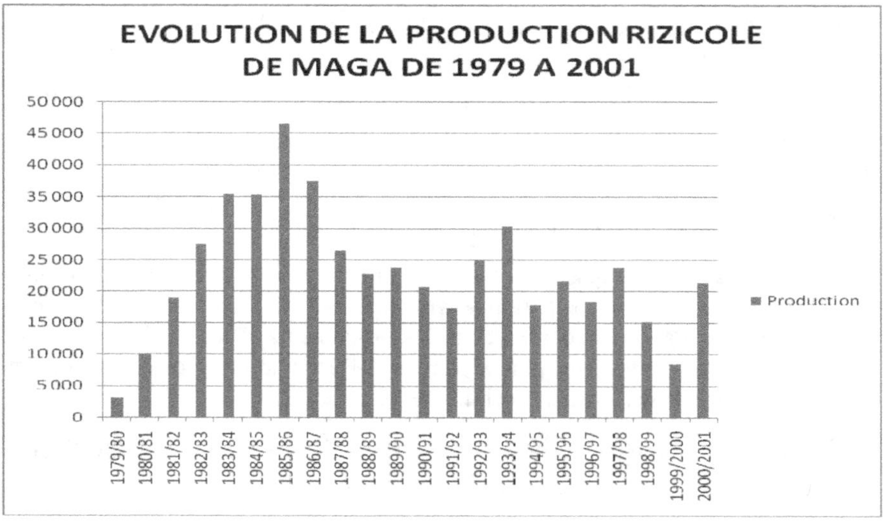

Source : Christophe Signié, 2019.

[17] Archives de la SEMRY, Rapport d'activités SEMRY II 1986/87, p.67.

[18] Archives de la SEMRY, rapport d'activités SEMRY II 1985/86, p .28.

[19] Archives de la SEMRY, Rapport d'activités SEMRY II 1990/91, p.49.

[20] Archives de la SEMRY, Rapport d'activités SEMRY 1999/2000, p.8.

Le développement de la riziculture à Maga et la production qui en résulta eut un impact considérable sur la vie socioéconomique de cette localité.

3. Impact socioéconomique de la riziculture à Maga

Le développement de la riziculture par les migrants à Maga a engendré des mutations à la fois sociales et économiques dans cette localité.

3.1. L'autosuffisance alimentaire

Grâce à la riziculture intensive, l'objectif de l'autosuffisance alimentaire a été atteint dans l'arrondissement de Maga. Cette autosuffisance est réelle directement soit par autoconsommation du riz produit, soit indirectement par achat des céréales traditionnelles comme le mil, le sorgho à partir de l'argent provenant de la vente du paddy.

En 1983, le préfet du Mayo Danay, Maidadi Sadou, relevait dans une lettre le rôle salvateur du Lac de Maga sur les populations riveraines qui supportaient de manière moins coriace les effets de la sécheresse : ''A Maga, la création d'un lac artificiel destiné à l'irrigation des rizières du projet SEMRY II est une véritable délivrance pour la population riveraine.''[21] Cela signifiait en d'autres termes que la zone rizicole de Maga était à l'abri de la famine.

Selon Beauvillain (1989, p.226),

> Les années de sécheresse ont montré l'opportunité et le bien fondé d'un tel développement de la riziculture avec maîtrise de l'eau. La masse de riz produite, les sommes reparties entre les producteurs et les salaires versés aux employés ont permis aux populations et à l'économie régionale de traverser sans crainte une sécheresse exceptionnelle.

En dehors d'assurer l'autosuffisance alimentaire, la riziculture a favorisé l'érection du district de Maga en arrondissement.

---

[21] APY, Correspondance n°082/L/DMD/SP du 05 mai 1983.

3.2. L'émergence de la ville de Maga.

La riziculture pratiquée par les migrants a eu un impact positif sur le peuplement de l'arrondissement de Maga. D'ailleurs, Maga est intimement liée à la SEMRY. Ce chef-lieu de district créé en 1969 et transformé en arrondissement en 1979 est une zone tampon entre deux grandes chefferies à savoir Pouss et Guirvidig. Les deux chefs convoitant chacun l'installation du chef-lieu de l'unité administrative dans sa chefferie, l'Etat décida de choisir une zone neutre située presque à égale distance des deux.[22]

Après l'érection de Maga en Arrondissement en 1979 et compte tenu du rôle qu'elle devait jouer dans le développement de la culture du riz, cette ville fut dotée d'un plan directeur en damier avec des quartiers bien tracés et disposés en carrés. Son aménagement a été financé en partie par la Banque Mondiale dans le cadre du projet SEMRY II. En effet, la Banque Mondiale a financé la construction de la digue de retenue et la route qui la longe jusqu'à Yagoua, l'usine de la SEMRY et les logements du personnel de cette société.

Maga est une ville hétérogène dont la population a doublé, passant de 43 887 habitants en 1976 à 87 734 personnes en 1987. Les populations composées de migrants sont installées dans des villages dits satellites créés par la SEMRY. Il s'agit des villages suivants : Sirlawe, Simatou, Ziam I, II, III, Dangbai, Tapa, Daye, Malka, Ridimie, Moustaphani et Zinga (SCET/AGRI, 1984, p. 44). Le peuplement desdits villages fut organisé par la SEMRY qui mit sur pied un vaste programme de transfert des populations des zones surpeuplées. Cette opération fut baptisée ‘‘migration Toupouri’’, notion qui désigne en fait les migrations de plusieurs peuples y compris les Toupouri (Arabe Choa, Guiziga, Massa, Mousgoum, Kotoko etc.).[23]

En dehors de l'émergence de Maga comme ville, le développement de la riziculture a joué un rôle important dans l'amélioration des conditions de vie des populations.

---

[22] Entretien avec Kendjel Gaoula, 89 ans, ancien agent SEMRY, Maga, 15 mars 2018.

[23] Archives de la SEMRY, Fiches service animation SEMRY II.

3.3. L'amélioration des conditions de vie des populations

Le développement de la culture du riz à Maga et la production qui en résulta ont permis la distribution d'une masse monétaire significative aux paysans. En 1981/82, la somme d'argent distribuée aux paysans par la SEMRY s'élevait à plus d'un milliard de francs CFA. En 1984/85, la masse monétaire distribuée s'élevait à 3,8 milliards. A ces chiffres, il faut ajouter comme le note si bien Roupsard (1984, p. 58) la valeur des rétentions souvent commercialisées et qui atteignait le milliard en 1985/86.

Avec la libération du marché, ces revenus se sont accrus en raison du fait que le paysan vend directement sa production sur le marché où les prix sont supérieurs à ceux proposés par la SEMRY. Sur un piquet d'un demi-hectare et avec un rendement de 40 sacs de paddy vendus au prix moyen de 10000 francs CFA, le riziculteur perçoit un revenu brut de 400 000 francs CFA. De cette somme, il faut soustraire le prix de quatre sacs d'engrais qui s'élèvent à 48000 francs et la redevance foncière de 54000 francs CFA (R. Hirch, 1991, p.12). Il reste alors aux paysans un gain net de 298000 francs CFA pour une culture. Il convient de noter que ce revenu est multiplié par le nombre de piquets que possède le paysan. C'est ainsi que Vousoumna qui possède six piquets engrange des revenus net de 1 788 000 francs en une campagne de culture.[24]

Les revenus financiers issus de la vente du riz permettent aux riziculteurs d'améliorer leur habitat. De plus en plus, les cases rectangulaires aux toits en tôles remplacent les cases rondes couvertes de paille. De plus l'habitat s'est groupé, car les concessions se sont implantées en bordure de route le long de la digue tout près des casiers rizicoles. Une partie importante des revenus monétaires est utilisée dans l'achat des produits manufacturés notamment les habits, la vaisselle, la radio, la bicyclette et bien d'autres choses.[25]La monétarisation du monde rural a aussi entrainé une modification des comportements avec l'apparition de la prostitution et l'alcoolisme ;

[24] Entretien avec Vousoumna Silé, 70 ans, Riziculteur, Dabaye, 7 mars 2018.

[25] Entretien avec Zamzia, 65 ans, riziculteur, Dabaye, 7 mars 2018.

3.4. Le changement des comportements sociaux

La vente de la production rizicole a fondamentalement transformé le mode de vie des populations. On a ainsi observé l'apparition de l'alcoolisme et le développement de la prostitution. En effet, les riziculteurs écoulent leur production dans les marchés périodiques de la ville de Maga. C'est également dans ces lieux que les sociétés brassicoles déchargent leurs camions de boissons alcoolisées les jours où les riziculteurs reçoivent leur argent. Après avoir perçu les sous, certains paysans se livrent à la consommation effrénée de la bière et ne rentrent que lorsque les poches sont vides. Un paysan de Maga nous raconte l'histoire d'un d'entre eux en ces termes :

> Un jeudi soir, après la vente du riz, nous nous sommes retrouvés à Bongor au-delà du fleuve au Tchad. Mon frère dont je tais le nom s'est mis à boire de la bière locale. Il a tellement bu qu'il s'est mis à distribuer à tous ceux qui étaient autour de nous. Puis, ce fut le tour des passants. Le soir, complètement saoul, il se rendit compte que même l'argent du transport retour, il n'avait plus. Ce sont les revenus de toute sa famille qui avaient été ainsi dilapidés dans l'alcool.[26]

Ce riziculteur n'est pas le seul à dilapider ses revenus dans la boisson. Les populations de Maga auraient beaucoup investis dans leur localité si une bonne partie de leurs revenus n'allaient pas dans l'achat des bières. Chaque jour du marché et surtout le soir, toutes les buvettes de la ville sont pleines et ne désemplissent pas. L'alcoolisme va de pair avec la prostitution.

En effet, certains riziculteurs arrivent au marché très tôt et ne rentrent que le lendemain. Le soir, toutes les chambres dans les auberges de la ville étaient occupées par des paysans avec des femmes des jours de marché. La prostitution était un phénomène tabou dans la société traditionnelle. Mais avec le développement de la riziculture et l'enrichissement issu de la vente de la production, de nombreuses filles des pays voisins notamment nigérians, tchadiens se sont installées à Maga pour alimenter la prostitution.

On observe aussi que pendant les saisons de récoltes, la ville de Maga connait une certaine effervescence, animée par de jeunes filles qui écument les rues et les coins de la ville. Ces péripatéticiennes camerounaises notamment Guiziga, Foulbé, Toupouri etc. et étrangères (nigérianes, maliennes et ghanéennes) délestent les paysans d'une bonne partie de leurs revenus et repartent en période de semis.

[26] Entretien avec Vroumsia, 70 ans, riziculteur, Maga, 8 mars 2018.

En dehors de la prostitution et de l'alcoolisme, la riziculture a aussi entrainé une modification des habitudes alimentaires.

3.5. La modification des habitudes alimentaires

Chaque peuple a ses habitudes alimentaires adaptées à son environnement .Avant le riz, le mil était la principale nourriture des peuples du Nord Cameroun et la manière de le consommer fait partie des us et coutumes de ce peuple comme le note si bien Jean Marc Ela (1982, p.142) :

> Le phénomène alimentaire fait partie du mode de vie d'un peuple, de ses croyances, de ses habitudes ou de ses rites. Le fait de manger a des dimensions beaucoup plus grandes qui intègrent le besoin de communication (repas pris en commun, festin), le besoin de prestige (offrir un repas, potlatch, avoir de l'embonpoint.) ou le besoin de création (faire un plat nouveau) ; manger a aussi une dimension religieuse.

L'avènement de la riziculture a modifié les habitudes alimentaires. En effet, avec les multiples cas de la sécheresse qu'a connue cette partie septentrionale du pays, les populations dont celles de Maga se sont trouvées contraintes de consommer du riz. Il est préparé comme le mil sous forme de boule. Une enquête menée par Joseph Domo (1995, p.25) montre que les paysans consomment du riz malgré eux. C'est ce qui ressort de ces propos : ''On ne sait pas s'il va pleuvoir, autant s'occuper d'abord du riz. Maintenant, c'est le riz qu'on mange partout, c'est une chance pour ceux qui cultivent le riz ; sans le riz nous mourrions de faim''.

Dans certains cas, le mil rouge tend à être méprisé par certains adultes. Ces derniers affirment que même si le mil était la base de leur ration alimentaire, il n'est plus consommé que par les pauvres. D'autres l'utilisent beaucoup plus pour la fabrication de la bière locale.[27]

Conclusion

L'objet de cet article était d'étudier l'immigration des peuples allogènes en majorité Toupouri vers Maga et de voir le rôle qu'ils ont joué dans le développement de la riziculture dans ladite localité.

---

[27] Entretien avec Mokson Dawa, 67 ans, riziculteur, Vada, 15 août 2018.

L'étude montre que pour développer la riziculture à Maga, la SEMRY organisa le transfert des populations allogènes vers Maga. Ce transfert pris la dénomination de ''migration toupouri''. Une fois installée, ces migrants reçurent de la société rizicole des parcelles aménagées sur lesquelles ils pratiquaient la riziculture. De 1979 à 2001, la contribution de ces migrants à la promotion de la culture du riz est remarquable. Cette contribution s'observe au niveau des superficies aménagées et de la production. Le développement de cette activité agricole a eu des conséquences importantes dans la société affectée notamment, l'amélioration des conditions de vie des populations grâce aux revenus issus de la vente du riz, l'émergence de la ville de Maga et quelques effets néfastes comme l'apparition de la débauche et la modification des habitudes alimentaires.

Sources et références bibliographiques

1. Sources d'archives

- APY, Correspondance n°082/L/DMD/SP du 05 mai 1983.
- Archives de la SEMRY, Évolution des transferts des populations, poursuite des aménagements.
- Archives de la SEMRY, Évolution statistique de la production agricole sur les dix dernières années.
- Archives de la SEMRY, Fiches service animation SEMRY II.
- Archives de la SEMRY, Rapport d'activités 1981/82.
- Archives de la SEMRY, Projet SEMRY II : digue de Maga, aspect relatif à la consolidation.
- Archives de la SEMRY, Projet de développement rural intégré d'un périmètre de 55000 hectares dans le district de Maga-département du Mayo Danay.
- Archives de la SEMRY, Rapport d'activités SEMRY II 1980 /81.
- Archives de la SEMRY, Rapport d'activités SEMRY II 1982/83.
- Archives de la SEMRY, Rapport d'activités SEMRY II 1986/87.
- Archives de la SEMRY, rapport d'activités SEMRY II 1985/86.
- Archives de la SEMRY, Rapport d'activités SEMRY II 1990/91.

- Archives de la SEMRY, Rapport d'activités SEMRY 1999/2000.
- Archives de la SEMRY, Rapport d'activités SEMRY 1980/81.
- Archives de la SEMRY, Rapport d'activités SEMRY 1984/85.
- Archives de la SEMRY, Rapport d'activités SEMRY 2000/2001.
- Archives de la SEMRY, Rapport d'évaluation à mi- terme du projet SEMRY II.
- Archives de la SEMRY, SCET/AGRI, Étude de l'impact des aménagements hydro agricoles de la SEMRY 1984.

2. Sources orales

- Entretien avec DALIWA, Directeur du centre de pêche SEMRY II, 52 ans, Maga, 16 Août 2018.
- Entretien avec Haman Ndjidda, Riziculteur, 70 ans, Guirvidig, 15 août 2018.
- Entretien avec Kendjel Gaoula, 89 ans, ancien agent SEMRY, Maga, 15 mars 2018.
- Entretien avec Mokson Dawa, 67 ans, riziculteur, Vada, 15 août 2018.
- Entretien avec Nyonse Robert, 70 ans environ, DGA de la SEMRY, Yagoua, 15 mars 2018.
- Entretien avec Rawa Robert, 67 ans, Riziculteur migrant, Kolong, 15 mars 2018.
- Entretien avec Semlina Fourna, 75 ans, Riziculteur, Vélé, 7 mars 2018.
- Entretien avec Vousoumna Silé, 70 ans, Riziculteur, Dabaye, 7 mars 2018.
- Entretien avec Vormsi, 70 ans, riziculteur, Maga, 8 mars 2018.
- Entretien avec Zamzia, 65 ans, riziculteur, Dabaye, 7 mars 2018.

3. Sources bibliographiques

a- Ouvrages

- Beauvillain A., *Nord Cameroun : crises et peuplement, Coutances, Claude Bellée, 1989*

- Ela J. M., *L'Afrique des villages*, Paris, Karthala, 1982.
- Hirch R., *Note sur la Commercialisation, la transformation du paddy et les ventes de riz dans l'Extrême Nord du Cameroun*, Paris : CCCE, 1991.
- République du Cameroun, *Étude de redéfinition de la politique des relations des producteurs avec la SEMRY et avec leur environnement*, dossier II, Paris-Clamart : SODETEG-SACED, 1991.
- République du Cameroun, *Schémas d'aménagement de la zone soudano sahélienne*, sl. MINEPAT, 1992.

b-Articles

- Domo Joseph, ''Transformation des représentations dans la pratique agricole au Nord Cameroun,'' *Annales de la FALSH de l'Université de Ngaoundéré*, Vol1, 1996.
- Roupsard Marcel, ''La riziculture irriguée dans le Nord Cameroun'', Revue de géographie du Cameroun, vol.2, 1984, pp.54.

C-Mémoire

- Essomba Ngono Marie Providence,'' La pêche dans le lac de Maga et le développement socioéconomique de l'arrondissement de Maga dans l'Extrême nord du Cameroun 1979-2012,'' Mémoire de DIPES II, ENS de Yaoundé, 2013.

L'importation de la main-d'œuvre allogène et ses problèmes d'insertion sociale dans le périmètre rizicole de la SEMRY II à Maga

Sylvestre FIDESSOU, Ph.D
Chargé de Cours,
École Normale Supérieure
Université de Bamenda-Cameroun,

Résumé

Immédiatement après les indépendances des années 60, les pays africains avaient désormais la responsabilité de mettre en place un tissu socio-économique pouvant permettre leur épanouissement. Bien avant cette période d'euphorie, le Cameroun opte en 1950 pour l'expansion de la riziculture expérimentale dans la vallée du Logone avec la création de la station rizicole de Pouss par le Service de l'agriculture de l'administration coloniale française. Après avoir été placé sous l'égide de plusieurs structures, les phases d'essai et d'expérimentation de la riziculture ont conduit l'État camerounais à créer en 1971 la SEMRY. Au regard de la réussite technique du projet dès la fin des années 70, la mise en place du projet de la SEMRY II en pays Mousgoum à Maga est envisagée. Il est ainsi réalisé entre autres le barrage de retenue d'eau (lac) en vue de l'irrigation des rizières. Pour le succès de la SEMRY II, les pouvoirs publics choisissent l'importation de la main d'œuvre dans le sud du département du Mayo-Danay. C'est alors que plusieurs familles sont déportées des contrées où le projet rizicole dans son ensemble n'y arrivait pas. Les zones de Kar-Hay, Tchatiballi, Datchéka, Wina ont servi de villages de départ de certains de ces paysans à qui des parcelles ont été octroyées pour la pratique de la riziculture. Cette etude se donne de retracer les contours de l'implantation de la riziculture dans la vallée du Logone ainsi que les circonstances de l'importation de la main d'œuvre dans le périmètre de la SEMRY II à Maga, leur insertion sociale dans ce nouveau milieu aussi bien que leur départ depuis les années 90 vers des zones plus prospères au regard de nombreuses crises.

Mots-clés : Importation, main d'oeuvre, insertion sociale, Nord-Cameroun, Maga.

Introduction

Dans le souci de développement de leurs colonies et territoires sous tutelle, les administrations coloniales ont d'un lieu à un autre implanté et créé de nombreux projets de développement. C'est alors que le Cameroun français sous l'impulsion de la métropole, a bénéficié des projets de construction de routes, d'écoles, et de la création de plusieurs plantations. Ces dernières, bien que reposant sur les cultures de rente, participaient tout de même au développement du territoire. Parmi ces cultures, on dénombre la banane, le cacao, le café, le riz et le coton. Dans la vallée du Logone, furent introduites les deux dernières cultures susmentionnées à savoir riz et coton. Par ailleurs, comme le relève P. Hengue (1994, p. 136) « On ne connaît pas encore de groupe humain ayant occupé perpétuellement le même site depuis le début de son existence ». Ceci revient à dire que, le phénomène migratoire et celui de l'intégration sociale sont ainsi une réalité ancienne. La dérive de la polémique entretenue autour du problème d'occupation de l'espace en général a donné naissance à plusieurs formes de migrations. C'est ainsi que les auteurs comme Raphaël Mfoulou (1989, p. 73) parlent de « tendances migratoires récentes en Afrique noire francophone ». La stratégie institutionnelle communément appelée « développement rural intégré » soulève comme le remarque Mfoulou de nombreuses difficultés en ce qui concerne son application : « action de longue haleine et multidimensionnelle ; ressources financières et humaines importantes qui font qu'elle n'a jamais été appliquée à l'échelle d'un pays entier » (Mfoulou, 1989, p. 86). D'où la réalisation dans la zone marécageuse de Maga du projet rizicole ayant suscité de « migrations spontanées et dirigées ».[1]

---

[1] Voir Motaze Akam, 1998, « Migrations et reproduction des rapports sociaux dans le système lamidal du Nord-Cameroun : esquisse sur les formes migratoires d'incertitudes », *Annales de la FALSH de l'Université de Ngaoundéré, Ngaoundéré-Anthropos, Vol. 3, N° 3.*

Il est ainsi question dans la présente étude de retracer historiquement comment les populations allogènes ont été importées d'autres contrées vers le périmètre rizicole de l'unité de production II de la Société d'Expansion et de Modernisation de la Riziculture de Yagoua (SEMRY) et d'analyser les problèmes liés à leur insertion sociale dans cette localité. Pour ce faire, nous présentons d'abord le périmètre rizicole de Maga ; ensuite, nous analysons l'origine et les conditions d'importation de la main d'œuvre de leurs villages de départ vers le périmètre de la SEMRY II à Maga. Puis, nous étudions les problèmes liés à l'intégration sociale de cette main d'œuvre au sein de son nouveau milieu de vie et enfin, nous dégageons certaines contraintes auxquelles cette main-d'œuvre importée a fait face.

1. Le périmètre rizicole de la SEMRY II à Maga

Les conditions de réalisation de la SEMRY II à Maga ont été très différentes de celles de la SEMRY I à Yagoua. En effet, il a été nécessaire de construire une digue de plus de 30 km qui a permis de créer un lac artificiel d'environ 40.000 hectares en hautes eaux en vue de l'irrigation des rizières et 7.000 hectares de rizières. Le projet a été finalement mis en œuvre à la fin de la décennie 70. Les travaux ont été achevés en 1979 et une première récolte de paddy fut obtenue la même année (Pahaï, 1983, p. 260). Selon les prévisions, la totalité des aménagements devait être mise en culture durant les quatre années suivantes.

Toutefois, c'est en 1950 que l'histoire de la riziculture commence dans la zone. En cette année, le Service de l'Agriculture a créé la station rizicole de Pouss en pays Mousgoum, juste au nord du pays massa. Deux ans plus tard, c'est-à-dire en 1952, M. Dire E., membre de l'Assemblée Territoriale (Pahaï, 1983, p. 260) fonde à Toukou dans l'actuel arrondissement de Yagoua la Société Rizicole du Logone (SORILO), une société privée pour promouvoir également la culture du riz. C'est alors que la Société Agricole de Prévoyance (SAP) de Yagoua s'équipe d'une rizière. La SORILO a connu de sérieuses difficultés (par la suite) dues au fait qu'au-delà de ce que la zone paraît propice à cette culture, il s'est posé à l'époque le problème de l'écoulement des produits rizicoles. L'échec financier de la SORILO amène l'administration à en reprendre les activités ainsi que celles de la SAP de Yagoua dans le cadre d'une nouvelle structure : le Secteur d'Expérimentation et de Modernisation de la Riziculture de Yagoua (le SEMRY), un sous-secteur du Secteur Expérimental de Modernisation du Nord-Cameroun (SEMNORD) basé à Garoua. Le SEMRY est donc créé le 2 novembre 1954 et il a pour mission principale de grouper non seulement toutes les activités rizicoles, mais aussi de développer la riziculture en effectuant les défrichements et l'aménagement des rizières et pistes de la région. En plus, il doit encadrer les paysans, leur fournir les semences et les engrais. De là, la ferme expérimentale de Toukou est détachée du Service de l'agriculture et rattachée au SEMRY en 1957. Ce dernier reprend aussi en 1955 à la SAP, l'usinage et la commercialisation. Pendant la même année (1955), la station agricole de Pouss est transférée à Toukou, puis rattachée au SEMRY en 1957, ce qui acheva de rassembler le développement de la riziculture sous une responsabilité unique (Roupsard, 1984, pp. 70-72).

Ceci étant, compte tenu de la modicité des ressources disponibles, les investissements du SEMRY sont restés très limités pendant deux décennies et n'ont permis qu'une maîtrise partielle de l'eau pendant les crues, sans possibilité d'irrigation en saison sèche. Les aménagements faits entre 1950 et 1970 sont d'importance très variable à l'intérieur de la zone rizicole en fonction des conditions du milieu. Le secteur central entre Yagoua et Pouss concentre la majeure partie des réalisations en génie rural. Une digue est construite sur une longueur de 40 kilomètres pour contrôler la crue du Logone entre la diffluence du Guerléo qu'elle réduit au sud et Bégué-Palam au nord. À l'abri de cet ouvrage, une série de casiers géométriques de surfaces très inégales, entre 10 et 150 hectares, sont créés dans les bas-fonds compris entre le Logone et le Guerléo. Des prises d'eau dans la digue permettent de régler l'arrivée d'eau aux rizières pendant la période de crues. Plus de 1.500 hectares sont ainsi aménagés entre 1952 et 1957. Ces espaces sont portés à 3.000 hectares par de nouveaux travaux entrepris à partir de 1964 (Signié, 2003, pp. 25-26).

Le périmètre confié au SEMRY comprend deux zones à savoir la zone I qui est la plus vaste et la plus densément peuplée. Elle correspond au secteur endigué et aménagé et compte trois unités : la sous-strate de Yagoua, la sous-strate du Logone et la sous-strate du Guerléo. La zone II quant à elle est moins densément peuplée, car le secteur inondable y est plus étendu et elle couvre la zone de Pouss (Pahaï, 1983, p. 262). Si en 1964 il existait déjà 3.000 hectares, ces superficies se sont vues augmentées chaque année abandonnant parfois des secteurs pour mauvais emplacement, éloignement ou baisse de rendement. Les casiers dont les dimensions varient entre 40 et 300 hectares sont indépendants. Ils sont divisés en carrés de quelques hectares limités par des diguettes d'un demi hectare appelées également ''corde'' ou ''piquet'' (Pahaï, 1983, p. 262).

Tout compte fait, il faut souligner que la riziculture reste encore extensive et à quelques exceptions près, itinérante avec jachère de plusieurs années pour le bétail ou pour fertiliser les sols. Tout ceci se fait en contrepartie de la population qui était encore moyenne sur l'étendue du périmètre exploitable en question. Ce système où les rendements plafonnent assez vite fonctionne jusqu'en 1971, date à laquelle fut créée la Société d'Expansion et de Modernisation de la Riziculture de Yagoua (SEMRY) en remplacement du SEMRY (Pahaï, 1983, p. 263). La création de cette agro-industrie qui avait pour objectif de développer la riziculture à travers la production et la commercialisation du riz a complètement bouleversé le système de production traditionnel dans les villages où les rizières ont été créées.

La SEMRY est une société de développement et est placée sous la tutelle du Ministère du Plan et de l'Agriculture. Elle a la charge de l'ensemble des rizières irriguées de tout le long du Logone ainsi que des autres installations y relatives. C'est l'État par le biais de la Banque Camerounaise de Développement (BCD) et la Caisse de Stabilisation du Cacao et du Café robusta qui détient le capital. Elle a pour mission l'aménagement et l'irrigation, la fourniture des semences et des intrants (engrais, pesticides…), la commercialisation, l'usinage et l'empaquetage du riz. Elle doit aussi accroître la production et les rendements par la maîtrise de l'eau grâce à une irrigation non plus seulement gravitaire -saison des pluies-, mais aussi par pompage – saison sèche– (Pahaï, 1983, p. 264). C'est ainsi que quatre stations de pompage sont mises en place : Marao, Vounaloum, Doumaraye et Balgam-Koko entre 1972-1977 lors des travaux d'aménagement du projet SEMRY I.

Au regard de la réussite technique du projet dès la fin des années 70, la mise en place du projet de la SEMRY II en pays Mousgoum à Maga est envisagée. Après la mise en place technique du projet SEMRY II à Maga, le principal défi était celui de la main-d'œuvre qui puisse être à même de travailler dans les vastes étendues de rizières aménagées.

2. La main-d'œuvre importée dans l'aire de la SEMRY II à Maga

Comme dans beaucoup d'autres projets de développement nouvellement mis en place, le périmètre de la SEMRY II après la réussite du volet technique, se doit maintenant de procéder à la réussite de la production. Cette dernière ne saurait se faire sans une main-d'œuvre consistante compte tenu de l'envergure du projet et des milliers d'hectares aménagés dans cette unité de production. En effet, afin de libérer environ 40.000 hectares pour la réalisation du lac de retenue, il a été nécessaire de redistribuer l'occupation humaine de la zone. Selon Claude Arditi, la population Mousgoum, vivant dans les villages devant être submergés, avait été estimée à 6.400 personnes. Pour des raisons qui tiennent essentiellement au refus de se convertir à la riziculture irriguée, seulement la moitié de la population estimée se retrouvait fin 1979 dans les nouveaux villages. Une partie était restée dans les anciens villages dont certains n'étaient pas totalement submergés. Une autre partie s'était installée à l'extérieur du périmètre pour continuer à y pratiquer les cultures vivrières et élever les troupeaux (Arditi, 1985, P. 72).

Au regard de cette situation où la population locale, les Mousgoum, ne pouvant répondre à elle seule au besoin de main-d'œuvre, les autorités administratives et celles de l'agro-industrie devraient dès lors chercher des solutions autres que compter sur les seuls Mousgoum. Comme le rapporte Marcel Roupsard, cette situation, concerne plus les casiers rizicoles de Maga étant donné que les cantons de Pouss et de Guirvidig étaient déjà peuplés:

> La mise en valeur du périmètre de SEMRY-II se heurte assez rapidement à une difficulté majeure, l'insuffisance de la population. Si les casiers de Pouss et de Guirvidig trouvent sur place une main-d'œuvre assez nombreuse avec l'appoint des « déguerpis » des terrains submergés par le lac, les deux grands casiers de Maga, en revanche, manquent de postulants : la zone est vide. (Roupsard, 1987, p. 94)

La SEMRY s'est donc trouvée confrontée à une pénurie de force de travail pour mettre en valeur les aménagements. Cette situation venant contredire les affirmations optimistes suivant lesquelles la riziculture irriguée allait être à l'origine de l'afflux de très nombreux volontaires. Les responsables du projet et les autorités camerounaises envisagèrent le recours à des populations extérieures à la zone. Après discussions et concertations, le choix s'est porté principalement sur les

Toupouri dont « le caractère sérieux et travailleur ainsi que la tendance naturelle à émigrer » ont été considérés comme des facteurs favorables. Au-delà de la reconnaissance des traits psychologiques si généraux qui ne peuvent être qu'une caricature de la réalité, le pays Toupouri présentait des caractéristiques démographiques (densité supérieure à 100 habitants au km^2 dans certaines zones, émigration des jeunes hommes...), qui permettaient d'envisager de drainer une partie des courants migratoires vers les périmètres de la SEMRY II. Les autorités administratives (sous-préfectures de Doukoula et Tchatibali) ont cependant manifesté de sérieuses réticences face à l'émigration de la partie la plus productive de la population. Ceci est dû au fait que ces régions sont productrices de coton et que l'administration camerounaise est intéressée aux résultats de la production. De plus, le départ d'une partie de la population a pour effet de diminuer les rentrées fiscales (impôt de capitalisation d'environ 3.000 Francs). À ceci s'ajoute la crainte d'une hémorragie démographique aboutissant à terme à la baisse et au vieillissement des effectifs humains. Le pays Toupouri, certes densément peuplé, est en effet de plus en plus sollicité comme réservoir de main-d'œuvre, d'autres projets y ayant (avant la SEMRY) eu recours. Le choix fait par celle-ci entre en concurrence avec une émigration vers d'autres projets de développement : projet Nord-Est Bénoué, complexe sucrier de Mbandjock, etc. (Arditi, 1985, pp. 72-73).

Malgré les difficultés signalées, un premier contingent d'un millier de Toupouri est arrivé dans le périmètre de la SEMRY II en avril 1981, après une campagne de ''sensibilisation'' dans les villages d'origine. Depuis, la migration Toupouri s'est poursuivie et les effectifs auraient atteint environ 5.000 personnes. Malgré ceci, les aménagements ne sont toujours pas totalement mis en valeur. Il aurait fallu pour cela, d'une part que les migrants déjà installés dans le périmètre de la SEMRY II y demeurent et d'autre part que de nouveaux émigrants s'y établissent. Il a existé un Service de l'animation qui a organisé le recrutement et l'émigration toupouri et qui devrait théoriquement suivre ces mouvements de population et leur logique. Par manque de personnel ayant une formation adéquate, aussi bien que par manque d'intérêt pour toute structure ayant pour objectif le suivi socio-économique du projet, le service de l'animation s'était contenté de tenir une comptabilité des arrivées et avait minimisé systématiquement les départs. L'optimisme qui est de rigueur, s'est traduit par un discours vantant les mérites du projet et ses avantages pour les migrants.[2]

Toutefois, dans ce contexte, il était question pour le projet SEMRY II compte tenu de l'étendue de son périmètre rizicole dépassant même celui de la SEMRY I de se doter d'une main-d'œuvre suffisante afin d'atteindre ses objectifs. C'est ainsi qu'elle a mis à la disposition des populations du sud du Mayo-Danay des camions. À l'arrivée, elle leur donnait de l'espace pour habitation et des parcelles rizicoles (Fidessou, 2003, p. 13). Nous pouvons illustrer cette situation de prise en charge par ces propos d'un des paysans immigrés du village ZIAM I : « Au départ, dès notre arrivée, après que le camion nous ait laissé ici à ZIAM I, la SEMRY nous donnait des produits alimentaires (des boîtes de conserves), de la paille plus des perches pour que nous fassions des hangars pour notre logis ».[3]

Ces déportés des circonscriptions administratives du sud du Mayo-Danay ont été installés dans des villages satellites. Le centre de Maga étant en partie occupé par les autochtones Mousgoum et l'autre par les employés de la SEMRY et ceux de l'administration publique et une autre partie réservée à l'urbanisation future. Les migrants conduits par la SEMRY furent donc emmenés dans les zones d'accueil périurbaines où quelques fois, ils sont les premiers occupants. Certains de ces espaces furent uniquement aménagés comme site d'accueil à ces allogènes (Fidessou, 2003, p. 17). Plusieurs ont donné à leurs nouveaux sites les noms de leurs villages d'origine, à l'exemple de Sirlawé constitué des Toupouri de Doukoula du nom de leur village d'origine à Doukoula. Il en est de même avec le village ZIAM I constitué des ressortissants d'une part de Tchatibali et d'autre part de Doukoula. Pour corroborer cela, Marcel Roupsard remarque qu' :

> en raison de la défection d'une partie des populations musgum, on dut faire appel à d'autres groupes pour remplir les casiers. On conduisit plusieurs campagnes de recrutement en pays tupuri. En 1981, ils s'installent à Ziam, Simatou, Tapaday, Sirlawé... Ils seront 3000 en 1983. Ils viennent sans bétail, ni charrues. Ce sont des jeunes, souvent célibataires. Leurs villages ont un aspect inachevé, ce sont en fait des « campements rizicoles ». À partir de 1982, un « service Animation », créé par la SEMRY, organise le déplacement de ces populations, issues du sud du Mayo-Danay et du Kaélé, vers des «

[2] La tendance ''naturelle'' à émigrer ne s'est manifestée que durant les 15 dernières années, cf. Rapport d'évaluation à mi-terme du projet SEMRY II, Avril-juillet 1981, p. 32.

[3] Entretien avec Yinyang Daniel, 47 ans, riziculteur, le 05 mai 2003 à ZIAM I.

> villages satellites » construits à la périphérie des nouvelles rizières. À ces mouvements encadrés s'ajoutent des migrations spontanées déclenchées par l'aggravation de la sécheresse plus au nord. L'afflux est tel pendant cette période que le potentiel cultivable est utilisé dans sa quasi-totalité. Les attributions de parcelles doivent être limitées à un quart d'hectare par agriculteur en 1984-85. (Roupsard, 1987, p. 94)

Ces vagues de migrations vers le périmètre rizicole de la SEMRY II ont drainé bien d'autres groupes ethniques bien que l'action de l'administration était en faveur du peuple Toupouri étant donné que les voisins directs des Mousgoum qui sont les Massa participaient déjà activement dans la production du riz dans le périmètre de la SEMRY I implantée en pays massa à Yagoua. Bien qu'évoquant la question de la main-d'œuvre de la SEMRY II venue d'ailleurs sur le plan linguistique, il est nécessaire de relever que Daniel Barreteau et Michel Dieu ont abondé dans le même sens en relevant la pluralité des groupes ethniques en présence à Maga:

> La situation sociolinguistique de Maga est très particulière : autour d'un noyau autochtone munjuk (= mousgoum), se sont agglomérées des populations diverses, venant de régions éloignées de 80 à 100 km, pour fournir la main-d'œuvre nécessaire à l'exploitation des périmètres rizicoles aménagés par la SEMRY. Des Arabes et des Kotoko sont venus du Nord ; des Beege, Masa, Wina et Tupuri, du Sud ; enfin des Bornouans et quelques représentants des ethnies du Diamaré sont venus de l'Ouest. (Barreteau et Dieu, 1997, p. 369)

Au regard de tout ce qui a été dit au sujet de la main-d'œuvre dans le périmètre de la SEMRY II à Maga, il est nécessaire de retenir qu'au-delà des migrations dirigées[4] par l'administration, il y a bien eu d'autres migrations soit spontanées[5] soit définitives[6] émanant des initiatives individuelles. Il est dès lors question de comprendre la dynamique de l'insertion sociale des migrants comme désormais, composante intégrale dans le nouveau milieu de vie.

3. La problématique d'insertion sociale de la main d'œuvre importée dans le périmètre rizicole de Maga

S'il est vrai que les trois grands types de phénomènes propres à tout système social sont l'intégration, l'équilibre et la distanciation, il nous importe ici de mettre l'accent sur l'intégration des immigrés du

[4] Lire à propos des formes de migration Motaze Akam, 1998.
[5] Ibid.
[6] Ibid.

périmètre rizicole de la SEMRY II. Il est ainsi question d'établir le rapport de cohabitation en milieu pluriethnique entre les autochtones et les allogènes d'une part et entre différents groupes ethniques des immigrés d'autre part.

La population autochtone de la zone est principalement Mousgoum. Cette ethnie est culturellement et linguistiquement proche des Massa. Une partie des Mousgoum s'est islamisée et organisée en Sultanat sous l'influence peule (Sultanat de Pouss et Sultanat de Guirvidig). Cette remarque servira de trait d'union pour l'analyse de la question d'intégration des migrants. Bien avant toute chose, il faut rappeler qu'en tout rapport entre communautés humaines, y ressortent des points de conflits et des éléments de cohésion sociale.

En tout état de cause, la ''société'' toupouri qui s'est constituée à la SEMRY apparaît singulièrement composite dans la mesure où des nouveaux ''villages'' ont été créés. L'habitat groupé qui les caractérise s'oppose aux formes d'occupation de l'espace du pays Toupouri. Même les ''villages'' les plus anciens présentent des caractéristiques d'inachèvement qui ne peuvent que faire douter du désir d'installation des migrants (absence de greniers à céréales, absence de cultures de case, etc.). La plupart du temps, c'est parce que le milieu écologique de la SEMRY est différent du pays Toupouri que certaines activités ou certains travaux ne peuvent être entrepris –bois de construction par exemple– (Arditi, 1985, pp. 78-79).

Comme cela peut apparaître un peu partout, il n'y a pas de milieu social où l'insertion d'un allogène se fait sans difficultés. Les immigrés du périmètre SEMRY II de Maga ne saurait faire l'exception aux phénomènes majeurs que rencontrent les migrants dans presque toutes les communautés surtout d'Afrique subsaharienne. Ainsi, ils étaient exposés aux difficultés d'accès au foncier en dehors des parcelles qui leur étaient allouées par l'agro-industrie. En plus, ils ont fait face au problème de condescendance manifeste de la part des peuples autochtones Mousgoum. À ceux-ci, il faut ajouter le contraste religieux et social qui a exposé les allogènes à des qualificatifs péjoratifs et autres injures dans la langue locale. C'est d'autant plus que les immigrés étaient dans tous les cas des marginaux. Ils ont eu à essuyer des menaces de plusieurs ordres, des scènes de discrimination et parfois même dans des situations d'enserrement dans l'étau de domination et d'exploitation par les chefferies traditionnelles.

Par ailleurs, un vent de syncrétisme a bien existé dans le périmètre rizicole de la SEMRY II entre les différents groupes ethniques en présence. Si les immigrés ont dans la plupart des cas conservé leurs traits culturels d'origine, avec le temps et l'influence du brassage entre les autres groupes ethniques d'immigrés d'une part, et surtout avec le peuple autochtone Mousgoum d'autre part, leurs descendants n'ont pu hériter de leurs parents que quelques aspects de leur culture ancestrale. C'est pourquoi, bon nombre de parents immigrés et la grande majorité de leurs progénitures s'expriment couramment en langue Mousgoum. Nombreux sont les mariages interethniques dans le milieu aujourd'hui. Les différents peuples communient sur plusieurs plans et s'assistent mutuellement en cas de difficultés. Comme le relève Cheikh Hamidou Kane, « nul ne peut plus vivre de la seule préservation de soi [...] Nous n'avons pas eu le même passé, vous et nous ; mais nous aurons le même avenir, rigoureusement. L'ère des destinées singulières est révolue » (Cheikh Hamidou Kane, 1961, pp. 112-113). C'est alors que les rapports sociaux entre les différents groupes ethniques du périmètre rizicole de Maga ont évolué positivement avec le temps. Toutefois, nombreux ont été les événements macro-économiques et conjoncturels qui ont entaché le destin commun de ces peuples dans leur pluriethnicité. La crise économique des années 80 qui a entrainé le retrait de l'État à travers ses subventions dans le secteur productif et les crises environnementales ont conduit à la baisse de la productivité dans le périmètre rizicole de la SEMRY. Cette situation de crises a sans nul doute poussé les paysans et surtout les allochtones à migrer vers d'autres horizons soit de départ, soit nouveaux.

4. Les émigrations au sein de la main-d'œuvre importée du périmètre rizicole de Maga

L'histoire des peuples a toujours montré que les questions économiques et environnementales sont au cœur des mouvements et déplacements des groupes humains. Andrew F. Clark le soutient en affirmant que *« during the early colonial period, many people, including men and women of all ages, moved permanently within their respective regions for economic, environmental, religious, and resistance reasons »* (Clark, 1994, p. 403). Cet auteur rappelle ici que pendant les premières années de la colonisation, plusieurs personnes, y compris les hommes et les femmes de tout âge, se déplaçaient permanemment dans leurs régions respectives pour des raisons économiques, environnementales, religieuses et de résistance. Ces mouvements se définissent soit en amont par la recherche de solutions vitales comme l'a démontré Saïbou Issa :

> Depuis des siècles, les groupes nomades descendent vers le Sud, en direction du bassin tchadien dont le réseau hydrographique offre des vallées humides et fertiles. C'est d'ailleurs du choc entre les groupes en mouvement vers des terres plus hospitalières que sont nées nombre d'hégémonies politiques dans cet espace (Saïbou Issa, 2010, p. 157).

Soit en aval par la fuite des zones sinistrées à la conquête de nouvelles solutions vitales comme Théophile Obenga le précise en ces termes:

> Lorsque son climat néolithique, altéré à partir du IIe millénaire avant notre ère, ne peut plus faire vivre des chasseurs et des pasteurs, le Sahara, grand musée préhistorique du monde vivant, voit se détacher de lui, au moment de sa transformation en désert, des populations noires autochtones, par vagues migratoires successives, en quête d'autres contrées plus propices à la vie sédentaire, agricole et pastorale. (Obenga, 1980, p. 33)

Ceci étant, la vallée du Logone a toujours attiré des populations du fait de ses terres exondées et fertiles ainsi que de ses eaux poissonneuses. Pendant la période de mise en place du projet rizicole SEMRY dans les années 1970 et surtout de son extension avec les unités de production II à Maga (1977) et III à Kousseri (1979), une autre forme de migration a pris place. Il s'agit des migrations guidées[7] qui consistent en la mise en place des programmes de migrations des paysans des régions non desservies par des projets de développement vers les bassins de production (Fidessou, 2018, p. 240).

Toutefois, au milieu des années 80, survint la crise économique marquée par le désengagement de l'État du secteur productif tel que décidé par les Programmes d'Ajustement Structurel. Plus tard, avec la dévaluation du franc CFA du 1er janvier 1994, la vallée du Logone qui était le pôle d'attraction entre dans une nouvelle phase. L'agro-industrie a de la peine à se maintenir et les nombreuses et diverses crises environnementales font leurs dégâts, transformant le bassin de production en zone de dur labeur et de beaucoup de sacrifices pour de nombreux paysans. Désormais, il faut parfois compter sur les largesses de la nature pour avoir assez d'eau pour alimenter sa plantation puisque les systèmes d'irrigation à travers les stations de pompage d'eau mis en place par la SEMRY dans le temps

---

[7] Cf. formes de migration Motaze Akam, 1998.

commencent à manquer d'entretien. Pire encore, le retrait des eaux du Logone dû à l'assèchement et/ou l'ensablement du fleuve devient une gangrène.

De ce fait, si par le passé, les vagues migratoires étaient dirigées vers la vallée du Logone, depuis le début des années 90, les migrations des populations ont commencé à se faire dans le sens contraire. Cette situation a conduit les immigrés d'autrefois à se diriger vers la vallée de la Bénoué dans la région du Nord et vers les plateaux de l'Adamaoua à la recherche de terres plus fertiles et plus humides que celles de la vallée du Logone. Ils n'ont pas manqué d'initiatives et ont opté pour différentes formes de migrations. Andrew F. Clark dans son analyse des migrations internes et des mouvements des populations de la vallée supérieure du Sénégal a épousé le même point de vue en ces termes :

> The deteriorating environmental conditions, including drought, insect invasions, and the lower river levels that plagued the central river valley at the turn of the century, had less impact in rural areas. In times of food shortages, rural inhabitants had more alternatives, among which were access to wild plants or movement to different settlements or areas. (Clark, 1994, p. 407)

L'auteur affirme que la détérioration des conditions environnementales ainsi que les invasions des insectes et des niveaux bas du fleuve qui ont handicapé la vallée centrale à la fin du siècle, a eu moins d'impact sur le monde rural et qu'en période de carences d'aliments, les populations rurales ont eu plus d'alternatives parmi lesquelles l'accès aux plantes sauvages ou les déplacements vers d'autres sites ou régions.

Au sujet de ces migrations des populations de l'Extrême-Nord en général et de celles de la vallée du Logone en particulier vers la vallée de la Bénoué et des plateaux de l'Adamaoua, Joseph Domo précise que ces migrations observées par les acteurs-paysans de la vallée du Logone les ont conduit dans le bassin de production de la Bénoué dans les contrées de Lagdo, Mayo Bokki jusque dans le Mayo-Rey à Touboro et ses environs à la recherche des terres plus propices à l'agriculture. Il ajoute d'ailleurs que, dans le Nord-Cameroun, certaines populations ont toujours trouvé leur compte dans l'émigration ou tout simplement à travers les va-et-vient d'une région à l'autre. Ces populations s'adonnent soit au commerce, soit à la pêche. Le but ultime est tout simplement de sortir de l'environnement quelque peu hostile. Il poursuit en disant qu'à côté de ce type d'émigration dans la vallée de la Bénoué, il existe une autre forme, celle suscitée ou provoquée. Là aussi, les mobiles sont fort nombreux : catastrophes naturelles, bouleversements et options politiques, etc. (Domo, 2009, p. 79).

À propos des mouvements migratoires du périmètre rizicole de la SEMRY II vers d'autres horizons, Claude Arditi corrobore ce qui vient d'être précédemment développé et indique que les allogènes Toupouri participent à la production rizicole en fonction des stratégies socio-économiques. Pour lui, la fragilité de ce ''système de production'' réside dans le fait que la mise en valeur intégrale des aménagements repose principalement sur la main-d'œuvre Toupouri. Celle-ci peut à tout moment, en fonction de la conjoncture économique, soit choisir de regagner son territoire d'origine, soit préférer émigrer en ville ou vers d'autres opérations de développement. À la fragilité du système de production s'ajoute celle du système de commercialisation du riz (Arditi, 1985, p. 79). Au demeurant, bien que n'ayant jamais mis la clé sous le paillasson comme la défunte SODERIM, le système de production de la SEMRY bien que faisant face aux austérités macro-économiques et aux autres formes de crises, reste tant bien que mal résilient. Avec l'appui des pouvoirs publics, des tentatives de relance de la production et de la commercialisation du riz sont entreprises malgré l'insuffisance des moyens financiers et techniques.

Conclusion

Somme toute, il faut retenir de la question de l'importation de la main-d'œuvre dans le périmètre rizicole de la SEMRY II à Maga que, dès la mise en place du projet, l'agro-industrie a buté sur l'insuffisance des travailleurs à même de lui permettre d'atteindre ses objectifs de départ. Pour cela donc, il était judicieux pour l'administration de la SEMRY avec l'aval de l'administration publique de procéder à l'importation des paysans Toupouri du sud du département du Mayo-Danay du fait de leur effectif important vers cette nouvelle unité de production rizicole. Ceci s'est fait en vagues successives entre 1980 et 1983. Les immigrés ont été pris en charge par l'agro-industrie depuis leurs villages de départ à travers le transport à leurs sites d'installation où du matériel provisoire de logement, des aliments et des parcelles de terre leur ont été octroyés.

Malgré quelques difficultés d'intégration rencontrées par les allogènes déportés au sein des communautés autochtones, un air de syncrétisme a fini par prendre le dessus au fil du temps. Face aux difficultés d'ordre macro-économiques, techniques et environnementales rencontrées par les riziculteurs dès la fin des années 80, bon nombres de ces immigrés du sud du Mayo-Danay et d'autres venus d'autres horizons ainsi qu'une partie des autochtones Mousgoum ont migré vers des zones plus propices.

Sources et références bibliographiques

- Arditi C., 1985, « Quelques réflexions socio-économiques sur la riziculture irriguée dans le Nord Cameroun (SEMRY I et SEMRY II) », *Bulletin de l'Association française des anthropologues*, n° 20, Juin 1985. Recherche et/ou développement.
- Barreteau D. et Dieu M., 1997, « Linguistique et développement rizicole dans le Nord du Cameroun », *Cahier des Sciences Humaines,* 27 (3-4) : 367-387.
- Cheikh Hamidou Kane, 1961, *L'Aventure ambiguë*, Présence africaine, Paris : Julliard.
- Clark A. F., 1994, ''Internal Migrations and Population Movements in the Upper Senegal Valley (West Africa), 1890-1920'', *Canadian Journal of African Studies*, Vol. 28, N° 3.
- Domo J., 2009, « Migrations, identité et conflits sociaux dans la vallée de la Bénoué : enjeux et défis », *Ngaoundéré-Anthropos. Revue de Sciences Sociales*, Vol. II.
- Fidessou S., 2003, « Les Problèmes d'intégration sociale en milieu agro-industriel : la SEMRY à Maga », Rapport de Licence, FALSH, Université de Ngaoundéré.
- _______________, 2018, « Crises environnementales et mutations du mode de vie des Massa de la vallée du Logone de l'Extrême-Nord Cameroun (1916-2013). Approche socio-historique », Thèse de Doctorat Ph.D en Histoire, Université de Ngaoundéré.
- Hengue P., 1994, « Migration interne et intégration interethnique », in *Collectif changer le Cameroun. Ethnie et*

développement national, Actes du Colloque de Yaoundé 1993, c3 et CRAC, Yaoundé.

- Mfoulou R., 1989, « Tendances migratoires récentes en Afrique noire francophone », in *Les publications du Québec,* Actes du séminaire scientifique sur les tendances actuelles et l'insertion des migrants dans les pays de la francophonie, M-G. C. I. Québec.
- Motaze Akam, 1998, « Migrations et reproduction des rapports sociaux dans le système lamidal du Nord-Cameroun : esquisse sur les formes migratoires d'incertitudes », *Annales de la FALSH de l'Université de Ngaoundéré, Ngaoundéré-Anthropos, Vol. 3, N° 3.*
- Obenga T., 1980, *Pour une Nouvelle Histoire,* Présence africaine, Paris.
- Pahaï J., 1983, « Les paysans massa du Nord-Cameroun, société et économie rurale », Thèse de Doctorat 3e cycle de Géographie, Université de Yaoundé.
- Rapport d'évaluation à mi- terme du projet SEMRY II, Avril-juillet 1981.
- Roupsard M., 1984, « La riziculture irriguée dans les plaines de l'Extrême-Nord du Cameroun, la SEMRY», *Revue de géographie du Cameroun,* Vol. 2.
- ___________, 1987, « Production rizicole », in *Atlas de la Province Extrême-Nord Cameroun*, Marseille, édition IRD.
- Saïbou Issa, 2010, *Les coupeurs de route. Histoire du banditisme rural et transfrontalier dans le bassin du lac Tchad,* Karthala, Paris.
- Signie C., 2003, Document inédit.
-

Source orale

- Daniel Yinyang, 47 ans, riziculteur, entretien, 05 mai 2003 à ZIAM I.

Le travail pénal au Cameroun : absence de logique d'efficacité au regard des attentes d'une politique de resocialisation (1973-2020)

Jean KAMANDA
Assistant
Université de Douala

Résumé

La prison est un dispositif répressif institué en Afrique en général et au Cameroun en particulier depuis l'époque coloniale. Mal vécue par les détenus, cette dernière est considérée comme inutile du fait qu'elle ne contribue pas au renforcement des capacités morales de ses pensionnaires. L'institution du travail au sein des prisons est une nécessité pour le gouvernement, afin de permettre aux détenus(es) de se réinsérer aisément au sein de la société. Cependant, la mise en œuvre de cette activité rencontre d'énormes difficultés sur les plans structurel (non catégorisation des prisons) et managérial (absence de véritable politique et manque de professionnalisme de la part de ceux qui sont chargés de la mise en œuvre de cette politique). D'où la nécessité de questionner le rôle et l'utilité du travail en milieu carcéral.

Mots Clés : travail pénal, Cameroun, politique de resocialisation, logique d'efficacité, resocialisation.

Introduction

Le travail pénal est considéré par Michel Foucault, comme un agent de la transformation carcérale (Foucault, 1975, p.243). Il est un maillon essentiel à la discipline des centres pénitentiaires. Le travail en prison est toujours considéré comme un dispositif visible d'amendement et de réinsertion sociale. Si la loi ne le rend pas plus obligatoire, les autorités judiciaires et pénitentiaires continuent à l'inscrire dans la gestion des peines (Bellenchombre, 2006, p.2). Ce rôle primordial joué par le travail est apprécié par *sir* Alexander Paterson en ces termes :

Un homme doit travailler ou alors il pourrira, alors qu'on se demande si l'Etat a le droit de prendre la vie d'un homme pour le crime qu'il a commis. On ne peut discuter de ce fait. L'Etat n'a le droit de laisser un homme pourrir. L'Administration Pénitentiaire qui permet l'oisiveté sera punie, plus tard par le relâchement de la discipline qui doit en résulter quand les hommes ne sont pas très occupés pour le travail quotidien, ils ont trop de temps de conspirer sur les possibilités grossières et les griefs mesquins qui sont brandis et amplifiés démesurément. L'oisiveté mène à l'insolence pour manque de soin à la conspiration et finalement à la révolte" (Haman, 2004, p.48).

Au Cameroun, il n'existe pas de politique du travail vers des objectifs précis de production en milieu carcéral. Le concept de travail valorisant et effectué contre rémunération est souvent méconnu, en dépit des dispositions des décrets de 1973 et 1992, qui organisent la cession de la main d'œuvre pénale[8]. L'une des missions essentielles de l'Administration pénitentiaire pendant le séjour carcéral du délinquant, est de corriger les tendances déviantes et d'améliorer par le biais des programmes conséquents, qui intègrent entre autres le travail. Le travail pénitentier que l'on qualifie dans la pratique de "corvée" est règlementé et ne peut être effectué que par des détenus corvéables, à l'intérieur et à l'extérieur de la prison. Ainsi, quel est le rôle du travail dans la réinsertion sociale du détenu ? A travers les sources écrites et orales, en s'appuyant sur une approche diachronique et synchronique, cet article tente d'apporter des éclairages sur l'organisation du travail en milieu carcéral et l'impact de ce dernier en termes de rentabilité.

1. L'organisation du travail au sein des prisons

De tout temps, le travail pénal est associé à la peine, bien que les doctrines lui aient assigné d'autres finalités sur les plans pénitentiaire, économique et moral (Idrissou, 2006, p.90). Les conditions de plus en plus dures imposées à ces derniers, notamment une durée trop longue de travail journalier, un traitement "inhumain" tant dans le logement que l'alimentation et la santé, avait fini par créer une pénurie de main d'œuvre. Les dispositions minimales de l'ONU prévoient au-delà du caractère non afflictif du travail pénal, que son organisation et ses méthodes se rapprochent au maximum de celles d'un travail analogue

[8] ARMINJUSTICE, Décret n°73-774 du 11 décembre 1973, portant régime pénitentiaire au Cameroun et Décret n°92/052 du 27 mars 1992 portant régime pénitentiaire au Cameroun.

extra muros. La sécurité et la santé des détenus doivent être prises en compte, ainsi que le maximum d'heures par jour et par semaine fixé par la loi ou un règlement administratif et surtout la rémunération équitable du travail des détenus (Idrissou, 2006, p.401). Au Cameroun, le principe veut que les femmes et les détenus dangereux soient utilisés exclusivement à l'intérieur de la prison. Les autres condamnés de droit commun ainsi que les détenus administratifs doivent être employés aux travaux à l'extérieur. On distingue donc deux types de corvées à savoir les corvées internes et les corvées externes.

1.1. Les corvées internes : une concentration d'activité intra muros

D'après les textes de 1973 et 1992, l'organisation des corvées dépend entièrement du régisseur. Ils stipulent que :

> Les condamnés et contraignables sont astreints à la corvée. Les prévenus ne sont utilisés qu'aux menus travaux d'entretien de la prison. Les détenus jugés dangereux sont exclusivement utilisés à l'intérieur de la prison. Les femmes et les mineurs ne participent normalement à des corvées qu'à l'intérieur de la prison ou dans les champs appartenant à la prison. Dans tous les cas, ils travaillent dans des groupes séparés des autres catégories des prisonniers[9].

Pendant la période post coloniale, les femmes avaient déjà la responsabilité de cuisiner pour la prison. Le balayage de la cour était aussi de leur apanage. La propreté consistait à vider les poubelles et à balayer le sol (Bobong, 2006, p.52). En outre, d'autres détenus s'occupaient des travaux de menuiseries avec la réparation des meubles, la construction des carrosseries des voitures, des vanneries avec la fabrication des paniers, des balais, des forges, des blanchisseries, de mécanique, de préparation du détenu plus ou moins gratifiés (P. Ndanaga, 2002, p.52). A l'intérieur de la prison, "le travail se limitait à quelques opérations d'hygiène (ménage, curage des caniveaux, vidange des fosses septiques…) ou à la préparation du repas des détenus" (Ndanga, 2002, p.52).

Ces travaux étaient souvent effectués par les détenus non corvéables et n'étaient pas rémunérés. D'autres détenus travaillaient dans les ateliers de bricolage quand ils existaient, ou s'occupaient du

---

[9] ARMINJUSTICE, Décret n°92/052 du 27 mars 1992 portant régime pénitentiaire au Cameroun.

petit commerce comme dans la prison de New-Bell[10]. Dans les zones rurales, les détenus s'adonnaient à l'élevage et à l'agriculture pour l'autoconsommation plutôt que pour les objectifs économiques. C'est le cas des pénitenciers du *upperfarm* de Buéa, de Mantoum dans le Noun et de Bavenga. On peut dire que les corvées internes se limitaient à l'entretien des locaux de détention, aux corvées d'eau, à la cuisine, mais aussi aux tâches administratives de la prison. Parfois, l'Administration pénitentiaire mettait à la disposition des corvéables de petites facilités pour l'exécution des différentes tâches. En dehors des corvées internes, il y avait aussi des corvées externes.

1.2. Les corvées externes : activité de production non correspondante à un objectif de rentabilité.

Les corvées externes sont des travaux que les détenus étaient appelés à effectuer hors des pénitenciers. Celles-ci étaient courantes dans les prisons camerounaises. Les corvées extérieures sont encore appelées cession de la main d'œuvre pénale. Il y a des cessions payantes, qui devraient générer des recettes au profit du trésor public. Les prisons étaient dotées d'une régie des recettes conformément aux dispositions de l'article 4 du décret n°73/774 du 11 décembre 1973. Cette dernière percevait essentiellement les paiements dus au titre des cessions de la main d'œuvre pénale. L'article 53 du décret n°73/774 du 11 décembre 1973 portant régime pénitentiaire au Cameroun disposait : le produit du travail de chaque détenu est divisé en deux parties :

- la première partie représentant 75% des frais réalisés est appliquée par ordre des priorités : au paiement des amendes et frais dus à l'Etat jusqu'à concurrence de leur montant ; au paiement des dommages et intérêts prononcés par la juridiction répressive ; au ravitaillement d'un compte de dépôts et consignation ouvert au trésor public au nom de l'Administration Pénitentiaire ; la gestion de ce compte est déterminée par un arrêté conjoint du Ministère des finances et du Ministre chargé de l'Administration Pénitentiaire.

[10] AMINAT, rapport final, nouvelle politique pénitentiaire et de la réforme du système carcéral, novembre 2006, p.54.

- La deuxième représentant 25% de frais réalisés, est destinée en priorité à la constitution d'un pécule destiné à être remis au prisonnier au terme de sa détention ou à être remis à la famille du prisonnier, sur la demande de celui-ci. Il peut aussi servir à procurer quelques adoucissements au prisonnier sur sa demande et s'il le mérite[11].

Il existait aussi des cessions non payantes. À ce titre, les détenus effectuaient à titre gratuit des travaux d'intérêt général à savoir le nettoyage des abords des voies publiques, le pavoisement des salles et espaces publics, les travaux domestiques dans les maisons de hauts responsables et autorités administratives (Oyono Abah, 1976, p.38). Pour les cessions payantes, les régisseurs de prison mettaient des détenus à la disposition des travaux tels que le défrichage des champs, l'abattage des arbres pour bois de chauffage, la maçonnerie, la fabrique des parpaings, le creusage des fosses entre autres. Les détenus étaient souvent envoyés hors de la localité d'implantation de la prison pour plusieurs jours. Dans ce cas, on parlait de détachement. Seuls les détenus de sexe masculin étaient soumis à ce régime. Dans les prisons principales, la cession journalière de la main d'œuvre pénitentiaire est de 700 francs CFA pour les techniciens et 500 francs CFA pour les manœuvres. Dans les prisons secondaires, elle est de 500 francs CFA pour les techniciens et 300 francs CFA pour les manœuvres. Les recettes de la cession étaient payées directement auprès des autorités de la prison[12].

2. L'opérationnalisation du travail au sein des prisons

Dans le principe, le travail pénal poursuit trois objectifs globaux : l'effort de participation au développement du pays à travers les fonds versés au trésor public ; la réinsertion sociale des détenus et la constitution du pécule aux détenus corvéables. Cependant, la mise en œuvre de ce travail connait de sérieux dysfonctionnements liés à l'absence d'une politique managériale des autorités pénitentiaires.

---

[11] ARMINJUSTICE, Décret n°73/774 du 11 décembre 1973 portant régime pénitentiaire au Cameroun.

[12] AMINAT, rapport final, nouvelle politique pénitentiaire et de la réforme du système carcéral, novembre 2006, pp.54-55.

2.1. La rentabilité des prisons comme objectif du travail pénal

Les textes de 1973 et 1992 ne définissent pas la "production". Toutefois, la production dans les prisons repose sur trois piliers :

- La cession de la main d'œuvre pénale qui est de loin, l'utilisation la plus importante de la main d'œuvre pénale et par là même du revenu et de la rentabilité de la production des prisons ;
- L'utilisation de la main d'œuvre pénale dans l'exploitation des espaces cultivables et d'élevage comme Mantoum et Buéa (*upperfarm*), Bafia, Sa'a et Monatélé, où l'on produisait des denrées agricoles avec la seule force humaine et des matériels rudimentaires ;
- L'exploitation des ateliers d'artisanat avec un matériel rudimentaire, de couture, menuiserie, électronique, vannerie et bricoles diverses[13].

À la prison centrale de Yaoundé, les condamnés jugés dangereux, ayant en principe purgé les 2/3 de leur peine, et les contraignables, étaient astreints à la corvée extérieure. La sélection des détenus corvéables était faite par une commission présidée par le chef de service de la discipline. Il était assisté par le chef de bureau du greffe, le chef de bureau de la discipline des détenus, le responsable de la sortie des corvées et le chef secrétariat du régisseur. Cette liste devait être visée par le régisseur[14]. N'étaient admis en corvée que les détenus dont les noms y figuraient. Le chef de service de la discipline organisait quotidiennement les corvées en fonction du programme arrêté par le régisseur. Toute sortie devait être visée par le régisseur. Les fiches spéciales de corvées étaient préparées la veille. Les bons de sortie n'étaient pas valables[15]. La prison principale de Banyo avait enregistré pendant le quatrième trimestre de 1995 des recettes de la main d'œuvre pénale de l'ordre de 104 200F CFA contre 171 250 F CFA pendant les trois trimestres précédents, soit un total annuel de 275 450 F CFA des recettes de la main d'œuvre pénale[16].

---

[13] AMINAT, rapport final, nouvelle politique pénitentiaire et de la réforme du système carcéral, novembre 2006, p.55.

[14] AMINAT, note n° 018/NS/PCY/SDASCE, note de service portant règlement intérieur de la prison centrale de Yaoundé, p. 9.

[15] Ibid, p.10.

[16] AMINAT, note n° 127/L/HSO/BC, à Monsieur le vice-premier Ministre chargé de l'Administration Territoriale (Direction de l'Administration Pénitentiaire).

Pour l'année 1993, cette prison avait enregistré pour les mois d'avril, mai et juin les recettes de 60 300 F CFA. Ajoutés aux recettes antérieures, la situation annuelle des recettes s'élevait à 172 300 F CFA[17]. A la prison secondaire de Poli, les recettes des mois d'avril, mai et juin étaient de 44 000F CFA[18]. La prison principale de Mbalmayo pour les mois d'avril, mai et juin 1995 a enregistré 67 700F CFA de recettes pénales[19]. Le tableau n°1 présente l'état des recettes de la main d'œuvre pénitentiaire au Cameroun entre 2002 et 2003.

Tableau 1 : État des recettes de la main-d'œuvre pénitentiaire au Cameroun entre 2002 et 2003 (chiffres en F CFA)

Année / Province	Exercice transitoire 2002	Exercice 2003
Adamaoua	41.340	305.887
Centre	1.014.665	4.386.452
Est	298.378	635.290
Extrême-Nord	206.500	159.796
Littoral	1.131.230	2.497.875
Nord	/	474.234
Nord-Ouest	90.120	527.976
Ouest	385.610	1.838.031
Sud	64.005	1.539.563
Sud-ouest	62.700	279.537
Total	3.294.648	13.544.641

Source : AMINAT, Rapport final, nouvelle politique pénitentiaire et de la réforme du système carcéral, novembre 2006, p.34.

Au regard du tableau 1, les recettes pénales ont été nettement mieux en 2003 que celles de 2002. Mais, ces dernières restaient négligeables compte tenu du budget de fonctionnement annuel attribué aux prisons par an, qui s'élève à 21 713 000 FCFA pour les prisons centrales. À la lumière de l'exercice 2004, les recettes provenant de la main d'œuvre pénitentiaire représentaient environ 0,09% du budget de

---

[17] AMINAT, Rapport n° 0328/LH/SG/CASC, rapport trimestriel de la prison secondaire de Banyo, 25 Août 1993, p.9.

[18] AMINAT, rapport n° 157, rapport trimestriel de avril, mai, juin, 1995-1996, p.6.

[19] AMINAT, rapport n° 05/RT/RG/PP/Mbyo, rapport trimestriel du régisseur de la prison principale de Mbalmayo, 1er avril au 30 juin 1995, p.4.

fonctionnement des prisons, soit 195 417F CFA. L'on peut donc dire qu'en l'état, l'utilisation de la main d'œuvre pénitentiaire n'est ni rationnelle, ni rentable, ni efficace pour la resocialisation des détenus. Cependant, plusieurs causes sont à l'origine de la baisse des recettes pénales. La cession de la main d'œuvre pénale était rare à cause du désintéressement des collectivités à la location des détenus. Les demandes de la main-d'œuvre pénale se faisaient de plus en plus rares. Pour le régisseur de la prison principale de Nkongsamba, "la baisse des recettes dans son pénitencier était liée aux effets pervers de la crise économique, à la concurrence extérieure et au manque de matériel de production adapté"[20].

Les prisons du Nord étaient peu productives. La demande de main d'œuvre pénale était faible. L'utilisation de la main d'œuvre pénale la plus connue était le placement des détenus comme domestiques auprès des particuliers. Outre leur irrégularité, ces corvées libres avaient l'inconvénient d'être à l'origine de nombreuses évasions qui avaient établi la réputation de porosité des pénitenciers de cette région. L'option sécuritaire, qui visait à annihiler le phénomène des évasions dans les prisons, avait sonné le glas des corvées libres avec pour conséquence la chute des recettes de main d'œuvre pénale. La prison principale de Guider illustrait parfaitement cette situation ; il n'a pas été enregistré une seule cession de main d'œuvre pénale durant les six premiers mois de l'année 2013[21]. L'activité des prisons qui conduisait à l'utilisation des détenus hors de l'établissement pénitentiaire exposait certes aux évasions, mais la fréquence de celles-ci était symptomatique des défaillances éventuelles à trois niveaux : au niveau du système global de sécurité de la prison ; au niveau du personnel, résultant d'une indiscipline caractérisée et au niveau du choix des corvéables qui pouvait manquer de rigueur[22].

En outre, la chute des recettes pénales est la localisation non propice des prisons à la production. Les pénitenciers camerounais en général et en particulier les prisons centrales, qui reçoivent la majeure partie de la population carcérale se trouvent en pleine ville, envahies

---

[20] AMINAT, rapport n° 04/RT/C16/PPNA, rapport trimestriel, avril, mai, juin du régisseur de la prison principale de Nkongsamba, 10 juillet 1995, p.3.

[21] ADAP, rapport semestriel d'activités du délégué régional de l'Administration Pénitentiaire du Nord, 1er Janvier-30 Juin 2013, pp.12-13.

[22] AMINAT, note n° 099/N/MINAT/DAPEN/CE/CEA1, rapports trimestriels du régisseur de la prison principale de Mbalmayo du 31 mars et 30 juin 1996, p. 2.

par les populations riveraines qui s'y trouvent à cause de l'habitat anarchique. Lorsqu'on sait que la majorité de la population carcérale est analphabète, et que près de 80% de cette population ne peut être utile que dans des activités agropastorales ; les recettes générées par les prisons ne peuvent qu'être insuffisantes. À ce tableau sombre, on peut ajouter les rudes conditions de détention liées aux conditions d'hébergement, de sous-alimentation et de santé précaire des détenus (Tsague Tedondjio, 2005, pp.56-57). Aussi, la chute des recettes pénales était-elle liée à l'attitude peu orthodoxe de certains responsables des établissements pénitentiaires qui n'hésitaient pas à détourner ces dernières. À cet effet, la note du chef de service de l'organisation et de la production de la Direction de l'Administration Pénitentiaire Médard Bomotoliga Koalang indiquait :

> (...) l'étude du dossier révèle que le mis en cause aurait détourné une somme de 134.500F issue des recettes de main d'œuvre pénale d'une part, et 572.280F représentant une partie des indemnités de risques des fonctionnaires de l'Administration Pénitentiaire en service à la prison de Dschang d'autre part, soit au total un détournement de 706.780 francs CFA[23].

Dans son rapport trimestriel, le régisseur de la prison de Tcholliré, Pierre Tabou demandait "le remplacement de Ndi Zambo, agent intermédiaire des recettes qui ne cessait de détourner les recettes de cession de la main d'œuvre pénale"[24]. "Le détournement des recettes de cession de la main-d'œuvre pénale était lié à la mauvaise tenue du registre de cession de la main d'œuvre pénale, à leur non enregistrement et à l'absence du régisseur de la caisse d'avance dans plusieurs établissements pénitentiaires"[25].

En réalité, la faible rentabilité des prisons camerounaises était tributaire de leur mauvaise organisation structurelle où les détenus étaient extraits des prisons sans raison valable, par complaisance ou à des fins d'intérêt privé. C'est ainsi que certains pouvaient rester hors de la prison pendant plusieurs jours ou plusieurs semaines, voire des mois. C'est pourquoi, le ministre de l'Administration Territoriale avait décidé qu'à l'exception des prévenus qui pouvaient être extrait

---

[23] AMINAT, note n° 187/N/MINAT/DAPEN/SDAAOP/SOP, malversations financières du gardien des prisonsKeptchume en service à la prison principale de Dschang, 18 Août 1993, p1.

[24] AMINAT, rapport n° 017/L/D47/BASC, rapport trimestriel du régisseur de la prison de Tcholliré, p2.

[25] A. Tegni, 45 ans, Comptable-matières à la prison centrale de Douala, entretien, Douala, 7 décembre 2020.

directement par les parquets compétents pour les besoins de la justice, tout condamné, interné administratif, contraint par corps ou gardé à vue dans une prison ne pouvait être extrait qu'avec l'autorisation du Ministre chargé de l'Administration Pénitentiaire pour la prison centrale de Yaoundé ; l'autorisation du gouverneur, préfet ou sous-préfet compétent pour les autres prisons[26]. Cette décision venait donner un coup fatal à la cession de la main d'œuvre pénale et annihiler tout espoir de constitution du pécule au détenu.

2.2. Le pécule : de la non-rationalité dans sa distribution au détenu

Le pécule est l'ensemble des frais remis au détenu issus de son travail pénal. Ces frais représentent 25% des sommes réalisées par ledit détenu. Au Cameroun, les débats autour de la question du pécule sont très épineux. Sa constitution ne pose pas de réels problèmes, mais c'est sa distribution aux détenus à leur libération qui demeure problématique. Lorsqu'un problème est mal posé, la réponse va s'en ressentir. Ainsi, la carence dans l'organisation du travail pénal va entraîner une carence dans le fonctionnement.

À la prison centrale de Douala, aucun détenu n'avait jamais perçu de pécule jusqu'en 1989. Ce pécule n'avait d'ailleurs jamais été constitué. Toutes les sommes encaissées étaient reversées au trésor public[27]. Le tableau n° 2 fait ressortir le pécule qui aurait dû être reversé aux détenus de 1984 à 1988 à la prison centrale de Douala.

---

[26] AMINAT, lettre n° 3843/LC/MINAT, à Messieurs les gouverneurs, préfets, sous-préfets et régisseurs.

[27] AMINAT, rapport n°035-CF/MFP/CE/DI, rapport de contrôle et de vérification auprès de la prison centrale de Douala, 12 avril 1989, p25.

Tableau 2 : État du pécule dû aux détenus à la prison centrale de Douala de 1984 à 1988

Exercice	Recettes en FCFA	25% dus aux détenus en FCFA	Reliquat qui aurait dû être versé au trésor en FCFA
1984-85	928 500	235 125	696 375
1985-86	528 833	132 208	396 625
1986-87	331 500	82 875	248 625
1987-88	587 650	146 912	440 737

Source : AMINAT : rapport n°035-CF/MFP/CE/DI, rapport de contrôle et de vérification auprès de la prison centrale de Douala, 12 avril 1989, p.25.

Cette irrégularité était vécue dans la quasi-totalité des prisons camerounaises. La cause était le flou textuel qui planait autour de la constitution et la distribution du pécule. Il faut préciser que jusqu'en 1989, toutes les dispositions législatives n'étaient pas prises pour une gestion optimale du pécule. Le texte d'application était toujours attendu. Ce qui causa un préjudice aux détenus pouvant en bénéficier. Interrogé à cette situation, l'ex-régisseur Jean Marie Pongmoni répondait :

> (...) Jusqu'à présent, si aucun détenu n'a jamais perçu ce pécule depuis la signature du décret n°73/774 du 11 décembre 1973, c'est parce que ce décret ne s'est pas accompagné d'un décret d'application. Aucune consigne, aucune instruction, aucun texte n'a pas encore été signé jusqu'à présent pour nous permettre de verser le pécule aux détenus. Nous ne pouvons aussi nous engager sans instruction, sans aucune base à procéder à cette rémunération[28].

Dans les faits, la constitution du pécule des détenus pose d'énormes problèmes aux responsables de l'administration pénitentiaire. Bien que la vacuité textuelle soit réelle, la volonté de ces responsables reste de mise, car certains ne trouvent pas opportune la restitution du pécule aux ayants-droits. Ils préfèrent l'utiliser à d'autres fins ou tout simplement la distraire. C'est ce que nous livre le récit de Évariste Heu, détenu récidiviste à la prison principale de Bafia :

---

[28] J.M. Pongmoni, réponse à la demande d'explication en date du 10 mars 1989 à la commission de contrôle du Ministère de la fonction publique et du contrôle de l'Etat, Douala, 13 mars 1989.

> Je me nomme Heu Evariste. Je suis détenu à la prison de Bafia pour la deuxième fois. Je connais bien cette prison et comment elle fonctionne. On ne donne pas de l'argent aux prisonniers quand ils sortent de prison. Parfois les prisonniers manquent de l'argent pour rentrer en famille. Ils sont obligés de rester près de la prison où ils sont susceptibles de commettre une autre infraction et retourner à l'intérieur. Pour mon cas, j'ai fait deux mois de corvée pour mon premier emprisonnement. A la sortie, on ne m'a rien donné. J'ai travaillé pendant deux semaines au marché afin de trouver de l'argent pour rentrer chez moi. L'argent que les prisonniers travaillent, les chefs le détournent à leur guise[29].

En réalité, c'est au Ministère en charge de l'Administration Pénitentiaire qu'incombait la responsabilité de la signature du texte devant réglementer cette activité pénale. Ce vide juridique était une entorse aux droits des détenus qui ne pouvaient pas jouir du fruit de leur travail à la libération. En 1988, le MINAT à travers l'arrêté n°213/AJMINAT/DAPEN du 28 juillet 1988 signa enfin l'arrêté fixant les conditions d'utilisation et les taux de cession de la main d'œuvre pénale. Jusque-là, ce texte restait imprécis sur les modalités d'attribution du pécule aux détenus. Ce qui n'interviendra qu'en 1993 avec la signature de l'arrêté n°044/A/MINAT/DAPEN du 08 mars 1993 fixant les modalités d'attribution du pécule aux détenus.

Au-delà de la vacuité textuelle, dans la plupart des prisons, les mécanismes qui devraient assurer un bon suivi du pécule n'étaient pas mis en place notamment : La nomination d'un régisseur de caisse d'avance ; l'ouverture d'un compte pécule ; L'ouverture d'un registre de corvées ; l'ouverture d'un registre de décharge du pécule[30].

Pour justifier ce mis-management, plusieurs régisseurs invoquaient l'imprécision des textes afférents au pécule. Il faut aussi signaler qu'en dehors du non versement du pécule aux détenus, même les personnels demandaient la distribution des frais d'escorte prélevés lors du paiement des cessions de main-d'œuvre pénale. Ces frais d'escorte étaient versés au trésor public. Cette situation était source de démotivation des personnels pénitentiaires en occurrence les gardiens des prisons qui n'avaient pas de prime relative à la cession de la main d'œuvre pénale. Au-delà de la constitution et de la distribution du pécule, le matériel permettant aux détenus de mener ce travail n'était pas adapté.

---

[29] E. Heu, 35 ans, détenu récidiviste, Bafia, entretien, 18 mars 2020.

[30] ADAP, rapport semestriel d'activités du délégué régional de l'Administration Pénitentiaire du Nord, 1er Janvier-30 Juin 2013, p.13.

2.3. Le matériel de production : un matériel archaïque et embryonnaire

La rentabilité des prisons à travers la cession de la main d'œuvre pénale est tributaire de la qualité du matériel utilisée. Les activités de production et de formation professionnelle dans les prisons demeuraient à l'état embryonnaire. Certaines prisons à l'instar de Bavenga, *Buea farm's,* avec ses six bœufs, un champ de maïs, des produits maraîchers et Mantoum disposaient de vastes domaines propices aux activités agro-pastorales[31]. Ces activités, accomplies sous l'initiative personnelle des chefs d'établissements pénitentiaires manquaient cruellement de matériels. Par contre, la situation en plein centre urbain de la plupart des établissements pénitentiaire et à défaut de moyens de transport, ne pouvait leur permettre que la création des ateliers (mécanique automobile à Bafoussam, couture à Buéa centrale et Mbalmayo, cordonnerie à Bamenda, briqueteries à Ambam et Monatélé, jardins potagers à Bafia et *upperfarms*...). Il convient de relever que toutes ces activités sus décrites étaient marginales, qu'elles ne s'inscrivaient pas dans une vision prédéfinie et développée par l'administration pénitentiaire et le produit de l'activité, très souvent, ne profitait pas au détenu[32].

Divers matériels ont été commandés par la DAPEN pour le compte de l'exercice 1996/1997. Il s'agissait des matériels suivants :

[31] La ferme pénitentiaire appelée *upperfarms* de Buéa disposait des bœufs, des porcs et des poulets donnant du fumier organique, des prisonniers et des gardiens des prisons exécutant et surveillant les travaux de production. Cette ferme comportait trois champs situés à trois endroits différents :

1. *Upperfamrs* : champ principal étendu sur 60 ha au milieu desquels se trouvait quelques habitations, les magasins et les bureaux pour l'ensemble de la ferme, les étables, la plus grande porcherie et les poulaillers. Les parties périphériques servaient de pâturage au gros bétail. Le sol était en pente forte.
2. *West farms* : étendu sur 40 ha environ est situé à 1,5 km des bureaux et magasins centraux, sur un sol relativement plat et épuisé.
3. *Lowerfarms* : avec ses 3 ha environ, situé à 1,2 km des bureaux et magasins centraux, sur un sol fertile et un peu plat comportant une porcherie, des bâtiments pour dortoirs et salles de classes pour stagiaires et élèves gardiens de prison. Cette ferme pénitentiaire disposait d'environ 600 ha. En 1978, elle est passée à 102 ha et se maintent à 60 ha aujourd'hui.

[32] AMINAT, rapport final, nouvelle politique pénitentiaire et de la réforme du système carcéral, novembre 2006, pp.55-56.

900 machettes, 400 houes, 400 limes, 100 râteaux, 40 brouettes, 290 litres d'insecticides, des pelles et des haches[33]

À *upperfarm's* le matériel de production était constitué de deux tracteurs en mauvais état, 58 houes, 33 pioches, 03 bêches, 60 machettes, 4 arrosoirs, deux haches, 15 linettes et deux cuvettes[34]. L'acquisition du matériel de production par les établissements pénitentiaires restait tributaire des moyens financiers accordés à la DAPEN. Il faut noter que, avant 1973, c'est-à-dire avant l'uniformisation des deux systèmes pénitentiaires à travers le décret n°73/774 du 11 décembre 1973 portant régime pénitentiaire au Cameroun, les prisons au Cameroun britannique étaient régies par les lois de 1916, puis de 1959 d'inspiration britannique dénommées "*the prisons regulations*" en application dans la république fédérale du Nigéria. Ce régime prônait la réhabilitation et la réinsertion sociale des détenus et voulait faire des prisons des grands pôles de développement économique ou des unités de production. L'administration pénitentiaire avait son siège au Nigéria et s'occupait du financement des prisons. La répartition du travail y était organisée, des opérations de contrôle des finances menées avec le registre d'inspection (Nguelefack Ndongock, 2005, pp.51-52).

A partir de 1973, le budget était désormais voté par le département ministériel qui était le MINAT. Le chef du département ministériel, seul ordonnateur de crédit, procédait à la répartition de ce budget aux différents services. D'après le décret de 1973, chaque prison se voyait allouer un budget avec les lignes de fonctionnement suivant : alimentation des détenus, matériel du bureau, carburant, ordre de mission, santé des détenus. Cette nomenclature du budget alloué montrait déjà le désintéressement du secteur productif, contredisant de ce fait l'article 2 du décret de 1992 qui stipulait que "suivant la nature de leurs activités, les prisons sont classées en cinq catégories : les prisons d'orientation ou de sélection, les centres de relégation, les prisons de production, les prisons écoles et les prisons spéciales"[35].

---

[33] AMINAT, note n°001/N/MINAT/DAPEN/SDAOP/SOP, retrait des matériels par les prisons, 06 janvier 1997.

[34] ANB, PF/a (1977) 1: Prisons department disciplinary matters 1977-1980.

[35] ARMINJUSTICE, Décret n°92/052 du 27 mars 1992 portant régime pénitentiaire au Cameroun.

La crise économique aidant, le budget alloué à l'administration pénitentiaire s'était rétréci au fil des années. C'est ce que traduit le message n°337/MR/MINAT/DAPEN du 6 janvier 1986 où le contrôleur de l'époque affirmait que : "l'utilisation des fonds à eux alloués à l'entretien de la ferme (bêtes et autres), l'accumulation des factures impayées, la suspension des livraisons, la mort du bétail et le manque de crédit avaient entraîné la chute de la production de *upperfarm's*" (Nguelefack Ndongock, 2005, p.52).

Au-delà du problème de financement, il se posait un manque de personnel qualifié. Pendant la période coloniale (britannique), l'administration en place avait prévu pour le fonctionnement des prisons des techniciens car, utilisant des techniques modernes d'exploitation agropastorale, des équipements performants comme des tracteurs. Le problème s'est posé avec la relève de ce personnel technique après les indépendances. Celle-ci devait se faire avec l'aide de la *Cameroon Development Corporation* (CDC) pour la formation des personnels pénitentiaires. En 1970, il était lancé un recrutement de cinq techniciens assistants en agriculture et élevage et de cinq techniciens en construction. Y étaient aussi recrutés des enseignants.

Avec l'avènement de l'uniformisation en 1973 des systèmes pénitentiaires, la spécialisation du personnel s'arrêta. En plus, le statut spécial du corps des fonctionnaires de l'administration pénitentiaire de 1974 ne faisait pas de distinction entre techniciens et gardiens de prisons. Dès lors, la seule formation était celle du personnel de l'administration pénitentiaire (Ibid., p.54). En effet, les personnels spécialisés étaient ceux ayant suivi une formation dans un domaine technique particulier, intéressant l'administration pénitentiaire. L'effectif des personnels spécialisés par secteur se présente comme suit :

- Médecine : 166 personnes y compris les 08 médecins formés à l'ENAP
- Agriculture : 24 personnes ;
- Elevage : 03 personnes ;
- Jeunesse et animation : 10 personnes et
- Comptabilité-matières : 112 personnes (Pongmoni, 2003, p.15).

Ces chiffres montrent une fois de plus que l'administration pénitentiaire camerounaise accusait une pénurie de personnels techniques. La combinaison des moyens financiers et le manque du personnel technique avaient des conséquences peu reluisantes sur la production des prisons telles que : les crédits insuffisants gérés suivant une procédure administrative inadaptée aux exploitations agricoles ; l'absence d'utilisation des *imputs* agricoles ; le niveau technique d'encadrement insuffisant ; l'absence de moyen de supervision, de transport de travailleurs ou de la collecte de produits récoltés entre autres. Le matériel de production se réduit aux machettes et houes, une poignée de prisons disposaient d'outils de menuiserie et de machines à coudre. Les activités de production et de formation professionnelle demeurent encore embryonnaires ; ce qui constitue un frein à la réinsertion sociale des détenus.

Conclusion

En conclusion, il était question dans ce travail, de montrer la place du travail pénal dans la réinsertion des détenus. Encore appelé corvée, elle a été instituée au sein des prisons camerounaises pour occuper les détenus, afin de mieux préparer leur réinsertion sociale. On distingue deux types de corvée à savoir les corvées internes et les corvées externes. Dans la pratique, le travail pénal connut plusieurs dysfonctionnements. L'on peut citer les évasions pendant les corvées externes ; les conditions de travail se rapprochant de celui de l'esclave ; le matériel de travail rudimentaire ; les heures de travail très loin des standards internationaux ; une modique rémunération ; la non constitution du pécule aux détenus corvéables ; l'absence d'une caisse d'avance ; la non nomination d'un régisseur de la caisse d'avance ; la non ouverture d'un registre pour corvée ; la non redistribution du pécule aux détenus ; le détournement des sommes dues au travail pénal ; le non versement des 2/3 des recettes du travail pénal au trésor public entre autres. En effet, ce manque de professionnalisme qui entoure le travail pénal est lié aux carences des curricula des enseignements et à la formation des personnels pénitentiaires. L'organisation structurelle en termes de catégorisation des prisons ne répond véritablement pas à l'orientation de productivité assignée à certaines. Sur ce plan, l'Etat gagnerait à revoir, en fonction de la localisation de certaines prisons, une organisation particulière pour un rendement nettement mieux.

Sources et références bibliographiques

Sources orales

Nom et prénoms	Age	Qualité	Date l'entretien
Heu Evariste	35 ans	Détenu (récidiviste)	18 mars 2021
Ndjilé Clarisse	45 ans	Ex-détenue	15 mai 2021
Tégni Antoine	47 ans	Comptable- matières	25 mai 2021

Sources archivistiques

Archives du Ministère de l'Administration Territoriale (AMINAT)

- Rapport final, nouvelle politique pénitentiaire et de la réforme du système carcéral, novembre 2006.
- Note n° 018/NS/PCY/SDASCE, note service portant règlement intérieur de la prison centrale de Yaoundé.
- Note n°127/L/HSO/BC, à monsieur le vice-premier Ministre chargé de l'Administration Territoriale (Direction de L'Administration Pénitentiaire).
- Rapport n° 0328/LH/SG/CASC, rapport trimestriel de la prison secondaire de Banyo, 25 août 1993.
- Rapport n° 157, rapport trimestriel de avril, mai, juin, 1995-1996.
- Rapport n° 05/RT/RG/PP/MBYO, rapport trimestriel du régisseur de la prison principale de Mbalmayo, 1er avril au 30 juin 1995.
- Rapport n° 04/RT/C16/PPNA, rapport trimestriel avril, mai, juin du régisseur de la prison principale de Nkongsamba, 10 juillet 1995.
- Note n° 099/N/MINAT/DAPEN/CE/CEA1, rapport trimestriel du régisseur de la prison principale Mbalmayo du 31 mars au 30 juin 1996.
- Note n° 187/N/MINAT/DAPEN/SDAAOP/SOP, malversations financières du gardien de prison Kepthume en service à la prison principale de Dschang, 18 août 1993.
- Rapport n°017/L/D47/BASC, rapport trimestriel du régisseur de la prison de Tcholliré.

- Lettre n° 3843/LC/MINAT, à Messieurs les gouverneurs, préfets, sous-préfets et régisseurs.
- Rapport n° 35-CF/MFP/CE/DI, rapport de contrôle et de vérification auprès de la prison centrale de Douala, 12 avril 1989.
- Note n° 001/N/MINAT/DAPEN/SDAOP/SOP, retrait des matériels par les prisons, 06 janvier 1997.

Archives du Ministère de la justice (AMINJUSTICE)

- Décret n° 92/052 du 27 mars 1992 portant régime pénitentiaire au Cameroun
- Décret n° 73/774 du 11 décembre 1973 portant régime pénitentiaire au Cameroun

Archives Nationales de Buéa (ANB)

- PF/a (1977) 1 : prisons department disciplinary matters 1977-1980.

Archives de la Direction de l'Administration Pénitentiaire (ADAP)

- Rapport semestriel d'activités du délégué régional de l'Administration Pénitentiaire du Nord, 1er janvier-30 juin 2013.

Bibliographie

Ouvrages

- Foucault M., *Surveiller et punir, naissance de la prison*, Paris, Flammarion, 1975.
- Bouzat P. et Pinatel J., *Traité de droit pénal et de criminologie, droit pénal général*, Paris, Librairie Dalloz, 1970, Tome I.

Article scientifique

- Bellenchombre J., " le travail, la peine et la prison. Approche socio-historique", *Nouvelle Revue de Psychologie*, n°1, 2006.

Thèse et Mémoires

- Idrissou A., "Les prisons au Cameroun sous administration française, 1916-1960", Thèse de doctorat Ph/D en Histoire, Université de Yaoundé I, 2006.

- Bobongonana E. E., "La détention féminine à la prison de Bafia de 1916-1992", Mémoire de Maîtrise en Histoire, Université de Yaoundé I, juin 2006.
- Haman A., "L'Administration Pénitentiaire camerounaise : une force sans force", Mémoire du diplôme d'Intendant des prisons, ENAP-Buéa, 2004.
- Ndanga P., "La prison de New-Bell à Douala (Cameroun) 1916-1960", Mémoire de Maîtrise en Histoire, Université de Yaoundé I, 2002.
- Nguelefack Ndongock A. B., "La problématique de la production agricole et de l'élevage en milieu carcéral : cas de la prison de production de upperfarm", Mémoire du diplôme d'Intendant des prisons, ENAP-Buéa, 2005.
- Oyono Mbah M., "La prison centrale de Yaoundé", Mémoire de Licence, Université de Yaoundé, 1976.

De la médecine d'entreprise à la médecine du travail au Cameroun (1948-1992)

Patrick Léonel MENDO
PLEG
Doctorant en Histoire
Université de Douala/Cameroun

Résumé

Dans une méthode chronologique et analytique, cet article fait une étude comparée de la place des entreprises dans le système de santé au Cameroun pendant la période coloniale française et après l'indépendance. En effet, durant son séjour au Cameroun (1916-1960), la France mit sur pied un système de santé qui lui permit d'assurer la prise en charge de toutes les populations indigènes y compris des employés d'entreprise Ces dernières s'impliquèrent dans la prise en charge sanitaire des populations locales après la Deuxième Guerre mondiale. Cette situation eut pour conséquence la diversification des secteurs d'offre de santé et l'amélioration des relations entre les entreprises et les populations bénéficiaires des soins. Après l'indépendance du Cameroun, les éléments locaux prirent la relève dans la gestion du territoire. L'une des responsabilités qui attendaient ces derniers fut la question de la protection sanitaire des employés d'entreprise. À l'issue de cette recherche, il ressort que, contrairement à la période coloniale française où les entreprises ouvrirent les portes de leurs formations sanitaires aux populations riveraines pour s'assurer une main-d'œuvre en quantité considérable pour la réalisation de l'œuvre coloniale, après l'indépendance du Cameroun, plus précisément à partir de l'adoption du premier code du travail en 1967, les données changèrent car, les textes qui régissent la médecine du travail ne permettent pas aux entreprises d'utiliser leurs établissements hospitaliers pour recruter la main-d'œuvre mais, protègent davantage le travailleur et sa famille afin de s'assurer un rendement efficient de ce dernier. Dans la pratique, les dispositions de prise en charge sanitaire des employés d'entreprise adoptées par l'Etat du Cameroun s'apparentaient plus à celles héritées de la colonisation française malgré quelques particularités.

Mots-clés : Entreprises, Médecine d'entreprise, Médecine du travail.

Abstract

In a chronological and analytical method, this article aims to make a comparative study of the place of companies in the health system in Cameroon during the French colonial period and after independence. Indeed, during its stay in Cameroon (1916-1960), France set up a health system which enabled it to provide care for all indigenous populations, including company employees. The latter became involved in the health care of local populations after the Second World War. This situation resulted in the diversification of the health supply sectors and the improvement of relations between companies and the populations receiving care. After Cameroon's independence, local elements took over in the management of the territory. One of the responsibilities that awaited them was the question of the health protection of company employees. At the end of this research, it emerges that, unlike the French colonial period when companies opened the doors of their health facilities to neighbouring populations to ensure a workforce in considerable quantity for the realization of the colonial work, after the independence of Cameroon, more precisely from the adoption of the first labor code in 1967, the data changed because the texts governing occupational medicine do not allow companies to use their hospitals to recruit labour but, protect the worker and his family more in order to ensure an efficient performance of the latter. In practice, the health care arrangements for company employees adopted by the State of Cameroon were more similar to those inherited from French colonization despite some peculiarities.

Key-words: Companies, Company medicine, Labor medicine,

Introduction

Les Allemands quittèrent le Cameroun à l'issue de la Première Guerre mondiale. L'accord de Londres du 4 mars 1916 entre la France et la Grande-Bretagne chargeait la France d'occuper la presque totalité du pays, à l'exclusion de deux zones (le Bornou et les territoires contigus au Nigeria) placées sous l'administration anglaise. Les Français ayant fait du Cameroun un territoire d'exploitation agricole (Kaptué, 1986, p.31), la prise en charge de la santé des populations locales constituait un enjeu majeur, d'autant plus que la mise en place et l'entretien des plantations nécessitaient la mobilisation d'une main-d'œuvre de masse. L'homme devint donc un capital précieux pour le fonctionnement de l'économie coloniale. Si au départ, l'administration semblait ne pas vouloir impliquer les entreprises dans la prise en charge de la santé des populations, elle fut obligée de changer d'attitude après la Deuxième Guerre mondiale. Dans les orientations de santé intervenues au lendemain de cette Guerre, les pouvoirs coloniaux décidèrent d'associer le secteur d'entreprises. L'indépendance du Cameroun français et plus tard la réunification avec le Cameroun britannique changèrent la donne dans la participation des entreprises dans le système de santé. En effet, les autorités camerounaises devaient désormais décider du sort des entreprises en redéfinissant leurs prérogatives et leurs actions dans le domaine sanitaire[1]. Il est donc intéressant de faire une étude comparée de la place des entreprises dans le système de santé au Cameroun pendant la période coloniale française et après l'indépendance. Dans une approche chronologique et analytique, nous avons axé cette réflexion en deux grandes articulations. Dans la première, il est question de présenter les actions des entreprises dans le système sanitaire de la France au Cameroun et en seconde, faire une étude comparative avec la période postcoloniale dans le but de ressortir les convergences et les disparités dans les actions de ces dernières.

[1] A ce propos, l'Etat fixa la typologie du personnel médico-sanitaire appelé à exercer dans les établissements hospitaliers d'entreprises à travers le décret n°64- 123-CAB-COB du 4 juillet portant classification des entreprises en ce qui concerne la fixation des moyens minima imposés aux employeurs en matière de personnel médical et sanitaire. Par ailleurs, l'Etat a défini aussi les modalités d'exercice de la médecine du travail par le décret n°79-096 du 21 mars 1979 fixant les modalités d'exercice de la médecine du travail.

1. Le système sanitaire au sein des entreprises : autopsie de deux modèles de prise en charge des employés.

Chaque médecine diffère de l'autre en fonction de ses objectifs, ses mécanismes et ses implications pour la quête du bien-être des employés d'entreprises.

1.1. La France et la médecine d'entreprise au Cameroun (1948-1960)

Il est important de relever que les entreprises s'impliquèrent dans la prise en charge sanitaire des populations locales après la Deuxième Guerre mondiale. En effet, avant ce conflit, l'administration coloniale française s'occupait de la santé de toutes les populations indigènes y compris des employés des entreprises. Une fois le conflit terminé, l'administration coloniale se trouva dans l'incapacité de continuer à s'occuper de toutes les populations locales en générale et celles exerçant dans les entreprises en particulier compte tenu de leur importance dans le système d'exploitation du territoire camerounais. À cet effet, elle encouragea les entreprises à se doter des infrastructures sanitaires pour pouvoir prendre en charge leurs employés. L'implication des entreprises dans l'œuvre sanitaire de la France au Cameroun contribua à faire de ces dernières, un maillon important dans le système sanitaire. Dans cette articulation, l'analyse est fondée sur la typologie des établissements et du personnel sanitaire des entreprises et la place des entreprises dans le système sanitaire de la France.

1.1.1. Les établissements et le personnel sanitaire des entreprises

Les infrastructures hospitalières et les personnels de santé dans les entreprises variaient en fonction de l'importance de celles-ci. La notoriété d'une entreprise dépendait de l'immensité de son domaine, mais aussi du nombre de ses employés. Ainsi, comme établissements hospitaliers, on notait les hôpitaux, les dispensaires ou les infirmeries. S'agissant des personnels sanitaires, on relevait les médecins, les infirmiers et les sages-femmes.

1.1.2. Typologie des établissements sanitaires

En 1952, le Code du travail des territoires d'Outre-mer stipulait, en son article 138, que toute entreprise ou établissement devait assurer un service médical ou sanitaire de ses travailleurs. Pour cela, si les effectifs atteignaient le chiffre de 1 000 employés, les entreprises étaient tenues d'avoir un service médical assuré par un docteur en médecine ou un aide de santé diplômé ayant résidence fixe dans l'entreprise et agréé par le chef du territoire (Kaptué, 1986, p.121). Au-dessus de 1.500 travailleurs, le praticien devait obligatoirement être un docteur en médecine. Les infirmeries devaient comprendre une salle d'hospitalisation et une maternité. Une petite pharmacie était obligatoire dans tous les cas.[2] Comme établissements hospitaliers d'entreprise, il y avait les hôpitaux et les dispensaires ou les infirmeries.

1.1.3. L'hôpital, un maillon indispensable dans le dispositif sanitaire des entreprises

Les régions du Mungo et de la Sanaga-Maritime virent émerger les hôpitaux d'Edéa Aluminium du Cameroun et Énergie électrique du Cameroun (Alucam-Enelcam), de Penja et de Dizangué, Société Africaine et Forestière (S.A.F.A). Par ailleurs, ces hôpitaux, en dehors du service médical des employés des entreprises auxquelles ils appartiennent étaient aussi ouverts aux populations locales (Nzogué, 2011, p.332). L'hôpital de Penja par exemple était l'œuvre du syndicat de défense des intérêts bananiers du Cameroun. À l'origine, il visait essentiellement le traitement du personnel des plantations de bananes. Il administrait également des soins gratuits aux élèves et aux habitants de Penja (M. Kanguelieu Tchouaké, 1990, pp.295-296). Le territoire comptait en tout trois hôpitaux d'entreprises. Ces entreprises, en créant leurs hôpitaux, voulaient s'assurer une main d'œuvre en parfaite santé pour l'amélioration de leurs productions. Ce nombre réduit d'hôpitaux résulte du fait que ce ne furent pas toutes les entreprises qui avaient les moyens de s'en doter. Il fallut aussi compter sur les infirmeries et les dispensaires pour accroitre le nombre de formations sanitaires d'entreprises destinées à améliorer la santé des travailleurs.

---

[2] Ibid.

1.1.4. L'apport des dispensaires ou infirmeries

Les dispensaires et les infirmeries sont des lieux destinés à accorder des soins qui ne nécessitent pas des évacuations sanitaires dans les hôpitaux. Les dispensaires sont rencontrés dans les entreprises ayant en moyenne 300 employés. Ils n'étaient pas nombreux sur toute l'étendue du territoire. Jusqu'en 1957, on comptait au total 12 dispensaires d'entreprises répartis dans les régions de l'Adamaoua, Wouri et Moungo[3]. Celles qui en possédaient étaient de taille moyenne de par leur chiffre d'affaire. Les dispensaires avaient une capacité réduite d'hospitalisation qui servait juste à la prise en charge des employés d'entreprise. Les infirmeries[4], quant à elles, furent les structures sanitaires les plus représentées sur l'étendue du territoire car, ne nécessitant pas trop de moyens financiers comme les hôpitaux. On en comptait 68 au total[5]. La description des établissements hospitaliers d'entreprises nous a conduits à relever les hôpitaux, les dispensaires ou les infirmeries. À l'issu de cette analyse, il convient de noter que seuls les grandes entreprises pouvaient se payer le luxe de se doter d'hôpitaux. S'agissant des dispensaires et des infirmeries, ces établissements étaient plus nombreux que les hôpitaux et s'occupaient des soins ne nécessitant pas d'évacuation sanitaire.

Les formations sanitaires ainsi créées, il fut question pour les entreprises de se doter d'un personnel médical pour prodiguer des soins médicaux aux travailleurs.

1.1.5. Profil du personnel de santé

La possibilité étant accordée aux entreprises de se doter de leurs propres structures sanitaires, il se posa le problème de la qualité et de la quantité de ce personnel face à l'immensité de la tâche à accomplir. Le personnel de santé engagé par les entreprises était constitué des médecins, infirmiers et sages- femmes.

---

[3] RAONU 1957, p.253.

[4] Les infirmeries servaient plus à soigner les cas d'accident de travail ou de maladies moins graves, ne nécessitant pas une évacuation sanitaire d'un employé.

[5] RAONU 1957, p.253.

1.1.5.1. Les médecins

D'origine européenne, les médecins étaient recrutés d'abord par des entreprises à fort potentiel économique (La S.A.F.A., l'ALUCAM-ENELCAM, la Société de Bananeraies de Penja) mais, aussi par des petites entreprises mises ensemble pour pouvoir entretenir un médecin. Il était surtout difficile pour chacune de ces petites entreprises de solliciter les services d'un médecin qui était formé dans les universités européennes. Cela s'explique par la réticence de praticiens civils européens à embrasser l'aventure africaine. Il va donc sans dire que pour les entreprises, réussir à faire venir un médecin aux colonies était un véritable exploit. Cela peut aussi expliquer la préférence des entreprises pour les infirmeries qui pouvaient être gérées par les infirmiers. À titre d'illustration, à la S.A.F.A, (Ndo'o, 2009, p. 24.)[6] on avait un médecin pour plus de 1 000 employés. Ces médecins travaillaient à temps partiel, mais étaient aussi à temps plein. On avait ainsi 6 médecins à temps pleins, 4 à temps partiel et un médecin conventionné. Leur action était réduite à de grandes entreprises[7]. La rareté de médecins d'entreprises au Cameroun après la Deuxième Guerre mondiale n'était pas une situation nouvelle. Les entreprises qui avaient essayé de les employer avant la guerre avaient dû renoncer, ces praticiens supportant difficilement les séjours coloniaux à cause des conditions de vie difficile. Le fait que les entreprises aient réussi à recruter quelques-uns parmi eux après la guerre, s'explique par le chômage[8] qui sévissait en Europe et qui poussa plusieurs praticiens à aller tenter leur chance dans les territoires d'outre-mer.

---

[6] En 1962, la SAFA était rebaptisée SAFACAM pour plusieurs raisons : l'indépendance et la réunification du Cameroun demandaient sans doute la nationalisation des biens hérités de la colonisation. Concernant la SAFACAM, il s'agissait pour l'Etat camerounais d'en devenir actionnaire à travers la Société Nationale d'Investissement (SNI), avec une action de 9 % du capital de la société. L'autre raison venait du fait que les propriétaires de la SAFA disposaient d'une autre structure du genre à Djibouti. Aussi fallait-il établir une différence entre les deux. Devenu SAFACAM, le siège fut installé à Yaoundé. Confère

[7] RAONU 1957, p. 253.

[8] L'Europe ainsi détruite par la Deuxième Guerre mondiale, il devint difficile de recruter du personnel dans tous les secteurs d'activité. Les médecins ne furent pas épargnés par cette situation au point où certains n'hésitèrent pas à répondre favorablement aux sollicitations des entreprises dans les colonies. C'est donc dans ce contexte que les entreprises européennes installées au Cameroun français parvinrent à recruter des médecins.

1.1.5.2. Les infirmiers et les Sages-femmes

Lorsque l'administration accorda la possibilité aux entreprises de se doter de leurs propres centres hospitaliers pour la prise en charge de leurs employés, l'on constata que les infirmiers aussi avaient bien à faire dans la prise en charge de la santé des employés d'entreprise. Ces derniers devaient être titulaires d'un diplôme leur permettant d'exercer leur profession. Ces auxiliaires de la santé étaient recrutés par les entreprises pour exercer de nombreuses activités dans les services de la médecine fixe. Ils étaient toujours à la tête de toutes les infirmeries et tous les dispensaires construits par les entreprises au Cameroun, et y assuraient à la fois le service médical et paramédical dans les hôpitaux d'entreprise. Ils travaillaient surtout en gynécologie, maternité, mais aussi dans le service de médecine générale. Dans ce dernier service, le travail consistait essentiellement à faire les injections et les pansements. Ils exerçaient aussi dans les services annexes (chirurgie, pharmacie et laboratoire). Mais, les entreprises ne voulant pas toujours dépenser de l'argent pour entretenir des infirmiers diplômés, préféraient souvent former leurs auxiliaires de santé sur le tas. Dans le cas de la société des bananeraies de Penja, le Docteur Richard, médecin de l'hôpital de cette entreprise s'occupait de la formation théorique et pratique des infirmiers. Après 4 ans, ils présentaient l'examen de sortie au Centre d'instruction médical d'Ayos (Kanguelieu Tchouake, 1990, p. 295). Dans les entreprises de taille moyenne ou celles de petite taille, les infirmiers se chargeaient de soigner les cas de blessures des employés afin de les soumettre aux traitements en cas de maladie. C'était le cas dans les scieries. Étaient-ils assez nombreux pour s'occuper convenablement des employés de toutes les entreprises existantes jusqu'en 1957? En considérant le nombre des entreprises au Cameroun français jusqu'en 1957 (il y en avait 318 reconnues par l'administration coloniale pour 39 370 employés), on s'aperçoit que les entreprises n'avaient pas suffisamment investi dans le recrutement des auxiliaires de santé, puisqu'elles n'employèrent que 63 infirmiers.

Dans leurs fonctions administratives, les sages-femmes étaient les chefs de maternité. Elles accomplissaient des tâches de supervision. Elles exécutaient également les tâches les plus communes. Dans le premier cas, elles veillaient à l'application de leurs prescriptions et celles des médecins. Dans le deuxième, elles faisaient les consultations prénatales et les délivrances. Elles assuraient 24h sur 24 la garde. Elles veillaient à la bonne marche de la maternité.[9] Par leur vocation déjà, le recrutement des sages-femmes dans les entreprises nécessitait la présence de bonnes infrastructures hospitalières. Dans le secteur médical d'entreprise, se doter d'une maternité revenait à avoir un hôpital jouissant d'un plateau technique de premier ordre. Les entreprises de taille moyenne ou de petite taille ne pouvaient pas se payer le luxe de se doter d'une maternité. Leurs dispensaires ou infirmeries ne servaient qu'à la prise en charge de leurs employés. Par ailleurs, le travail des sages-femmes dans les entreprises ne s'étendait pas en dehors de leur cadre de travail comme ce fut le cas avec leurs collègues des hôpitaux de l'administration qui se rendaient même dans les coins les plus reculés pour visiter leurs malades. Tout compte fait, bien que l'administration ait encouragé les entreprises à se doter de leurs propres infrastructures pour la prise en charge de la santé de leurs employés, très peu d'entre elles se dotèrent d'hôpitaux de référence. Plusieurs entreprises ayant opté pour la formule moins chère du dispensaire ou de l'infirmerie furent obligées souvent de signer des conventions avec les hôpitaux de l'administration pour la gestion des cas graves. Dans la région du Moungo par exemple, nos informateurs nous ont appris que les employés des petites plantations proches de la société des bananeraies de Penja accoururent souvent à l'hôpital de cette dite-entreprise à défaut de se rendre à l'hôpital de Nkongsamba.[10] Ce fut cependant l'amorce d'une collaboration non négligeable qui venait mettre fin à une situation de totale dépendance vis-à-vis de l'offre médicale du secteur administratif. Les hôpitaux d'entreprise, bien que peu nombreux, allaient d'ailleurs jouer un rôle appréciable dans le prolongement de l'action médicale coloniale vers les populations éloignées des centres administratifs.

L'analyse des établissements hospitaliers et des personnels sanitaires d'entreprises au Cameroun sous administration française renseignaient sur le potentiel médical de ces dernières. Dans leur œuvre de prise en charge sanitaire des populations locales, ces entreprises firent des preuves au point de gagner la sympathie des populations indigènes et l'admiration de l'administration coloniale. Le cas de l'hôpital de la SAFA en était une parfaite illustration.

---

[9] S.L.A Bambona., « Le personnel de santé féminin autochtone au Cameroun sous régime français ,1921-1947 », mémoire de Maitrise en Histoire, UY1, 2002, p. 98.

[10] Benoit Ngassam, 84 ans et Jonas Ngombi 83 ans, employés de la Société des bananeraies de Penja à la retraite entretien, Nkongsamba, 4 octobre 2021.

1.1.6. L'hôpital de la SAFA : une structure au service du personnel des entreprises et des indigènes (1950-1960)

Si l'on scrute l'ampleur de la tâche qui attendait monsieur Henry Chamaulte (Ndo'o, p.38). lorsqu'il fut recruté à la SAFA en 1924, on comprend pourquoi l'entreprise s'attela à recruter une main d'œuvre plus conséquente car, il fallait étendre la plantation afin de réaliser plus de profit. Pour recruter la main d'œuvre, l'entreprise envoyait certains de ses employés dans leurs villages .Ceux-ci étaient chargés d'entrer en contact avec des jeunes gens valides en leur proposant du travail. Une fois recrutés, ces employés étaient logés. On leur donnait des nattes, des lits, des réchauds en leur fournissant de quoi se nourrir. Cela pouvait être du riz, du macabo pour ne citer que ces deux aliments[11].

Quant à la prise en charge sanitaire des employés, avant 1950, la situation que vivaient les ouvriers de la SAFACAM était peu reluisante à en croire Ibrahim Ndo'o qui s'est prononcé sur cette question. Il souligne qu'avant la création de l'hôpital, il n'y avait pas de dispositif médico-sanitaire. Le problème qui se posait est que l'entreprise ne se souciait pas trop de la santé de ses employés car, l'administration coloniale dépêchait un médecin une fois par semaine pour les visites médicales des employés. Les méthodes rudes d'Henry Chamaulte faisaient qu'on dénombrait de nombreux décès. Dans l'abattage par exemple, on pouvait compter 20 à 25 morts par jour. De plus, ceux qui refusaient de travailler ou qui tentaient de s'enfuir, une fois attrapés, étaient mis à mort. Lorsqu'un employé était malade, Chamaulte jouait le rôle de docteur en faisant croire au malade qu'il l'emmenait à l'hôpital or, il n'en avait pas avant 1950. Chamaulte mettait le malade dans un camion pour aller le jeter au lac. Ce qui fait que quand bien même, les employés étaient malades, ils partaient au travail de peur de se retrouver dans le lac Ossa[12]. Cette situation donna l'impression que les employés de la SAFA n'étaient jamais malades alors qu'ils étaient exposés à toute sorte de maladie. Une fois l'hôpital créé, les choses changèrent peu à peu. Les ouvriers pouvaient désormais aller se faire traiter, ceci moyennant des retenues sur salaires. Pour s'y rendre, ils se rassemblaient d'abord au centre de l'usine ou au garage et le transport pour Mokolo (environ 6km) se

---

[11] Ibid.

[12] Ibid.

faisait par camion. L'entreprise avait désormais besoin d'une main-d'œuvre ancienne et expérimentée pour obtenir le meilleur rendement des hévéas qui atteignirent la maturité dans leur cycle de production. En plus, l'entreprise commença par appliquer malgré quelques insuffisances l'arrêté du 7 janvier 1944 qui régissait la règlementation du travail et de la main -d'œuvre, qui dans ses articles 31 et 37 stipulait que :

> En cas de maladie d'un travailleur, d'une épouse ou d'un enfant résidant avec lui sur l'exploitation , l'employeur est tenu de leur fournir gratuitement les soins et médicaments qui peuvent être donnés à l'intérieur de l'entreprise(...). Il est tenu d'assurer la nourriture du malade. Mais il est dispensé de lui verser le salaire sauf au cas où la maladie apparait imputable au travail[13].

En cas de maladie ou de blessure grave, les employés étaient transportés à l'hôpital pour y être pris en charge. Lorsqu'ils étaient hospitalisés, les mesures étaient prises pour leur rétablissement rapide car, il y avait beaucoup de travail.

En revoyant la manière dont la SAFA s'occupait de la santé de ses employés, l'on serait tenté de conclure que le bien-être physique des employés était une préoccupation majeure des gestionnaires de cette entreprise. Cette thèse sème la confusion quand on voit les mauvais traitements que subissaient les employés.

En analysant le discours qui tourne autour de la création de l'hôpital de la SAFA, l'on constate que dès sa mise en service, l'entreprise voulait faire d'elle une œuvre d'humanité. Cela est plus visible par cet extrait d'une correspondance adressée par la direction de l'entreprise au Haut-commissaire de la République française au Cameroun qui stipule :

> L'hôpital de notre plantation est destiné au traitement de notre main d'œuvre ainsi que de leurs familles. Cependant, nous n'hésitons pas de faire profiter de notre organisation tous ceux qui peuvent en avoir besoin ; nous ne refusons jamais les soins à ceux qui, même ne travaillant pas chez nous, trouvent plus commode de s'adresser à notre service que de se rendre à un autre hôpital plus éloigné. Nous sommes ainsi certains de faire œuvre d'humanité.[14]

Le bâtiment abritait le bureau du médecin chef de l'hôpital (le Dr Bossai),[15] une salle de consultation, un magasin pour le stockage des

---

[13] ANY, APA 11655/B, travail et main-d'œuvre : règlementation, 1944.

[14] ANY 1 AC 2403/B, Dizangué (Cameroun) hôpital organisation, 1950.

[15] A en croire la plupart de nos informateurs, ce médecin était de nationalité Belge et il avait été recruté à la SAFA pour la santé des employés et s'occupait rarement de

médicaments et un laboratoire à deux compartiments pour les analyses médicales. Aujourd'hui, il a connu des modifications. Il abrite le bureau du chef du service 36 et le bureau de son adjoint. Le laboratoire de l'ancien hôpital a été transformé en un magasin et sert à stocker les engrais qui sont utilisés dans les palmeraies de l'entreprise. Ledit service se charge de la gestion de la production du palmier à huile.

Chaque pavillon d'hospitalisation avait en moyenne 10 à 12 chambres pour une capacité de 5 à 6 malades par chambre. En analysant ces chiffres, l'on parvient à la conclusion selon laquelle l'hôpital pouvait hospitaliser une soixantaine de malades. Ces deux bâtiments sont aujourd'hui des habitations où sont logés les employés de la SAFACAM (P.L Mendo, 2016, pp. 60-62).

S'agissant de la durée de travail dans cette entreprise avant 1952, les employés travaillaient de 6h à 18h. Après 1952, la journée de travail était de 8h. Ngo Ntoumba souligne que les employés se réveillaient toujours à 4h 45 mn et se rendait à leur service à 5h30 pour prendre service à 6h[16]. Parlant du repos, qu'il soit hebdomadaire ou annuel, il nous fait comprendre que les employés de la SAFACAM n'y en avaient pas droit. C'est à partir de 1952 avec l'introduction du nouveau code de travail que les choses évoluèrent un tout petit peu. Désormais, la journée du dimanche était adoptée comme jour de repos pour tous les employés mais, l'entreprise adoptait une réserve en faisant de la même journée un jour de travail payant. Ce que les employés appelèrent " Cash-Work " c'est-à-dire qu'après le travail, chacun percevait un traitement en espèce (T.Ngo Toumba. 1987, p. 68).

Les salaires quant à eux étaient défavorables aux noirs. Ils connurent une certaine évolution. Les manœuvres par exemple percevaient 25 francs de 1930 à 1940, 110 francs de 1940 à 1950 et 700 francs de 1950 à 1962[17]. Si l'on analyse la situation politique qui prévalait au Cameroun avec la lutte pour l'indépendance du pays, l'on serait tenté de tirer la conclusion selon laquelle c'est le maquis en Sanaga-Maritime qui poussa les populations à se rendre à la SAFA. Dans un contexte de dégradation du système de santé d'après-guerre,

---

l'élite administrative de l'entreprise qui préférait se rendre à l'hôpital administratif de Douala pour y subir des soins médicaux.

16

17 Ibid.

les formations sanitaires des pouvoirs publics sont submergées et ne peuvent plus s'occuper de toutes ces populations. Avec l'avènement des hôpitaux d'entreprise, il fut tout à fait convenable pour l'administration de conduire ces populations vers les entreprises. Dans le cas de la SAFA, son équipement médical n'avait rien à envier aux hôpitaux de l'administration coloniale et l'attention accordée aux malades lui valut un intérêt particulier de la part des populations riveraines. Bien que n'étant pas des employés, ces populations bénéficiaient des mêmes traitements que les employés, avaient droit aux mêmes repas que ceux-ci et en cas de situation grave, ils se faisaient transporter par le camion qui était chargé du transport des malades. Cette situation fit à ce que plusieurs anciens malades y restaient pour travailler après leur guérison (Ndo'o, p. 109).

Les populations qui affluaient à l'hôpital de la SAFA venaient de toutes les subdivisions de la Sanaga-Maritime. Mais, c'est la subdivision d'Eséka qui fut la plus représentée. Le maquis faisant rage dans cette région fit à ce que les populations fuyaient la localité d'Eséka pour se rendre à Edéa. Une fois à Edéa, elles se dirigeaient à Dizangué avec pour alibi de rendre visite à des proches. Ces derniers, travaillant à la SAFA, se devaient de signaler leur présence et préciser la durée de leurs séjours[18]. Quant au nombre de malades que recevait cet hôpital en un mois, nous prenons appui sur les rapports de l'ONU de 1956 qui précisaient que la même année, l'hôpital de la SAFA a effectué 35 852 consultations.[19] En divisant ce nombre par les 12 mois que comptent une année, nous arrivons à la conclusion que cet hôpital recevait en moyenne 2 988 malades par mois. Ce chiffre permet ainsi de faire de l'hôpital de la SAFA, un maillon important de la chaine de santé coloniale en Sanaga-Maritime.

Après avoir scruté le rôle joué par les entreprises dans la prise en charge sanitaire des populations locales pendant la période coloniale française, il est donc important de nous intéresser à leur situation après les indépendances. Ceci nous permettra de réaliser une approche comparative avec la période coloniale française en ressortant les particularités des entreprises dans leurs pratiques sanitaires.

---

[18] Ibid.

[19] RAONU 1956, p.80.

2. De l'exercice de la médecine du travail à la prise en charge des employés d'entreprises au Cameroun (1967-1992)

Avant toute chose, il est important de relever que même si le Cameroun accède à l'indépendance en 1960, il fallut attendre 1967 pour voir cet Etat se doter de son premier code du travail. Jusqu'à cette date, le code en vigueur était celui de 1952, hérité des territoires français d'outre-mer[20].Dans cette section, nous présentons les grands traits qui caractérisent l'exercice de la médecine du travail au Cameroun après la colonisation européenne.

2.1. Les personnels sanitaires : acteurs principaux de la prise en charge des patients

Tout comme le secteur médical public, l'exercice de la médecine d'entreprises au Cameroun postcolonial nécessitait un personnel médical qualifié. À ce propos, les formations hospitalières d'entreprises étaient constituées des médecins et d'un personnel paramédical qualifié.

2.1.1. Les médecins : acteurs majeurs

Si nous prenons appui sur le décret de 1979 qui fixe les modalités d'exercice de la médecine du travail au Cameroun, nous relevons que pour pouvoir exercer comme médecin du travail, il fallait obtenir l'agrément délivré par arrêté du Ministre du Travail et de la prévoyance sociale. Cela se faisait après avis du Ministre de la Santé publique ; du Président de la République, s'il s'agissait d'un médecin étranger non inscrit au tableau de l'ordre des médecins. Lors de l'agrément des médecins non spécialisés, il fut tenu compte dans l'ordre des médecins de leur expérience professionnelle, de leurs qualifications hospitalières universitaires en rapport avec la médecine du travail et de leur compétence.

La liste des praticiens susceptibles d'être agréés était constamment tenue à jour par le Ministère du Travail et de la prévoyance sociale en liaison avec le Ministère de la Santé publique et le Conseil de l'ordre des médecins. L'activité du Médecin du travail

---

[20] Anonyme, « Le code du travail de 1967 », in https://www.osidimbéa.cm consulté le 3 août 2021 à 7h10 mn.

fut décomptée suivant le nombre d'heures de vacation effectuées lorsque le médecin passait un contrat ou une convention avec un service médical inter-entreprises, et le nombre de personnes couvertes lorsque le médecin passait un contrat ou une convention avec une entreprise ou un établissement[21].

Le médecin d'entreprise pouvait exercer à temps plein ou à temps partiel. L'exercice à temps plein correspondait soit à une activité de 173 heures dont 1/3 était entièrement consacré par mois, sur la base d'un contrat de travail, à une entreprise ou un service médical inter-entreprises, ou à une couverture d'au moins 3 500 personnes relevant d'une ou de plusieurs entreprises ou établissements ayant signé chacun une convention de visite et de soins. Toutefois, le nombre de personnes couvertes par un praticien ne peut excéder 4 500[22].

L'exercice à temps partiel correspondait à toute activité de médecine du travail couvrant pour le compte d'une ou plusieurs entreprises 1 500 personnes au maximum par mois[23]. Le nombre de médecins fut estimé à 26 en 1994 soit deux fois moins qu'en 1986 (P.G Pougoue, 2021).

Par ailleurs, le recours à un médecin de la santé publique ne pouvait avoir lieu qu'en cas de pénurie de médecins privés et lorsque le nombre de personnes couvertes n'imposait pas une activité à temps plein. Dans ce cas, une convention de visite et de soins était passée entre l'entreprise et l'Etat qui était représenté par le Ministre de la Santé publique, après accord du Ministre du Travail et de la Prévoyance Sociale[24].

Les médecins à eux seuls ne pouvant assurer la santé des travailleurs, le personnel paramédical devait ainsi contribuer à sa manière à soutenir les médecins dans leur tâche.

2.1.2. Personnel paramédical : acteur secondaire

L'exercice du personnel paramédical se faisait sur décision de l'agrément du ministre chargé du travail, pris après avis du ministre

---

[21] Décret n° 79-096 du 21mars 1979 fixant les modalités d'exercice de la médecine du travail, pp.1-2.

[22] Ibid.

[23] Ibid.

[24] Ibid

chargé de la santé publique. Ce personnel fut constitué des infirmiers, des ambulanciers et des aides-soignants. Certains de ces personnels étaient formés dans le tas. Cette situation permettait aux entreprises de faire des économies de recrutement des personnels paramédicaux.[25] Ne pouvant donner avec exactitude leur nombre, nous relevons quand même que ce personnel paramédical travaillait au côté des médecins pour assurer le suivi médical des employés d'entreprises.

Après avoir décrit la typologie des personnels sanitaires d'entreprises, il convient donc de faire une étude comparative des pratiques médicales des entreprises pendant et après la colonisation française.

2.2. La prise en charge des employés d'entreprises : analyse des dispositions en vigueur

Il est important de relever que le Cameroun indépendant a connu trois codes de travail notamment ceux de 1967, de 1974 et de 1992. Ces derniers furent accompagnés de plusieurs modifications. Pour mieux aborder cette section, nous jetons ainsi notre dévolu sur les codes de travail de 1967 et 1992 car, ayant été élaborés dans des contextes assez particuliers à savoir le désir du détachement du code d'outre-mer qui était appliqué jusqu'en 1967 (Ceci pour affirmer une certaine autonomie quant à la gestion des questions du travail au Cameroun) ; et la volonté de redéfinir les conditions de prises en charge sanitaire des employés d'entreprises au sortir de la crise économique de la seconde moitié des années 1980.

D'après le code du travail de 1967, pour assurer le suivi sanitaire des employés d'entreprises, l'Etat avait pris des dispositions dans les codes du travail et les modifications qui furent apportées. Dans ce manuel de travail, le Cameroun se dota d'un code du travail harmonisé commun aux deux états fédérés et tenait compte des réalités locales[26].

Pour assurer la protection sanitaire des employés et de leurs familles, l'Etat du Cameroun institua un code des prestations familiales. À ce propos, un régime de prestations familiales fut institué

---

[25] Anne Ngo Magomba, infirmière retraitée, entretien, 15 mars 2016, quartier Beach à Dizangué.

[26] Anonyme, « Le code du travail de 1967 », in https://www.osidimbéa.com consulté le 3 août 2021 à 8h00 mn.

au profit de tous les travailleurs exerçant leur activité professionnelle au Cameroun sous la direction et l'autorité d'une autre personne, physique ou morale, publique ou privée, considérée comme employeur, moyennant une rémunération dont ils tiraient leurs moyens normaux d'existence et ayant à leur charge un ou plusieurs enfants résidant au Cameroun.

Pour en bénéficier, l'allocataire devait être un travailleur salarié au sens de l'article premier du Code du Travail et devait répondre aux spécifications posées par son article premier. Sa rémunération devait être au moins égale au salaire minimum inter professionnel garanti en vigueur au lieu d'emploi. Il devait fournir un travail effectif d'au moins 18 jours dans le mois ou 120 heures. L'allocataire devait résider au Cameroun. Toutefois, l'allocataire dont l'activité professionnelle était suspendue et qui transportait sa résidence hors du Cameroun devait continuer à percevoir les prestations familiales dans les conditions et selon les modalités précisées par les conventions prévues à l'article 782 de la loi portant organisation de la Prévoyance Sociale[27].

Le droit aux prestations familiales était classé selon les priorités. Il était ouvert au travail du père ou à défaut de la mère. Dans ce dernier cas, et si la mère était mariée, il lui appartenait d'apporter la preuve que son conjoint ne peut, à aucun titre, bénéficier des prestations instituées par la présente loi ou allouées en vertu d'un régime particulier. Lorsque le mari et la femme étaient l'un et l'autre salarié, les prestations familiales étaient établies et liquidées au nom de celui qui bénéficiait du régime le plus avantageux. Étaient exclus du bénéfice de la présente loi les travailleurs relevant d'un régime particulier de prestations familiales payées sur le budget d'une collectivité publique, ainsi que ceux dont le conjoint bénéficiait de telles prestations. Le conjoint survivant d'un bénéficiaire, même s'il n'exerçait aucune activité professionnelle, continuait à percevoir les prestations familiales, à condition qu'il assure la garde et l'entretien des enfants qui étaient à la charge de l'allocataire décédé[28].

Pour les enfants, ce code prévoyait que seuls ceux qui étaient nés du travailleur et de son conjoint dans le cadre du mariage à l'état civil en avaient droit. Ceux qui ont fait l'objet par le travailleur marié d'une

[27] Loi n° 67-LF-7 du 12 juin 1967 instituant un Code des Prestations Familiales, pp. 1-2.
[28] Ibid.

adoption ou d'une légitimation, et les enfants naturels ayant fait l'objet d'une reconnaissance pouvaient bénéficier des soins médicaux de la part de l'entreprise où exerçait le parent[29].

Des prestations en nature pouvaient également être servies à la famille du travailleur ou à toute personne qualifiée qui avait la charge de les effectuer aux soins exclusifs de l'enfant. La note de ces prestations était réglée par une rubrique spéciale du budget de la Caisse Nationale de Prévoyance Sociale affectée à l'action sanitaire, sociale et familiale.

Par ailleurs, Les allocations familiales étaient attribuées au travailleur pour chacun des enfants à sa charge, âgé de moins de 14 ans. Cette limite était portée à 18 ans pour l'enfant placé en apprentissage et à 21 ans s'il poursuivait des études ou si, par suite d'infirmité ou de maladie incurable, il était dans l'impossibilité de se livrer à un travail salarié. Les allocations familiales furent maintenues pendant les périodes d'interruption d'études ou d'apprentissage pour cause de maladie dans la limite d'un an à partir de la date d'interruption. L'attribution de bourses d'enseignement ne fit pas obstacle à celle des allocations familiales. Il en était de même de l'apprentissage sauf toutefois si l'apprenti percevait une rémunération au moins égale au montant du salaire minimal interprofessionnel garanti. Le montant des allocations familiales était calculé au mois. Au cas où un enfant venait à ouvrir droit ou à cesser d'ouvrir droit à ces allocations en cours du mois, celles-ci étaient dues pour le mois entier. Les allocations familiales étaient payées à terme échu et à intervalles réguliers ne dépassant pas trois mois.[30]

Le code de 1992 quant à lui a prévu dans ses articles 98 à 103 que toute entreprise ou tout établissement de quelque nature que ce soit, public ou privé, laïc ou religieux , civil ou militaire, y compris ceux rattachés à l'exercice des professions libérales et ceux qui dépendaient des syndicats professionnels, devait organiser un service médical sanitaire au profit de ses travailleurs.

Le rôle imparti à ce service consistait notamment à surveiller les conditions d'hygiène du travail, les risques de contagion et l'état de santé du travailleur, de son conjoint et de ses enfants logés par

[29] Ibid, pp. 4-5.
[30] Loi n° 67-LF-7 du 12 juin 1967 instituant un Code des Prestations Familiales, pp. 4-5.

l'employeur et à prendre les mesures de prévention appropriées en même temps qu'à assurer les soins médicaux nécessaires. Les modalités du bénéfice de la couverture médico-sanitaire aux travailleurs et à leurs familles furent fixées par arrêté du ministre chargé du Travail, pris après avis de la Commission nationale de santé et de sécurité au travail[31].

Selon l'importance et la nature des entreprises, leur situation géographique, l'infrastructure médicale existante, le service médico-sanitaire fut organisé soit, sous la forme d'un service autonome propre à une seule entreprise ou d'un service interentreprises commun à plusieurs d'entre elles; soit sur la base d'une convention passée avec un établissement hospitalier privé ou public[32].

Les modalités de constitution, d'organisation et de fonctionnement des services médico-sanitaires ainsi que l'effectif et la qualification du personnel médical et paramédical à employer dans chaque entreprise furent, compte tenu des conditions locales et du nombre des travailleurs et des membres de leur famille, fixées par arrêté du ministre chargé du Travail, pris après avis de la Commission nationale et de sécurité au travail. Sans préjudice des dispositions spéciales prises dans le cadre de l'hygiène et de la prévention de certaines maladies professionnelles ou dans celui de la protection de certaines catégories de travailleurs, tout salarié devait obligatoirement faire l'objet d'un examen médical avant son embauche. Il devait par ailleurs faire l'objet d'une surveillance médicale tout au long de sa carrière[33].

Des arrêtés du ministre chargé du Travail, pris après avis de la Commission nationale de santé et de sécurité au travail, fixèrent les conditions dans lesquelles étaient effectuées les visites médicales avant et pendant l'emploi. En cas de maladie du travailleur, de son ou ses conjoints ou de ses enfants logés, l'employeur était tenu de leur fournir les soins et dans la limite des moyens définis par arrêté du ministre chargé du Travail, les médicaments et accessoires nécessaires. L'employeur était par ailleurs tenu d'assurer l'alimentation de tout travailleur malade et hospitalisé dans l'infirmerie de l'entreprise. L'employeur devait faire évacuer sur la

[31] Code de travail de 1992, p.19.
[32] Ibid.
[33] Ibid.

formation médicale la plus proche les blessés ou les malades transportables, non susceptibles d'être traités par les moyens dont il dispose[34].

S'il était dépourvu, dans l'immédiat, des moyens appropriés nécessaires à cet effet, il en avisait d'urgence l'autorité administrative la plus proche qui faisait procéder à l'évacuation par les moyens à sa disposition.

Si les blessés ou les malades n'étaient pas transportables, l'autorité administrative, saisie par l'employeur, faisait procéder à une intervention médicale sur place. Tous les frais occasionnés de ce fait à l'administration devaient être remboursés par l'employeur sur les bases des tarifs officiels. Un arrêté du ministre chargé du Travail, fixait les conditions dans lesquelles les employeurs étaient tenus d'installer et d'approvisionner en médicaments et accessoires les services médicaux du travail[35].

Après avoir scruté la pratique de la médecine du travail au Cameroun postcolonial, il semble important de faire une étude comparative entre la médecine d'entreprises et cette dernière en vue d'en ressortir des similitudes ou les disparités.

3. Médecine d'entreprises et Médecine du travail : approche comparative de deux modes d'administration sanitaire au Cameroun

Cette analyse nous conduit à présenter les points de similitudes et de disparités afin de ressortir les particularités de chaque système sanitaire.

3.1. Les convergences dans le traitement du personnel sanitaire et des employés

Ces similitudes apparaissent à plusieurs niveaux. Si nous nous intéressons au personnel médical appelé à s'occuper de la prise en charge sanitaire des employés, il est important de relever que dans chaque cas, la dotation d'un personnel sanitaire formé était de rigueur.

---

34 Ibid

35 Ibid, p. 20.

Par ailleurs, le personnel formé dans le tas constituait aussi une main-d'œuvre importante pour accompagner celui qui était formé. C'est ce que relève Anne Ngo Magomba dans ses propos :

> Que ce soit pendant la période coloniale ou après le départ des français, les gestionnaires de l'hôpital de la SAFACAM avaient toujours besoin de former des gens dans le tas pour pouvoir soutenir les docteurs et les infirmiers qui étaient sortis soit des grandes écoles de médecines européennes ou de notre pays. C'est dans ce contexte que je fus formé et affilié comme personnel médical de la même entreprise jusqu'à ma retraite au début des années 1990[36].

D'autres informateurs nous ont confirmé les propos de Anne Ngo Magomba. En effet, Joséphine Manza et Marcel Nyetam,[37] tous retraités nous firent remarquer que la plupart des locaux qui furent formés dans le tas à l'hôpital de la SAFACAM le furent tout simplement parce qu'ils avaient obtenus le Certificat d'étude primaire et élémentaire (C.E.P.E). Par ailleurs, il suffisait qu'il sache un tout petit peu parler et écrire français pour que le tour soit joué.

Des convergences apparaissent aussi dans la prise en charge proprement dite des employés dans les formations hospitalières d'entreprises. En effet, il est important de remarquer que pendant la période coloniale française, les entreprises s'occupaient non seulement de la santé de leurs employés mais, aussi de toutes les personnes vivant sous leurs toits. Cela s'accompagnait des repas auxquels ces derniers et leurs familles avaient droit en cas d'hospitalisation. Cette situation ne fut pas différente avec l'adoption du code de travail de 1967 car, comme nous l'avons précisé plus haut, pour assurer la protection sanitaire des employés et de leurs familles, l'Etat du Cameroun institua un code des prestations familiales. Pour y bénéficier, l'allocataire devait être un travailleur salarié au sens de l'article premier du Code du Travail et devait répondre aux spécifications posées par l'article premier de la présente loi, sa rémunération devait être au moins égale au salaire minimum inter professionnel garanti en vigueur au lieu d'emploi[38]. Par ailleurs, le code de travail de 1992 précise avec profondeur que les services médicaux d'entreprises devaient surveiller les conditions d'hygiène du

[36] Anne Ngo Magomba, Infirmière retraitée, entretien, 15 mars 2016, quartier Beach à Dizangué.

[37] Josephine Manza et Marcel Nyetam, employés retraités à la SAFACAM, entretien, 27 juillet 2015, quartier Holland à Dizanguè.

[38] Loi n° 67-LF-7 du 12 juin 1967 instituant un Code des Prestations Familiales, pp. 1-2.

travail, les risques de contagion et l'état de santé du travailleur, de son conjoint et de ses enfants logés par l'employeur et à prendre les mesures de prévention appropriées en même temps qu'à assurer les soins médicaux nécessaires[39].

3.2. Les disparités dans les objectifs

Le premier point sur lequel nous nous appuyons pour montrer les disparités entre la médecine d'entreprises et la médecine du travail se trouve au niveau de l'usage de la médecine par les entreprises pendant la période coloniale et postcoloniale. En effet, pour se doter d'une main-d'œuvre, les entreprises devaient se servir de leurs formations hospitalières. Pour cela, ces dernières optèrent pour la gratuité des soins pour leurs employés et leurs familles. Tout ceci ne fut qu'une stratégie pour s'assurer un recrutement facile de la main-d'œuvre. Le cas de la SAFACAM nous a conduit à mieux expliquer ce mécanisme de recrutement. Par contre, après l'indépendance du Cameroun, les entreprises n'avaient plus besoin de se servir de leurs établissements hospitaliers pour recruter leur main-d'œuvre. À travers les codes de travail, l'Etat du Cameroun avait déterminé les conditions d'exercice de la médecine du travail. Les recrutements des employés se faisaient sur la base des critères déterminés par chaque entreprise. Chacune d'elle se devait de respecter les conditions fixées par l'Etat à travers les codes de travail pour assurer la prise en charge sanitaire de leurs employés et de leurs familles.

L'autre disparité s'observe au niveau du recrutement des personnels sanitaires. En effet, pendant la période coloniale française, les entreprises ne parvinrent pas toujours à recruter le personnel sanitaire formé en grand nombre et furent souvent obligées de former dans le tas leur personnel soignant. Ce personnel soignant dut souvent travailler comme assistant des personnels formés. Cette situation s'observa par le fait que les entreprises n'avaient pas toujours les moyens de se doter d'un personnel sanitaire qualifié. À ce propos, Kanguelieu Tchouaké relève que seules les grandes entreprises telles que la SAFA, l'ALUCAM-ENELCAM et la société de bananeraies de Penja avaient les moyens d'y parvenir (Kanguelieu Tchouake, pp. 295-296). En outre, il n'avait pas plusieurs écoles d'infirmiers pour pouvoir

---

[39] Code de travail de 1992, p.19.

accroitre le nombre d'indigènes qui voulait se former dans les métiers de la santé.[40] Après l'indépendance, les données furent différentes dans la mesure où les écoles de médecine furent multipliées[41]. Par conséquent, le personnel sanitaire formé fut désormais assez nombreux pour aussi être recruté dans les entreprises comme le confirme le tableau 1.

Tableau 1 : Évolution des effectifs du personnel de santé au Cameroun entre 1975 et 1980

Personnel	Années/1975	Années /1980
Médecins	423	520
Infirmiers	2336	2294
Aides-Soignants	2132	2680
Pharmaciens	151	122
Sages-femmes et accoucheurs	300	815
Techniciens	292	368
Total	5634	6799

Source : Messe Véronique, » La contribution de l'OMS au développement sanitaire du Cameroun : Étude Historique 1962-2012 », mémoire de Master en Histoire, UY1, 2014, p. 48.

---

[40] En effet, seul le centre d'instruction d'Ayos créé en 1932 avait la lourde responsabilité de former ceux des indigènes qui voulurent exercer comme infirmiers. Les infirmiers sortis de cette école devaient être à la disposition de l'administration coloniale qui se chargea de les déployer dans ses services médicaux. Il fut donc difficile pour les entreprises de les recruter, d'où le recours à une formation dans le tas.

[41] En effet, dans les années 1960, les écoles de formation médicale étaient presque inexistantes. Mais, cette situation s'améliora au fil du temps au point où entre 1969 et 1980, le Cameroun comptait différentes écoles de formation médicale réparties comme suit : une école de médecins à Yaoundé (CUSS) ; une école pour techniciens supérieurs en soins infirmiers (CESSI) ; deux écoles d'infirmiers accoucheurs et sages-femmes à Yaoundé et Bamenda ; deux écoles d'infirmiers diplômés d'Etat à Yaoundé et Bamenda ; cinq écoles d'infirmiers brevetés et breveté accoucheurs à Yaoundé, Bamenda, Douala, Bafoussam et Garoua ; Deux écoles de techniciens de laboratoire à Yaoundé et Ayos ; deux écoles de techniciens adjoints d'assainissement à Yaoundé et Ayos ; six écoles d'aides- soignants à Ebolowa, Bafoussam, Douala, Garoua, Victoria, et Abong-Mbang ; trois instituts de recherche à Yaoundé et Douala (l'Institut Pasteur, l'Institut d'hygiène et l'Institut de Prophylaxie des maladies sociales). Le Cameroun disposait environ 24 écoles de formation de personnel médical. Des efforts de régionalisation avaient certes été faits, mais le Nord était toujours le « Parent pauvre » de cette répartition, avec seulement deux écoles de formation.

Malgré les différences observées de part et d'autre dans le tableau, il est important de relever qu'après l'accession du Cameroun à l'indépendance, les entreprises pouvaient se permettre de recruter un personnel médical qualifié. Ces personnels sanitaires étaient assez nombreux pour être aussi sollicités dans les entreprises.

Tout compte fait, en prenant des dispositions, l'Etat du Cameroun prit à cœur la prise en charge sanitaire des employés d'entreprise. Ceci accentua son autorité et par ailleurs son éloignement de l'œuvre française de prise en charge sanitaire des employés telle qu'adoptée pendant la période coloniale.

Conclusion

Cette étude a permis de faire une étude comparative entre la médecine d'entreprise et la médecine du travail au Cameroun. De nos investigations, il ressort que, malgré son accession à l'indépendance en 1960, il a fallu attendre 1967 pour que le Cameroun prenne véritablement en main la question de la prise en charge sanitaire des employés d'entreprise. Avant cette date, la médecine d'entreprise était régie par le code du travail français d'outre-mer de 1952. Pour une bonne compréhension de cette étude, nous avons ressorti quelques similitudes et disparités dans la pratique des deux médecines. Nous nous sommes intéressés à la typologie des personnels sanitaires qui intervinrent dans les formations hospitalières pendant la période coloniale et postcoloniale, les catégories des formations hospitalières d'entreprise et la prise en charge proprement dite des employés. Pour pouvoir améliorer la prise en charge sanitaire des employés d'entreprise de nos jours, nous proposons quelques solutions. l'Etat du Cameroun devrait accorder des subventions aux entreprises pour leur équipement médical. Ceci aura pour conséquence, non seulement de permettre à ces dernières de mieux s'occuper de leurs employés, mais aussi de leur permettre d'ouvrir leurs locaux aux populations riveraines en cas d'épidémies ou de pandémies comme c'est le cas depuis quelques mois avec la COVID-19. En outre, le ministère de la santé publique devrait organiser des séminaires avec les entreprises pour une formation continue de leurs personnels de santé.

Sources et références bibliographiques

I. Sources primaires

1. Affaires coloniales

1 AC 2403/B Dizangué (Cameroun) hôpital organisation 1950.

2. Affaires politiques et administratives

APA 11655/B, travail et main-d'œuvre : règlementation, 1944.

3. Journal officiel du Cameroun français

JOCF 1932

4. Rapports annuels du Gouvernement français à l'Organisation des Nations Unies

RAONU de 1956 et 1957.

5. Sources orales

- Ngo Magomba Anne, 78 ans infirmière à l'hôpital de la SAFACAM, entretien, quartier Beach à Dizangué 27 juillet 2015.
- Manza Joséphine, employée retraitée à la SAFACAM, entretien, 27 juillet 2015, quartier Holland à Dizangué.
- Nyetam Marcel, employé retraité à la SAFACAM, entretien, 27 juillet 2015, au quartier Holland à Dizangué
- Ngassam Benoît 84 ans, employé de la Société des bananeraies de Penja à la retraite, entretien, 7 octobre 2021.
- Ngombi Jonas, 83 ans, employé de la Société des bananeraies de Penja à la retraite, entretien, Nkongsamba, 7 octobre 2021.

II- Sources secondaires

A- Ouvrage

- Kaptué L., *Travail et main-d'œuvre au Cameroun sous régime français 1916- 1952*, Paris, Harmattan, 1986.

B-Thèses, Mémoires

1- Thèses

- Kanguelieu Tchouake M., « La région du Mungo sous régime Français (19161960) : Essor économique et social », thèse de doctorat 3e cycle en Histoire, Université de Yaoundé, 1990.
- Mvé Belinga J., « La médecine traditionnelle et l'évolution de la santé au Cameroun : le cas de l'aire culturelle Fang-Béti-Boulou 1924-2003 » thèse de Doctorat Ph. D en Histoire, Université de Yaoundé 1, 2011.
- Nzogue J-B, « La santé publique au Cameroun sous administration française 1916-1957 », thèse de doctorat Ph.D en Histoire, Université de Yaoundé 1, 2011.

2- Mémoires

- Bambona S.L.A., « Le personnel de santé féminin autochtone au Cameroun sous régime français ,1921-1947 », mémoire de Maitrise en Histoire, Université de Yaoundé 1, 2002.
- Messe Véronique, « La contribution de l'OMS au développement sanitaire du Cameroun : Étude Historique 1962-2012 », mémoire de Master en Histoire, Université de Yaoundé1, 2014.
- Ndo'o I., « Travail et main d'œuvre dans les plantations de la SAFA de Dizangué de 1924 à 1962 », mémoire de Maitrise en Histoire Université de Yaoundé 1, 2008.
- Ndo'o I., « Travail et main-d'œuvre dans les plantations de la société forestière et agricole du Cameroun de Dizangué de 1962 à 1997 », mémoire de Master en Histoire, Université de Yaoundé 1.2009.
- Ngo Ntoumba T., « L'exploitation agricole et forestière en Sanaga-Maritime et les mutations subséquentes 1935-1955 », mémoire de Maitrise en Histoire, Université de Yaoundé 1.

C. Sources numériques

- Anonyme, « Le code du travail de 1967 », in https://www.osidimbéa.com
- P.G. Pougoué, « Cameroun : Situation de travail et protection des travailleurs », in https// www.ilo.org com.

D. Documents divers

- Code du travail de 1992.

- Décret N° 64-123-CAB-COB du 4 juillet portant classification des entreprises en ce qui concerne la fixation des moyens minima imposées aux employeurs en matière de personnel médical et sanitaire.
- Décret N° 79-096 du 21mars 1979 fixant les modalités d'exercice de la médecine du travail
- Loi no 67-LF-7 du 12 juin 1967 instituant un Code des Prestations Familiales.

Labor and Cameroonian museums in the 21st century: service or servitude?

Victor BAYENA NGITIR
University of Douala

Abstract

Ever since the creation of Cameroon's earliest museums in the 1920s and their formal recognition by a museum institution, the *Centre Camerounais de l'Institut Francais d'Afrique Noire* (IFAN), in 1944, the wellbeing of her personnel has been a source of worry. Their general neglect has not only been attributed to the ignorance of promoters and researchers, but also to the absence of collective bargaining and a spirit of advocacy. Even the creation of public and private museums with elaborate structures between the 1950s and 1970s (K. Mbayu, 1994) still failed to address their plight. An acute lack of museum visibility and a waning tourism sector have for decades resulted in shrinking budgets and the monthly pay. Today, virtually every museum staff dreams of brighter days that would replace their servitude with service (V.B. Ngitir, 2014). The present paper traces the origins and typology of Cameroon's museums, examines their working conditions, discusses their major challenges and proposes a plan to reverse the trend. In this endeavor, we answer a central question: What have been the working conditions of Cameroonian museum workers and what can be done to address them? A methodology rooted in sample surveys, qualitative data and participatory observation, analyzed on the basis of chronology, content and the ICOM Code of Ethics for Museums (2007) provided grounds for our findings. Any master plan seeking to brighten the livelihoods of Cameroon's museum personnel must include not only a synergy of public and private stakeholders, but also a strong political will to initiate and carry out pragmatic change.

Key words: Labor, museums, neglect, service, servitude

Résumé

Depuis la création des premiers musées Camerounais dans les années 1920 et leurs validations par une structure agrée, le *Centre Camerounais de l'Institut Français d'Afrique Noire* (IFAN) en 1944, les soucis liés au bien-être du personnel ont persistés. On note une négligence presque totale attribuée non-seulement à l'ignorance des promoteurs et chercheurs, mais aussi à un manque d'esprit collectif et du syndicalisme. Malgré la création des musées plus structurées (publics et privés) dans les années 50 et 70 (K. Mbayu, 1994), les conditions des personnels sont restées misérables. L'absence aigue de la visibilité et la persistance d'un secteur touristique décadent, ont froissés les lignes budgétaires et par conséquent, les salaires ont chutés. Aujourd'hui, chaque personnel de musée Camerounais rêve du jour où son esclavage sera transformé en travail décent (V.B. Ngitir, 2014). Cette étude retrace les origines et la typologie des musées Camerounais, revoit les conditions de travail de leurs personnels, identifie les défis liés à l'atteinte du travail décent, et propose un plan d'amélioration. La question centrale c'est : quelles sont les conditions de travail dans les musées Camerounais et comment les améliorer ?

Mots clefs : Travail, musées, négligence, service, esclavage

Introduction

In assessing employment conditions and work satisfaction in Sub-Saharan Africa, concerns have often been raised about safety at work, health and maternity protection, work-family issues, working hours and overtime, wages and remuneration, work organization, sexual harassment, violence at work, acceptable workloads, welfare issues and the work environment. In this observation, the millions of women and men in micro and small enterprises in especially the informal sector are among the most affected (Yassin Ali sheikh et al., 2013). Conducive work environments generally ensure the wellbeing of employees and help avail them to diverse roles that may translate to higher productivity (Akinyele, 2007). This is central to Cameroon and much of Sub-Saharan Africa, where the unwritten rule has been *take it or leave it*. In Cameroon's museum sector with its numerous abuses, inadequacies and *non-profit* propaganda, workers have been cowed down to docility and self-resignation and one wonders if there has been service or servitude. In Africa as a whole, literature abounds on the impact of working conditions, low motivation and decent work on employee productivity (Herzberg F., 1950; Noble, 2009; Tramatis B., 2010; Kartzell, R. & Yanalorich, G., 2000),[1] revealing that high levels of burn-out, job instability and frustration negatively affected work moral and productivity. Alluding to the volume, work pressure and burn-out of those she fondly calls *invisible museum workers* at the Louvre Fanny Kroener (2020) admits that museum and gallery visitors may be too focused on the works of art and items on display to take much notice of the almost invisible work of the reception and warding staff, but without them these exhibits would be inaccessible. Kroener concludes that the museum's huge visitor numbers make it tiring for workers.

To say the least, Cameroon's museum sector has been bugged by numerous labor concerns, especially given their long-drawn neglect, if not abandonment by professionals of the domain, policy makers and the general public. The museum workers are therefore permanently untrained personnel, neither seen nor heard and hardly ever situated as professionals even when some claim to be so by virtue of longevity within a structure and local popularity as *papa museum.* As many ponder over the creation of these museums in the first place, one wonders if theirs has been service or servitude. The present study answers four key questions: What was at the genesis of Cameroon's museums? Under what conditions have they operated? What have been their principal challenges? How can their wellbeing be improved?

1. Conceptualizing work environment and job satisfaction in museums

1.1 Work environment and the museum

Contextually, the professional work environment comprises two broad dimensions: work and context. Work includes all the different characteristics of a job and the way it is carried out to completion.

[1] According to business dictionary, the term working condition refers to working environmentand all existing circumstance affecting labor in the work place, including job hours, physicalaspects, legal rights and responsibility organizational climate and workload.

According to Raziqa and Maulabakhsha (2015), it involves task activities, training, control and a sense of achievement. The notion of work environment involves job descriptions, or terms of reference, varieties of tasks, division of labor and their intrinsic value. Comparative research papers have focused on the intrinsic aspect of the job satisfaction and reveal a positive link between work environment and the intrinsic aspect of job satisfaction. The second aspect of the work environment is known as *context* which comprises the physical and the social working conditions. This is particularly applicable to museums whose workers spend much time in close-up rather than open space offices and exhibition rooms. In contrast, the more contemporary open-plan designs, characterized by the absence of floor are increasingly more fashionable (Kamarulzaman et al., 2011). This contrasts drastically with the situation of museums in South Africa where the situation of workers was and has remained as miserable as it was during the Apartheid era (Ayanda Ngcobo, 2021). The Lwandle Migrant Labor Museum for instance is a memorial to the system of migrant labor, single sex hostels and the control of black workers through the identity document which controlled the lives of black South Africans under apartheid, the infamous pass book. Soko (2018) submits that the museum reminds residents and visitors of the horrific migrant labour system imposed. Lwandle was established in 1958 with hostel type accommodation for workers. These hostels were only intended for single men. They provided very basic accommodation with four to six men occupying a small confined space, with an entire block sharing rudimentary ablution facilities.[2]Although some researchers have found significant effects of physical environment features on job satisfaction, behavior and performance that indirectly affect work concentration and productivity, other studies have failed to confirm a direct relationship between these variables.

The second dimension of job satisfaction known as context comprises of the physical and social working conditions (Sousa-Poza

---

[2] In the 1980s, as the control of the flow of people from rural areas was eased, these hostels became even more overcrowded. Facilities were not provided to sustain the increased population With the onset of democracy in South Africa, the ANC led government turned the hostels of Lwandle into family type accommodation. Residents of the area felt that at least one hostel should be preserved to sustain a memory of how the system of apartheid had operated and decided to establish a museum.

& Sousa-Poza, 2000). Spector (1997) observes that most businesses ignore the working environment within their organization, resulting in an adverse effect on the performance of their employees. This is particularly common with community museums in the Bamenda Grassfields of Cameroon where museum personnel is generally drawn from palace retainers, princes and guardians (Ngitir, 2014).According to Spector, the working environment consists of safety to employees, job security, corporate health and security, good relations with co-workers, recognition for good performance, motivation for performing well and participation in the decision making process of the firm. Indeed, once employees realize that the firm considers them important as in the Louvre, Fanny Kroener (2020), they will have high level of commitment and a sense of ownership for their organization. Various dimensions of the working environment such as wages, working hours, personnel autonomy, organizational structure and communication between employees and management tremendously affect job satisfaction (Lane, Esser, Holte, & Anne, 2010). Arnetz (1999) argues that in most business organizations, employees generally have problems with supervisors who deny them the respect they deserve.

Similarly, supervisors show harshbehaviors towards employees they are uncomfortable with, those critical to their policy as well as those who lack good and innovative ideas. In some cases, top management limits employees to individual tasks rather than encouraging teamwork which generally results to higher performance. This can be easily understood, because, despite the merits of teamwork, there are fears that such groupings could create clusters for sharing complaints. However, Petterson (1998) argues that interaction between employees within a business is crucial for accomplishing the organizational goals. He further submits that communication of information must be properly done in a timely manner to enhance smooth transmission. Clashes between co-workers significantly deter the achievement of organizational objectives. On the basis of the forgone and for the purpose of this study, the satisfactory work environment comprises a range of factors, including a harmonious company culture, flexible management styles, hierarchies and human-friendly resources policies. Employee satisfaction is the degree to which employees feel personally fulfilled and content on their job roles. Employee turnover would therefore be the rate at which employees leave their employers, whether voluntarily or involuntarily.

These three distinct concepts are inseparably linked. Workplace environments greatly influence employee satisfaction, which in turn directly affects employee turnover rates. Knowing how to use a positive work environment to increase employee satisfaction and reduce turnover is a key to developing a high-performance workforce. To these must be added worker exposure to personal respect, growth opportunities and credible management styles.

David Ingram (2021) submits that personal respect for employees at all levels of a company is an integral part of a positive work environment. Personal respect in the workplace encompasses such issues as discrimination based on age, gender or ethnic background, sexual harassment and the role of personal politics in forming workplace relationships. In general, the more personal respect employees are given at work, the more satisfied they will be in their jobs. A lack of personal respect can cause employees in high-paying positions to quit their jobs, increasing employee turnover. On the other hand, an abundance of personal respect can cause employees to overlook lower salaries due to increased inner satisfaction.[3]The concepts of company culture and work environment can be easily confused, but there are distinct differences between the two. Put simply, a work environment is the result and product of a company's distinct culture. Company culture includes elements such as the way in which conflicts are handled, the freedom to try new things and fail

[3] Regarding Growth Opportunities Ingram (2021) adds thatthe degree to which companies offer personal and professional growth opportunities for employees plays into the overall work environment. Opportunities to learn new skills, take on new responsibilities, achieve higher compensation and gain new positions can allow employees to set and work towards goals, conveying a sense of personal achievement that boosts employee satisfaction. Employees rarely prefer to remain static in their careers for long. Rather, most people continually look for opportunities to advance. Providing these opportunities can keep your employee turnover levels under control, as employees stick with you for longer to achieve their personal and career goals.Concerning management styles, he affirms thatdifferent business owners and managers utilize different management styles. Managers can be collaborative, working alongside subordinates to accomplish tasks. Managers can be facilitative, stepping aside and making sure that employees always have the tools, materials and information they need to do their jobs. Managers can also be coercive and overbearing, micro-managing employees' every move. No single management style is better than another. The best management style for any given situation depends on the nature of work being performed, and the needs and preferences of employees doing the work. Fitting the right management style with the right situation can increase employee satisfaction, keeping turnover rates low.

without consequences, dress code policies, predominate communication styles and other intangible details. Like management styles, no company culture is inherently better than another. Company cultures must fit with their employees to increase job satisfaction, or else employees may look elsewhere to find a workplace better suited to their personalities (Ibidem).

1.2 Job Satisfaction and the museum

According to Vroom (1964), job satisfaction is an orientation of emotions that employees possess towards the roles they are performing at the work place. Job Satisfaction is an essential component for employee motivation and encouragement towards better performance. Many authors have defined job satisfaction over the years but the bottom-line has remained the emotional, physical and psychological feeling of fulfilment after a job well done. Yet satisfaction remains a subjective concept which presupposes a certain degree of above average enjoyment (which could be rated as simply above or far above average) on the one hand, as against one below or far below average (which invariably describes a degree of dissatisfaction). Hoppok and Spielgler (1938) define job satisfaction as the integrated set of psychological, physiological and environmental conditions that encourage employees to admit that they are satisfied or happy with their jobs. This view stresses the role of employees at workplace as many factors influence employee conditions within the organization.

Clark (1997) submits that if employees are not satisfied with their assigned tasks it is because they are uncertain about their rights, working conditions, insecurity, uncooperative co-workers, disrespectful supervisors or absence from decision-making processes. The results are feelings of alienation, inertia, frustration and a fall in performance. This situation which is typical of Cameroonian museum workers requires immediate redress and accounts for most of the thefts from these museums. Manned guarding which was generally the responsibility of palace retainers, princes and messengers (for community museums) and hired security agents (for the National Museums full of lapses, giving was to repeated thefts as a result of job dissatisfaction. Generally selected from among members of customary societies and royal folks, these guards were regarded as performing their normal palace routine even as they chatted, lost concentration and dosed off on museums verandas. Occasionally, statutory guards were commissioned to other duties, swapped with some idle palace subjects or simply requested to join processions of palace cults to which they belonged. Consequently, museums either went shut for hours and even days or were entrusted to persons with neither curatorial ethics nor training (ICOM, 2006:1-14). Contemporary museums cannot afford to keep dissatisfied employees as they will not perform up to the expectations and above all, they will quickly give in to secret deals. So, it is beneficial for museums to provide flexible working environment to employees where they feel their opinions are valued and they are a part of the museum. Employee morale should be high as it impacts on their performance. Low morale leads to lower performance and low output. Tight-fisted Cameroonian museum promoters must open up to more flexible management styles, delegate functions to trusted collaborators, ameliorate work environments and improve pay packages.

2. Research Problem, Questions and Objectives

The problematic of labor in Cameroon museums stems from the very perception of museums in Africa and Cameroon. Far from being the normative social institutions strictly regimented by standard norms fixed by ICOM and UNESCO, Cameroonian museums rather adhere to the budding school of African museography which is hinged on purely African precepts and an emic deontology. Labor as perceived by western norms therefore widely differs from the African communal attribution of roles based on customary precepts in highly patriarchal, semi-feudal and often, chauvinistic societies. Despite the establishment of a museum institution in the 1940s, and the recognition of public and private museums since the 1950s, matters of labor in Cameroon museums though viewed as *servitude in western eyes*, constituted *service in African eyes*. The present study interrogates the notion of labor in Cameroon's museums; examines the present state and working conditions in Cameroon's public and private museums; laments over the long silence manifested for decades by miserable museum personnel; captures efforts so far made to improve their livelihood and proposes a way forward. To this end, the study answers four key questions: What was at the genesis of Cameroon's museums? Under what working conditions have they operated? What have been their principal challenges? How can their wellbeing be improved? In this endeavor we set out to attain the following objectives: tracing the origins and typology of Cameroon's museums, examining their working conditions, discussing their major challenges and proposing a plan to reverse the trend.

3. Origins and Typology of Cameroon's Museums

3.1. On the origins of Cameroonian museums

Though born in Europe, the concept of museums underwent tremendous evolution over time as it spread to other continents and states. It meant different things to different people at different times. In ancient Greece, museums (*muses*) were ancestral seats of worship located on the slopes of Mounts Olympus, Helicon and Parnassus (Gwinn, 1992:811). The Greek *Pinakotheke* was thus "a collection of paintings in honor of Greek gods. In Medieval Europe collections and early museums were championed by monasteries and the church. To Gwinn, they took the form of treasures of kings, princes and the clergy. In 15th century Italy, museums were championed by collections of Roman antiques displayed in the *galleria* and *hallways* for viewing and purchase. Terms like *cabinets* and *studiolo* were used to designate small square rooms where curiosities and treasures were preserved (Ngitir, 2017:49). In 18th century Europe, the term "museum" described collections of curiosities. Similarly, the current budding concept of *African museography* has come a long way. Yet what Europeans, Americans and much of the world calls art today had a different perception in Africa not long ago.

In Africa, there was nothing as art but religious and socio-cultural objects meant for religious rites and related functions, not exhibition, not tourism, not research (Ngitir 2014:93-94). These collections like the Tikar collections of the Bamenda Grassfields were marked by restrictions and limitations. Access to them was limited to a few initiates and royal dignitaries. However, with time (2000-2007) they were transformed into museums. Even then, the notion of museum, its museography, management and functioning were not the same as today. The Babungo royal collection (the work of 25 sculptor kings) was transformation by Fon Ndofoa Zofoa III into a museum in 2002.

The Bafut and Mankon collections were transformed into museums in 2003 by their respective Fons, Abumbi II and Angwafor II. The Oku palace museum was transformed into a modern museum by Fon Sintieh II in 2007.The Bali-Nyonga, Kom and Nso palace collections are yet to undergo this transformation (Ngitir, 2014:44).

The reasons for this transformation were diverse. They ranged from the pressure of educated elite and Western educated kings to a widespread desire to valorize and transmit Tikar cultural values. As the theft from palace chambers reached alarming proportions, palace authorities also saw the newfound museum formula of inventories an appropriate means of securing their collections from vicious guards and retainers (Ngitir:2017:18). The transformations were also motivated, in part, by the desire of many Grassfields Fons to forestall the domineering influence of metropolitan museums. Township museums, most of them art galleries, had acquired many of their artefacts directly or indirectly from corrupt and poverty-stricken palace guards and artists. Provincial and national museums thus eclipsed palace museums which were their 'suppliers' (Ibid: 19). The need to bring palace collections to the touristic limelight thus necessitated their demystification and later transformation. The need to promote scholarship and disseminate vital information was also behind the setting up of royal museums and the transformation of Grassfields collections.

After existing for many years as 'closed' domains, Grassfields palaces came to realize that museums were vital tools for education and information both for researchers and the general public. These restrictions hampered research, the dissemination of information and public education. However, the new dispensation offered by the new breed of learned Grassfields rulers as well as pressure from historians, sociologists, anthropologists, archaeologists and tourists led to the establishment of royal museums. The introduction of taxation, exigencies of the market economy and high costs of running their large families also pushed some Fons to consider transforming their collections into sources of income. This must however, be understood against the background that Fons were the biggest polygamists (some had dozens of wives and hundreds of children) and consequently owners of the biggest coffee farms (lone cash crop) in their respective Fondoms (Ngitir, 2014:286-287). With the economic crisis of the late 1980s and the slump in the coffee economy, the Fons badly needed alternative sources of income. Ancient sources like hunting expeditions, slave raids and war booty were obsolete. Some Fons were so desperately poor that they joined their courtiers in the business of theft and the illicit traffic in antiquities.

The transformation of community collections into museums was thus intended to make up for lost sources of revenue. Contemporary considerations like tourism, research and leisure must thus be understood against this economic backdrop. The transformation of Grassfields royal collections into museums could also be attributed to the role of some stakeholders: ex-colonial masters, international partners and foreign donors. Though the motive for the German patronage of the Bafut Museum and its rehabilitation project probably had the usual empire building undertones, its contribution to the sustenance of the facility was and has remained immense. It ranged from the construction (in 1940) of the royal guest house that was later transformed into a museum in 2003 to regular renovation of palace structures. More recently, the German embassy also carried out an internal restructuring and refurbishing of the museum's permanent exhibition. The Babungo, Bafut and Mankon royal museums also received financial impulse from the Italian non-governmental organization *Centro Orientamento Educativo* (COE) (Ngitir, 2017: 60). The Government of the Netherlands has also been very instrumental in fostering the Babungo museum project. Cameroon's ministry in charge of arts and culture has also, and at various times, made useful, though comparatively insignificant, financial grants towards the sustenance of some palace museums (Oku, Baham, Mankon, Bafut, and more (R. Asombang, 10/05/2019).UNESCO though little known and exploited by museums of the region has also been of assistance to some community museums.

3.2. On the typology of the museums

The transformation of African community collections into museums has for purposes of clarity been perceived under three distinct periods: from the 1920s to the 50s, from the 1950s to the 80s and from the year 2000 to 2010. The first phase (from the 1920s to the 50s) was marked by the consolidation and consummation of colonial missions and administrations on the one hand and the maximization of colonial exploitation on the other. In this process, the continent's rich material culture, artistry and intangible heritage were unveiled.[4] According to Ngitir and Monteh (2021:28), when the Germans arrived the [Cameroon] Grassfields in the late 19th century, they perceived it to be a distinct region because of its rich material culture, architecture and political forms. This is clear from early German written material and photographic records on the material culture of the region they called the *Grasland.* Christraud, (1988: 8-6) further presents astonishing accounts of German collecting activity at the beginning of this century when 'booty' was sent home in the form of masks, stools, thrones, *et cetera* in order to win a medal from the Kaiser.

The second phase, from the 1950s to the 80s was even more pliable for the navigation of art since African nationalists concentrated on independence struggles and political positioning, caring very little about art transfers. Obscure art deals were thus quickly sealed by German, British and French museum agents, often with the complicity of some hungry African middlemen and vulnerable palace guards. Matters were made worse by skyrocketing art market prices which placed African art among the *most cherished antiques*. The third phase (from the year 2000 to 2010), as earlier mentioned, was motivated mainly by socio-economic, scientific and touristic concerns. These included the rise of so-called "enlightened" African kings who saw in museums, new sources of revenue especially, following the economic crisis of the 1980s, caused partly by the sharp fall in coffee and cocoa prices. The crisis touched the very fabric of African chieftaincies – the royal family. Traditional chiefs could no longer sustain their large families from the coffee economy and turned to museums for survival. Other considerations that influenced the transformation from collections into museums include research, education, "tourism-curiosity-leisure", cultural valorization and political indoctrination (Ngitir and Monteh (2021:28-29).[5]

Then came the Cameroon museum institution that was born from the ashes of colonial rule (1944) when a colonial order created the

---

[4] V.B Ngitir, "BamendaGrassfields Living Museums: A Colonial Heritage", *Cameroon Journal of Studies in the Commonwealth,* Vol. 4, no. 1, 2017; ISSN 2411 1325, pp. 44 – 67.

[5] In Cameroon, the Babungo royal collection was transformed by FonNdofoaZofoa III into a modern museum in 2002; the Bafut and Mankon collections in 2003; and the Oku collection in 2007. The Bali-Nyonga, Kom and Nso palace collections are yet to undergo such transformation.

Centre Camerounais de l'Institut Francais d'Afrique Noire (IFAN), French research institute based in Dakar, with a satellite research center in Douala. This was followed by the establishment of regional museums in Bamenda, Douala, Fumban, Maroua, Bafoussam, Mokolo and Buea (Mbayu, 1994: 35-36). This concern became most articulate after independence in 1960 and reunification in 1961. In the English-speaking sector, the efforts of Dr. MDW Jeffreys (then colonial administrator of the Bamenda Province) crystallized in the creation of the Bamenda Provincial Museum in the 1930s and 1940s (Ngitir, 2014:45).[6]

It functioned under the Nigerian Commission of Antiquities until 1961 when it was taken over by the Federated state of West Cameroon.[7] Regarding private museums, a number of collections have been established by local communities, missionary bodies, foundations and private individuals which constitute the early stages of potentially great museums.[8] Officially, the institution saddled with the conservation, inventory, classification, exhibition, interpretation and transmission of the nation's material heritage was therefore the museum. This engagement has since been buttressed by a litany of

---

[6] The story of the Provincial Museum in Mankon, Bamenda is one of the oldest in the history of Cameroon's public museums. Its collection began in 1936 when MDW Jeffreys, then colonial administrator of the Bamenda Province of the British Southern Cameroon's launched his scientific and anthropological research in Cameroon, leading to the collection of ethnological and geologic specimens. His growing collection attracted the attention of the Nigerian Commission of Antiquities to assist the endeavor. With assistance from KC Murray, Bernard Fagg (members of the Commission) and the Gebauer couple (Paul and Clara Gebauer) a missionary couple with long years of committed service in Cameroon (1930s – 1960s), the museum took off as a public facility in 1959).

[7] Other public museums founded in the 1950s were the Douala Museum (1952-53), the Mokolo Museum, (1954), the Bafoussam Museum (1954), the Museum of Bamum Arts and Traditions (1955), the Maroua Museum (1955), the Buea Museum (1972) and the LimbeBotannical/Zoological Gardens (existing since the German colonial period).

[8] They include the Bamum Royal Museum in Fumban created in 1922, the AliouneDiop Museum (formerly Museum of Negro Art) in Yaounde founded by Rev. EngelbertMveng founded in 1966, the International Museum and Library at Akum, Bamenda founded by Peter ShingwiAtanga (C. 1948), the Bandjoun Royal Museum (year), the Babungo Royal Museum (2006), the Bangwa Queen Mother Museum in Yaounde (198os), the Oku Royal Museum (2008), the Bafut Royal Museum (2006) the HonourableAchidiAchu Museum in Bamenda (1980), the Baham Royal Museum (year) the Douala Maritime Museum (1975), the Benedictine Museum, Yaounde founded by Benedictine monks (1970).

legislations regulating the museum institution. These legislations among other things categorize Cameroon's museums into the public, private and community (chiefdom) museums. Among the early public museums were regional museums. This colonial offshoot staggered precariously until 1962 when a decree created the Federal Linguistic and Cultural Center, Yaoundé charged with research surveys for the acquisition and study of cultural property worth preserving in the museum. Subsequent decrees in 1972 and 1978 reorganized the ministries and services in charge of museums.[9] In 1988, yet another presidential decree transformed the old presidential palace in Yaounde into the National Museum of Cameroon. Since 2016, the National Museum is administered by a Director under the supervision of a Board of Directors (Ngitir and Monteh (2021: 33)[10].

Heumen (2017: 418) submits that "in less than 15 years (2003-3017), 28 museums were established in Cameroon, among them 14 community museums in the Grassfields."[11]

---

[9] The 1978 decree for instance placed the small public museum in Yaounde under a Conservation Service consisting two bureaus: the museum bureau and the national cultural inventory bureau. The entire museum collection was then housed in the former residence of the Prime minister of east Cameroon till 1984, when it was again moved to the old Hans Dominik mansion, held by some accounts to be the oldest official building in the city of Yaounde).

[10] In Cameroon, the Babungo royal collection was transformed by FonNdofoaZofoa III into a modern museum in 2002; the Bafut and Mankon collections in 2003; and the Oku collection in 2007. The Bali-Nyonga, Kom and Nso palace collections are yet to undergo such transformations.

[11] These museums include the Ngan-Ha Local Museum near Ngaoundere (2001), the Babungo Royal Museum (2003), the Baham Royal Museum (2003), the Mankon Royal Museum (2005), the Dschang Museum of Civilizations (2010), the Bandjoun Royal Museum (2003 and 2009), the Bafut Royal Museum (2006), the Millenium Ecological Museum (2006), the Museum of local art Kousseri (2006), the Musee du Cheval at Demsa (2007), the Oku Royal Museum (2007), the Musee la Blackitude in Yaounde (2008), the Solomon Tandeng Muna Foundation Museum, Yaounde (2008), the Musee Sao Kotoko at Makari (2008), the Museum of Negro Arts at Nkolandom (2009), the Bamendjou Royal Museum (2009), the Bamendjida heritage collection (Case patrimonial, 2009), the Museum of Local Art of Logone Birni (2010), the Ethnographic and History Museum of Central African Forest Peoples, Yaounde (2011), the Bangoua Royal Museum (2011), the Batoufam Royal Open-Air museum (2012), the Museum of Local Art Afade (2013), the Douala maritime Museum (1986 and 2013), the Bamougoum Royal Heritage Collection (2014), the Museum of the Lamidat of Mokolo (2014), the Museum of Nomekam Art in Ngoya-Yaounde (2015), and the Elembe Museum at Nkoabang, Yaounde (2017).

4. The Perception of Labor in Cameroon

Working conditions are at the core of paid labor and employment relationships. Generally speaking, working conditions cover a broad range of topics and issues, from working time to remuneration, as well as the physical conditions and mental demands that exist in the workplace. In Cameroon like other Member States of the International Labor Organization (ILO) the latter monitors trends and developments regarding the regularity of contracts, working time, work organization, work-life balance and finally, analyses emerging issues that need redress(ILO, 2015).The ILO also collaborates with national research institutions and the civil society to obtain the state-of-the-art knowledge needed to support workers and employers in developing and implementing balanced working time arrangements. In this effort special attention is paid to the protection of workers' health, benefits, well-being and work-life balance, which in turn promote sustainable enterprises. Apart from the statutory provisions of the Cameroon labor code which dwell essentially on checks on common deviations, the country is yet to ratify the ILO's conventions on compensation for overtime (Convention 01 of 1919) and that regulating night work (Convention 171 of 1990). Even the minimum salary (SMIG) for Cameroonian workers is about the lowest in the sub-region despite her hosting of the Regional Institute for Labor Administration in Central Africa (CRADAT). Even the Ministry in charge of labor and social insurance is more concerned with awards of labor medals (which are paid for) and quelling strike actions here and there, rather than ensuring workers' wellbeing and ensuring compensation for regular pay, overtime and night work.

Consequently, the public perception of labor and minimum standards of decent work has been truncated, stifled and marked by outright repression and servitude in much of Cameroon's informal sector. Concerned with matters of decent work, Bigirimana (2021) submits that working overtime is to be avoided but where it is unavoidable, extra compensation has to be provided.[12] Night work on

---

[12] Minimally this should comprise the basic hourly wage plus all additional benefits workers are entitled to.In accordance with ILO Convention 1, overtime pay rate should not be less than one and a quarter times (125%) the regular rate. A night worker is a worker whose work requires performance of a substantial number of hours of night work which exceeds a specified limit (at least 3 hours). Convention 171 requires that night workers be compensated with reduced working time or

the other hand is that which is performed during a period of not less than seven (07) consecutive hours, including the interval from midnight to 5 a.m. While these precepts have been the subject of sloganeering and political campaigns for decades, the practice in Cameroon has been different. While the public sector is marked by anarchy in recruitments, job descriptions, remuneration and retirement, the private and informal sectors have virtually operated with no regard for any labor legislation (J.F Ngu, 2013).With a close to forty-year old dictatorship in power, matters of labor, like political, economic and social policy, are subjected to a system of survival of the fittest under the discretional whims of the ruling oligarchy. As notions of *competence* and *equal opportunity* have been thrown overboard, it has been the reign of bribery, favoritism and influence peddling. This explains the decades-old outflow of Cameroonians to other African nations, Europe and the USA where some of them perform jobs identical to those they abandoned in Cameroon but for better pay and far more decent work standards (ILO, 2002). The ever expanding Cameroon Diasporas in and out of the continent bear testimony to this.

5. Working Conditions in Cameroonian Museums

5.1 Public museums

The conditions of work for personnel of Cameroon's public museums in the last four decades have to say the least, hardly been markedly different from those of private sector museums. Born from the ashes of successive colonial administrations (between the 1920s the 1950s), Cameroon's museum institution has been plagued by multiple financial, logistical, labor, management and museographic challenges. Of the numerous provincial and regional museums established in Buea, Bamenda, Bafoussam, Douala, Mora, Maroua, and Yaounde between the 1940s and the 1980s, only the National Museum in Yaoundé and the Dschang Museum of Civilizations still survive. To their long standing financial and material problems, must be added their poor working conditions which partly accounted for the demise of the bulk of them. Recruited essentially on contract bases, most museum personnel have hardly received any serious professional

---

higher pay or similar benefits. Similar provisions fare found in the Night Work Recommendation No. 178 of 1990.

training. The recruitment of 38 curators and guides by Minister Ama Tutu Muna in 2015 barely changed the status of the concerned for their living and working conditions remained much the same. These were contract and seasonal workers, irregularly and poorly paid, lacking in fundamental museum training and essentially motivated by the need for civil numbers in the public service. Recruited as category 6 – 10 workers of the public service, they went for years without pay forcing most of the seasonal workers to quit. The three-storey National Museum building hosted over 12 exhibitions and a vast reserve for less than 10 permanent staff. Not only did they deserve regular and decent pay, these personnel were frequently deployed to other services of the Ministry of Arts and Culture (MINAC), leaving the structure in lack of continuity.

The statutes on which these personnel were recruited include the Labor Code of 1992, the decree on deviations of legal working hours, the decree No. 95- 677 of 18 December 1995, the Act regulating public holidays in the United Republic of Cameroon, and the Act No. 73-05 of 7 December 1973.[13]Unfortunately, these legislations which address concerns of overtime, night work, rest days (holidays) and compensation for weekend work have hardly been respected. Museum workers continue to be exhausted through unpaid overtime, late night work and sometimes even week-end work. These violations of labor right often go unpunished not only because of the complacency of the dictatorship but also and above all, on account of the ambiguous wording of the legislations in force. Regarding overtime for instance, there are no statutory provisions within the law on the normal limit of daily working hours and they can be extended for preparatory works or for technical reasons. For museum establishments for instance, the duration of work should not exceed 40 hours per week. This is worse for museum security guards that run parallel shifts. Even so, they must not exceed 60 hours per week.

Overtime may occur on a temporary basis for work necessity due to exceptional or seasonal overload of work; the impossibility of finishing work within a fixed time, and when recruitment of extra staff is not possible but should not become the norm as in the national Museum and the MDC Dschang. The museum manager/director can only require the staff to perform overtime work, if it is not possible to

[13] Archives of Cameroon's National Assembly, consulted May 2015.

recruit supplementary workers in virtue of the qualification and nature of the work to be performed; and secondly, because of organization of the work posts in the establishment (Bigirimana, 2021:6-7). While this appears to be the case for the MDC, the unfortunate situation is that compensation is not paid on standards rates. Regarding night work, Cameroon's Labor Code (1992) states that work performed between 22:00 and 6:00 am is no premium work.[14]In sum, whether normal time, overtime or night work, Cameroon's museum personnel lie far below the implementation line and dare not manifest their dissatisfaction.

5.2 Private and community museums

Regarding private museums, a number of collections have been established by local communities (palaces), missionary bodies, foundations and private individuals. Despite their humble beginnings they constitute the early stages of potentially great museums.[15] These, together with palace museums[16] constitute the sector manned by the so-called *beasts of burden* (that is, treated inhumanely, with neither justice nor justification) in museum jargon. In their traditional settings, relations with employers are highly personalized, wages are a favor and there is nothing like job security. As earlier mentioned, museum workers are regularly switched from one function to the other in palaces, churches and foundations and most of them have never been considered for any formal training. Consequently, online marketing and the use of Information and Communication Technologies (ICTs) have remained elusive.

---

[14] Rates for working overtime during the nighthours are 150% of the hourly salary.It is worth nothing that night work for women and children is forbidden in Industries,but this does not apply to women occupying management positions and in serviceswhere they are not implicated in manual work.

[15]They include the Bamum Royal Museum in Fumban created in 1922; the Alioune Diop Museum (formerly Museum of Negro Art) in Yaoundé founded by Rev. Engelbert Mveng founded in 1966, the International Museum and Library at Akum, Bamenda founded by Peter Shingwi Atanga (C. 1948).

[16] These include the Bandjoun Royal Museum (2004), the Babungo Royal Museum (2006), the Bangwa Queen Mother Museum in Yaounde (1980s), the Oku Royal Museum (2008), the Bafut Royal Museum (2006) and the Baham Royal Museum (2003)

6. Major Labor Challenges: Explaining A Systemic Docility

Significant challenges have bogged down working standards and employment relationships in Cameroonian museums. One of them has been the gradual weakening of the essential characteristics of work standards, rendering the latter fulfilled in all but name. Control and direction have become increasingly difficult because of workers who weary over basic needs like wages and protective gadgets. Furthermore, working schedules have become more and more flexible with little done to communicate new changes and innovations. As workers operate in make-shift systems, some are moved to other services other than the museum at very short notice. Regarding Cameroonian museums, Ossende (2017) alludes to the absence of conservation equipment, no political will to assist museums, the near absence of local visitors, the absence of heritage education from school curricular, the absence of a museum culture, illicit traffic in cultural resources, little or no use of ICTs and inadequate communication. This has been most typical of private and community museums whose promoters move personnel to more lucrative services like farms, shops, poultries and carpentry workshops. The result has been a general decrease in employment protection. To this must be added challenges related to the lack of (or lesser) personal subordination, lack of salary for work done, lack of economic dependency, lack of a bilateral employment relationship, work not performed on the employer's premises, lack of labor and income stability, lack of permanent employment, lack of full-time employment.

Museum labor in Cameroon features among the sectors most affected by inertia and perennial stagnation. This is partly explained by the gross lack of professionals in the domain and partly by government's lack of will to develop the sector. Bugged by administrative constraints related to their legal status and overlapping supervisory authorities, Cameroonian museums stand stranded at the crossroads of three government ministries: that of arts and culture, that of tourism and leisure and finally, that of social economy and handicraft, yet only MINAC bears the brunt of budgetary allocations to museums. The outcome has been a feeble allocation of 50.000.000 FCFA as grants to all cultural spaces and industries, annually over the last ten to 20 years and for all ten regions of the nation. Largely insufficient even for museums, this sum has to be spread over all cultural spaces across the ten regions. With neither viable promoters nor prolific partners, museum personnel have to grapple with material and logistical constraints. In this situation, private and community museums established on the heels of the economic depression of the 1980s only have their eyes to weep since the coffee boom that subsidized museum promoters in the past is a thing of the past.

Consequently, wages and material allocations have thinned. To these must be added managerial problems that have bugged most museums since their inception. These range from incompetent and ill-equipped staff to poor resource management. These in turn impact negatively on the performance of most staffs and personnel who, in the first place, were recruited on casual bases, with no contracts, no clear job descriptions, and who go for months without pay. Further to these are technical deficiencies which include a systemic redundancy due to the absence of formal training, lack of the new Information and Communication Technologies (ICTs) and public engagement with the collections. Other lapses that mar the museum working environment include their endemic insecurity situation, gender inequalities and the total absence of collective solidarity. With neither regional and national associations nor trade unions, museum personnel are abandoned to their plight with no one to champion advocacy for their situation. Trade unionism and collective bargaining are therefore unknown to the sector. In the light of the prevailing situation, museum workers lack both impulse and motivation to associate into trade unions. The result has been a docile and mundane labor sector with neither competence nor results to show for.

7. Reversing the labor trend

A litany of reforms and reflections are on-going on ways and means of improving the situation of Cameroonian museums workers and their work environment. These have been the subject of local workshops, national seminars and research works. According to the American Association of Museums (AAM) governance, staff and volunteer structures effectively advance the museum's mission. They have a clear and shared understanding of their roles and responsibilities. They legally, ethically and effectively carry out their responsibilities. The composition, qualifications and diversity of the museum's leadership, staff and volunteers enable it to carry out its mission and goals (AAM, 2010:38). Consequently, there is a clear and formal division of responsibilities between the governing authority and any group that supports the museum, whether separately incorporated or operating within the museum or its parent organization. As these have not been applicable to Cameroonian museums, a few guidelines have been discussed below to illuminate the way forward.

7.1 Understanding personnel management

Good personnel management and leadership are crucial for Cameroonian museums. Even where specialist personnel or human resources managers are employed by the museum it is essential that all the more senior staff of the museum should also understand both the fundamentals of good personnel management and leadership. In particular, since the great majority of personnel management decisions are made at the "front line" by professional and supervisory staffs who are not personnel specialists, all senior and middle level staff regardless of their specializations. They therefore need to have a reasonable understanding of the museum's official personnel procedures and relevant national laws. Furthermore, staff and personnel should understand their terms and conditions of employment, together with any general staff rules. As far as possible all of these should be written in simple language, and copies made easily available for employees to consult at any time. Unlike the case in Cameroon's private and community museums, personnel principles, rules and procedures adopted by a museum, as well as employment contracts, terms and working conditions must be known to the workers. They must equally be based closely on national laws and regulations. Unfortunately, in Cameroon's palace and community museums, there are numerous workers who do not earn the minimum wage fixed by the labor ministry.

7.2 Communication, involvement and fairness

While each type of museum employee will require experience or training relating to their specific role and duties there is some basic information and understanding that apply to all staff.[17] However, successful staff management requires much more than good leadership from the Director and proper management of employment procedures by specialist Human Resources or Personnel Officers. There needs to be a strong understanding of, and commitment to, good employee relations and fair treatment of all employees by all staff at every level of responsibility. This has been shown by a great deal of independent survey research on what creates and maintains an effective organization and good staff relations. Regarding corporate health and effectiveness Management researcher O'Neill (1993) proposed the following as indispensable for successful and effective personnel organization: a common sense of direction and purpose; well-designed jobs; fairly treated staff; a recognized and appreciated staff; participative style of management; regular information on planned events; valued employees as members of a team; well-designed working places and facilities; a shared understanding of roles; regular training for all; equitability and fairness in promotions; caring and supportive leadership; well planned changes; opportunities for personal know-how; and opportunities for staff to contribute ideas (Boylan, 2004: 148).

7.3 Staff management, training and professional development

Contemporary human resource management involves regular reviews of performances at individual, institutional and collective levels. Staff training and development are for continuing personnel management process (ICOM 1986). In the present rapidly changing world it is no longer acceptable for a professional, technician or

---

[17] ICOM's Training of Personnel Committee has advised museums to ensure that every individual museum worker understands the museum's role in society, and their own roles in the particular institution. It is recommended that the initial training or briefing for newly recruited staff should explain the significance of employee's work in relation to the overall aims and program of the museum. The aim should be to ensure that, in relation to their own job, every employee should be able to answer the following questions as they apply to their own museum: 1. Museums: why do we have them and what is their function in society? 2. Collections: how do we get them, how do we study them and care for them, and what do we do with them? 3. Museum organization: who does what in the museum and how do they do it? 4. The museum and its public services: why do we provide them, how do we organize them, and how are they used? 5. Physical facilities: how do we provide maximum access to museum facilities while safeguarding the collections?

administrator to undertake training and gain qualifications at the beginning of their careers, when they are probably still only in their 20s, and then rely on this training for another thirty or forty years. The present rule calls for Continuing Professional Development (CPD) under which, in order to retain professional status and recognition, the professional must undertake a significant amount of formal additional training or retraining within a given period. For UK-based Museums Association, trainings are done every 5 years. Each member is then required to keep a record of all their formal training and informal staff development activities, such as attendance at professional meetings or undertaking some new professional or management activity, for discussion and review before their qualification or professional status is renewed.

7.4 Disciplinary and grievance procedures

The principle of fair and equal treatment of all employees must always apply not just to the recruitment of museum staff, but also to all aspects of staff management. Boylan (2004) corroborates that there is a fair and understandable procedure that will be followed should there be any complaint about the behavior or performance of any member of staff. Additionally, any member of staff who has a grievance or complaint about any work related matter that affects them should similarly have the right to put forward their complaint and to have this investigated fairly and without undue delay. As there can be important legal implications and consequences if someone is, for example, dismissed improperly or without good cause, the museum's codes or rules for investigating and responding to both disciplinary complaints and staff grievances will need to relate closely to all national labor laws (and perhaps government service rules).

Health and safety at work, the employer's duties include: providing a safe work place without health risks; assessing risks to workers' health; implementing health and safety measures; drawing up a health and safety policy statement; nominating a health and safety assistant; setting up emergency procedures; ensuring that work equipment is suitable and safe for use; ensuring safeness of new equipment; providing adequate first-aid facilities and regular training; ensuring that workplace meets acceptable health standards; pre-empting danger from fire or explosion, from flammable or explosive material; avoiding hazardous manual handling operations; providing protective clothing and equipment free of charge to workers; providing necessary safety and other warning signs, barriers and alarms, and ensure that these are maintained. Every employee equally has responsibility for health and safety, and in particular must: to cater for their own health and safety at work and that of others who may be affected by what they do or do not do; cooperate with the employer and all designated staff on health and safety; undertake all necessary safety training arranged by the employer, such as first aid training or special training in the safe operation of specialist equipment; at all times use correctly all equipment and material provided by the employer, including personal protective equipment, in accordance with training or instructions; not to interfere with or misuse anything provided for their health, safety or welfare (Boylan, 2004:159).

7.5. Other measures

In addition to the above, it is vital for the improvement of labor and the work environment to take necessary measures towards redefining the role of museums and their labor force; respecting ILO and ICOM prescriptions, ensuring transparent and autonomous financial management, adopting a decent work charter, encouraging personnel networking and unionism, and vulgarizing the museum sector and revenue sources.

Conclusion

For decades, Cameroon's museum personnel have been bogged by concerns of labor, working environments, decent work remuneration and more. Unfortunately a blend of docility and unprofessionalism appears to have nailed these personnel to its present fate. Little wonder, their plight has remained preoccupying despite silent cries from an unstructured sector dominated by heartless promoters who care little about the despicable situation of their workers. In view of the ailing nature and poor visibility of these structures, the tendency has been to transform museums from *non-profits* to *profit-making* enterprises with the aim of making ends meet. Cameroonian museums, whether public or private are therefore living a systemic, mundane and stagnant anarchy in dire need for reforms. In the present circumstances collective bargaining and unionism are yet to be contemplated. An overview of research variables and analyses of data collected reveal among other things that Cameroonian museums originated from community collections while the modern museum institution was born in the 1940s from the ashes of colonialism. Secondly, labor conditions have, to say the least, been among the most wanting in social industry. Thirdly, the principal labor challenges have been related to job instability, remuneration and the work environment. Finally, to transform the present servitude to decent work in Cameroonian museums, there is absolute need for a total overhaul of the system and a synergy of all actors of the museum chain, both internal and external – for in the present dispensation, Cameroon's museum workers are hanging on to servitude rather than service.

References

- Akinyele, S. T. (2007). "A Critical Assessment of Environmental Impact on Workers' Productivity", *Nigeria Business Journal, 1*(1), 50-61.
- Arnetz, B. (1999). "Staff perception of the impact of health care transformation on quality of care" In *International Journal for Quality in Health Care, 11*(4), 345-51
- Ayanda N. (2018). « The Politics of Representation in South African Museums » in ICOFOM *Study Series*, http://journals.openedition.org/iss/1058; DOI: https://doi.org/10.4000/iss.1058 consulted on January 3, 202, pp. 1147-166
- Bigirimana A. (2021).*Cameroon decent work check 2021*, Amsterdam, Wage Indicator
- Foundation
- Clark, A. E. (1997). Job satisfaction and gender: Why are women so happy at work? In *Journal of labor economics, 4*(4), pp. 341-372.
- Heumen, T. (2017) Réouverture du Musée National du Cameroun: Expositions, fonctionnement et perspectives, in

African Humanities, Septembre 2017, Ngaoundéré, Cameroun, pp. 413-446

- Herzberg F. (1950).*Organizational behavior, 12th edition,* McGraw–Hill companies Inc. p. 106-108.
- Hoppok, R. and Spielgler (1938).*Job satisfaction and occupations: The Vocational Guidance Journal, 16*(7), 636-643. Retrieved from http://onlinelibrary.wiley.com/doi/10.1002/j.2164-5892.1938.tb00348.x/abstract
- Kamarulzaman, N. et al. (2011). "An overview of the influence of physical office environments towards employees," Conference paper, The 2nd International Building Control Conference 2011, Procedia Engineering, Elsevier
- Kartzell, R. & Yanalorich, G. (2000), *Work Productivity and Job Satisfaction.* New
- York.
- Kroener F. (2020). "The invisible museum workers," Special report 17/35 spring-summer 2020/Hesa Mag #21
- Lane, K. et al. (2010). "A study of nurse faculty job satisfaction in community colleges in Florida" *Teaching and Learning in Nursing, 5*(1), 16-26
- Mbayu, K.G. (1994).*Museums, Philosophy and Development in Cameroon*, New York: Syracuse University Electronic Publishing Center.
- Ngitir Victor Bayena (2017). "Bamenda Grassfields Living Museums: A Colonial Heritage", *Cameroon Journal of Studies in the Commonwealth(CJCS)* Volume 4, No 1, 2017 , edited by Kizitus Mpoche&Balasubramanyam Chandramohan, Online, London, pp. 44-67.
- Ngitir, V. (2014). "Grassfields royal collections and museums from ancient times to the beginning of the 21st century: The symbolisms and conservation of palace art", Ph.D thesis, University of Yaounde I.
- Ngu J. Fri (2013). *Keys to a better retirement life: Preparatory guide to civil servants, contract officers, state agents, military,*

business men and clergy towards retirement, Inspectorate of Basic Education, Momo, 44 pages.

- Noble, A. (2009). "Building a health promotional work setting: Identifying the relationship, work characteristics and occupational stress", *«Promotional international journal,* 18 (4) 351-359.
- Ossende F. (2017). *The museums of Cameroon,* Yaounde I, Department of Arts and Archaeology
- Petterson, I. (1998). *Psychological stressors and well-being in health care workers: the impact of an intervention program* (Vols. 47(11):1763–72), *Journal of Social Science and Medicine*
- Raziqa A.& Maulabakhsha R., (2014), "Impact of Working Environment on Job Satisfaction", Conference paper, 2nd Global conference on business, economics, management and tourism, 30-31 October 2014, Prague, Czech Republic, Procedia, pp. 716-725
- Soko, M. (2018). *Lwandle migrant labor museum,* April by Lwandle Museum.
- Spector, P., (1997).*Job satisfaction: Application, assessment, causes and consequences, Thousand Oaks, CA,, Inc* (Vol. 3), Sage Publications.
- Tramatis, B. (2010).*Impact of working conditions and employee productivity:* South
- Africa.
- Vroom, V. (1964).*Work and Motivation, John Wiley and Sons*, 91
- Yassin Ali sheikh et al. (2013). "Working conditions and employees' productivity in manufacturing companies in Sub-SaharanAfrican context: case of Somalia *«International Journal of Educational Research,* ISSN: 2307-3713, ISSN-2307-3721, Vol. 2, No. 2, October 2013, University of Mogadishu, Somalia.

Aide extérieure et modernisation de la main d'œuvre dans les activités de production agricole au Cameroun (1960-2009)

Thierry FOUTEM
Université de Dschang

Résumé

L'agriculture demeure un secteur stratégique susceptible d'enclencher le décollage socioéconomique des pays africains en voie de développement à l'instar du Cameroun. Elle a pour atouts de concerner la majorité de la population active (80%) depuis l'indépendance, de fournir au pays des ressources alimentaires importantes et surtout de booster son produit national brut par l'exportation des cultures de rente. Seulement, depuis l'indépendance, elle souffre d'une main-d'œuvre non qualifiée, d'une insuffisance d'équipements et de laboratoires pour l'analyse des sols et semences pouvant contribuer à sa modernisation. L'une des solutions à ces problèmes est venue de la coopération bilatérale, à travers des appuis multiformes que le Cameroun a constamment reçus de ses pays partenaires. Dès lors, en quoi l'interaction entre le Cameroun et ses États partenaires de coopération a-t-elle contribué à la modernisation de ses activités de production agricole ? Il ressort de nos analyses que les appuis apportés par les partenaires du Cameroun dans la modernisation de la main-d'œuvre agricole ont porté sur la création des écoles d'agronomie, mais aussi sur l'offre du matériel technique en vue de la mécanisation de la production.

Mots-clés : Cameroun, modernisation agricole, production agricole, aide étrangère, main-d'œuvre.

Abstract

Agriculture remains a strategic sector likely to trigger the socioeconomic take-off of developing African countries like Cameroon. It has the strengths of focusing in Cameroon since independence the majority of the working population (80%), of providing the country with significant food resources and above all of boosting its gross national product through the export of cash crops. However, since independence, it has suffered from unskilled labor, insufficient equipment and laboratories for soil and seed analysis to modernize it. One of the solutions to these problems came from bilateral cooperation, through the multifaceted support that Cameroon has constantly received from its partner countries. Therefore, how has the interaction between Cameroon and its cooperation partner states contributed to the modernization of its agricultural production activities? As a result, the search for support for the modernization of the agricultural sector is justified in Cameroon by the assets it has in this area. Aid from its foreign state partners consists of grants to the Ministry of Agriculture and Rural Development programs, and by supporting the opening of training school of agriculture.

Keywords: Cameroon, agricultural modernization, bilateral cooperation, foreign aid, labor, Agricultural production.

Introduction

Le Cameroun accède à l'indépendance en 1960 pour la partie sous administration française et en 1961 pour la partie sous administration britannique, avec une économie victime de diverses entorses héritées de la période coloniale pendant laquelle la production agricole était destinée à ravitailler les économies de ses deux métropoles, la France et le Royaume-Uni (Ngoh, 1990). L'indépendance charriait alors l'urgence de restructurer les politiques et les activités de production agricole pour les placer désormais sur les priorités nationales car, le secteur agricole était stratégique, concentrant la grande majorité de sa population, et lui fournissait un pourcentage élevé de son produit national brut. Seulement, des problèmes sérieux liés à la qualité de la main-d'œuvre, aux équipements techniques, matériels, aux laboratoires et tracteurs pour une agriculture intense se signalèrent très tôt (Behalal, 1997 ; Yemmafouo, 2002 ; Frii-Manyi, 2005 ; Téné, 2006 ; Nkodo, 2016). Pour les résoudre, le Cameroun se lança dans une offensive internationale à travers la coopération bilatérale, signant des accords avec des États susceptibles de l'aider dans la modernisation de son agriculture. La question principale est de savoir en quoi l'aide étrangère a-t-elle contribué à moderniser les activités de production agricole au Cameroun ? Il est spécifiquement question de savoir : de quoi ont été constitués les apports fournis par les pays partenaires du Cameroun pour moderniser son agriculture et comment ont-ils influencé cette modernisation ? Quelles sont les insuffisances relevables de l'aide fournie par les partenaires étatiques du Cameroun dans la modernisation de son agriculture ?

Le cadre théorique d'analyse est la physiocratie développée par Turgot et Quesnay qui postulent que le seul vrai développement socioéconomique s'appuie sur l'agriculture par l'exploitation de la terre qui est la toute première richesse. La structure du travail est axée sur l'accession du Cameroun à l'indépendance et la nécessité de développer une agriculture moderne pour son décollage socioéconomique, l'apport de l'aide étrangère bilatérale à la modernisation des activités de production agricole au Cameroun : main-d'œuvre et équipements de production et enfin, l'analyse des entorses créées par un apport mal géré de l'aide bilatérale sur la main-d'œuvre et les équipements de production agricole au Cameroun.

1. L'accession du Cameroun à l'indépendance et la nécessité de développer une agriculture moderne pour son décollage socioéconomique

Le Cameroun, qui accède à l'indépendance, sort d'une longue période coloniale pendant laquelle il a été pillé par ses ex-métropoles au profit de leurs économies. Pourtant, de nombreux atouts le prédisposaient à être un grand Etat agricole qu'il n'a pu être, en raison d'un certain nombre de difficultés.

1.1. Les atouts du progrès agricole du Cameroun à son accession à l'indépendance

S'il y a un domaine dans lequel, malgré son épuisement par la colonisation, le Cameroun disposait encore de ses potentialités à près de 95% en 1960, c'est le secteur agricole. Les analystes de l'histoire économique du Cameroun ont régulièrement été unanimes sur ce point à telle enseigne qu'Etoga Eily (1971) soutenait que le secteur agricole permettait au Cameroun, dans une spécialisation selon la théorie des avantages comparatifs en économie, de devenir la puissance économique de l'Afrique centrale. L'agriculture constituait le pilier de l'économie au Cameroun dès 1960, avec une occupation de 85 % de la population active (Ela, 1994). La sous-scolarisation amenait la majorité de personnes à se rabattre dans les métiers de la terre, car ils n'exigeaient aucune formation à la base. Cette agriculture se déclinait en plusieurs activités avec les cultures de rente et vivrières dont le coton, le palmier à huile, le cacao, le café, l'hévéa, la canne à sucre, la banane, le haricot, les courges, le maïs et le macabo. Le premier atout était ici la diversité des cultures acceptées par les terres camerounaises. Une étude de la Banque mondiale, rendue publique en 2012 à partir des données de l'Organisation des Nations Unies pour l'alimentation et l'Agriculture (FAO), déclarait que : « l'agriculture est la principale source de revenus et d'emplois pour 70% de la population mondiale pauvre vivant en zones rurales (Banque Mondiale, 2012). » Cette déclaration concernait bien le Cameroun qui avait une forte proportion de population rurale vivant de l'agriculture. L'or vert comme l'appelle Célestin Edjangué (2013) se présentait alors comme la principale source d'espoir pour le Cameroun de la décennie 1960.

Les atouts de développement de l'agriculture camerounaise dès les premiers moments de son indépendance sont alors multiples. Traversé par une variété de climats dont les principaux types sont équatorial et tropical, le Cameroun bénéficiait d'atouts majeurs qui le prédisposaient à être le grenier agricole de l'Afrique centrale. L'agriculture camerounaise constituait dès lors le premier secteur dans la fourniture d'emplois permanents (Ngomba, 2011). Au Cameroun, les spécificités agricoles régionales représentaient dès 1960 également un facteur majeur pour son décollage socioéconomique. Chaque région du pays, du fait de la particularité de son sol et de son climat, est spécialisée dans un type de culture (rente ou vivrière). La diversité du climat et les nuances qu'il connaît par endroit contribuaient aussi à la diversité des cultures pratiquées dans chaque région du Cameroun (Fodouop, 1991).

L'une de ces potentialités portait sur la valeur importante des terres fertiles. Elles étaient volcaniques pour la plupart, à l'instar des terres des régions du Mont-Cameroun, des hauts-plateaux de l'Ouest et des monts Mandara. Ces terres fertiles se trouvaient dans les plaines alluviales de Ndop au Nord-Ouest, de Mbo et côtière au Littoral, la plaine de Foumbot dans le Noun et la plaine du Tchad. Bien plus, cette agriculture bénéficiait des climats variés, d'où diversification de la production. Dans la partie sud du Cameroun, l'on notait la prédominance d'un climat de type équatorial caractérisé par une pluviométrie élevée et régulière, favorisée par une longue saison de pluies qui occupait approximativement huit mois au cours de l'année (Gankou, 1990). La conséquence positive directe était une végétation de forêt avec le développement des sols épais. Ces sols nés par accumulation de l'humus issu des feuillages, étaient des lieux par excellence du développement des tubercules dont le principal était le manioc. Dans les plaines du Nord et dans les monts Mandara, le climat tropical avec sa température relativement élevée, favorisait la pratique des cultures céréalières comme le mil, les arachides, le blé et le sorgho (Kossoumna, 2013, Gonné, 2014). Le coton y était la principale culture d'exportation dès 1960 et bénéficiait des conditions climatiques et écologiques favorables à sa croissance. Le riz était cultivé dans le Mayo Danay et le Logone et-Chari (Sinkam, 1999). Dans la partie méridionale du plateau de l'Adamaoua, le manioc était la culture par excellence.

Dans le plateau sud-camerounais dominait une agriculture familiale pratiquée sur de petites surfaces où la population cultivait de la patate, du macabo, du manioc, du plantain et de l'arachide. Les rendements variaient d'une année à l'autre et la production était destinée à la consommation familiale. L'agriculture était alors partie pour aider le pays à lutter contre la faim, assurer son autosuffisance alimentaire, obtenir des revenus de son exportation et des ressources pour conduire un investissement socioéconomique de qualité (Etang, 2014). Par endroit, avec la pratique de la polyculture, l'agriculture de rente intégrait la pratique de certaines cultures de rente comme le café, le cacao ou encore le tabac. Les cultures de subsistance y bénéficiaient de bonnes conditions de développement. Celles-ci y sont favorisées par la longue saison de pluies, les terres volcaniques et fertiles, l'utilisation du fumier et des cendres qui servent de socle à une agriculture originelle.

À l'Ouest, l'avènement de la colonisation avait introduit une agriculture de rente, reposant prioritairement sur la culture du café, dont les deux variétés étaient l'arabica et le robusta (Fark-Gruninger, 1995). Les cultures vivrières comprenaient les cultures traditionnelles de la zone forestière (macabo, patate, manioc, bananier) auxquelles s'ajoutait la riziculture à Tonga. La principale culture de rente y était le café. La promotion de sa culture était assurée par l'Union Centrale des Coopératives agricoles de l'Ouest (UCCAO). Le Cameroun restait ainsi l'un des rares pays africains, voire du monde dans lequel se pratiquaient presque toutes les variétés de cultures agricoles dès 1960 (Avom et Carmignani, 2010), surtout pour les pays qui accédaient nouvellement à l'indépendance.

S'agissant de la plaine côtière, il convient de prime abord, de relever qu'elle était favorable à l'essor d'une agriculture vivrière de grande facture dès 1960. En effet, les agriculteurs de la région produisaient pour pourvoir à leurs besoins alimentaires personnels. Toutefois, ils faisaient écouler une partie sur les marchés urbains (Bekolo Ebe, 1993). Nathanaël Ojong (2011) relève que les principaux territoires fournisseurs de vivres étaient les départements du Moungo, du Fako, de la Mémé, du Koupé, de Manengoumba et du Nkam. L'agriculture de rente y connaissait deux types d'exploitation : les plantations paysannes et les plantations industrielles. Les cultures de rente y comprenaient le café robusta dans le Moungo et le Nkam, la banane dans le Moungo et le Fako, le palmier à huile dans le Moungo, la Sanaga maritime, le Fako et le Ndian. L'hévéa, quant à lui, est cultivé dans l'Océan et la Sanaga maritime. Le thé est pratiqué dans le Fako. Le cacao se rencontre dans le Moungo, le Koupé et le Manengoumba (Dongmo, 1981). Au regard des analyses ci-dessus, la diversité de la production agricole du Cameroun demeurait une base sur laquelle pouvait valablement se construire son projet national de développement socioéconomique dès 1960. Cependant, malgré ces atouts, cette agriculture était confrontée à de nombreuses difficultés.

1.2. Obstacles au développement d'une agriculture compétitive au service du décollage socioéconomique du Cameroun à son indépendance

Si malgré les atouts ci-dessus exposés, qui prédisposaient le Cameroun à s'appuyer sur son agriculture pour enclencher son décollage socioéconomique, celui-ci n'a pu le faire, c'est effectivement à cause d'un ensemble de faiblesses que cachait la pratique de cette agriculture au Cameroun. La pratique de l'agriculture au Cameroun connaît en effet, dès 1960, de nombreux problèmes. D'abord, les prix bas des produits agricoles soumis à des fluctuations qui ne permettaient pas aux agriculteurs d'élaborer des projets certains (Behalal, 1997). En plus, l'autre difficulté était liée à l'attachement des populations à leurs traditions et à leurs civilisations, d'où la réticence de plusieurs paysans à embrasser les techniques de l'agriculture moderne. Jean Marie Fotsing (1985) ajoute que cela était, dans la plupart des cas, conjugué à la pauvreté des cultivateurs ; ce qui ne leur permettait pas d'acheter des intrants pour la fertilisation des parcelles, ou d'entrer en possession des matériels agricoles modernes. On notait aussi l'enclavement de certaines régions ; ce qui ne facilitait pas l'écoulement des produits. Plusieurs fois, des effets dévastateurs des criquets migrateurs pendant certaines saisons sèches rudes ont aussi été enregistrés dans l'Extrême-Nord du pays.

En outre, cette agriculture était dominée par une agriculture de subsistance. Elle reposait sur l'usage des techniques archaïques et les cultures sur brûlis ; les principaux instruments agricoles étant la machette, la houe et le plantoir. Samuel Nana Sinkam (1999) fait savoir qu'au Cameroun, entre 1960 et 2000, l'on avait une population quantitativement agricole et non qualitativement agricole. Car plus de 80% de cette population pratiquent l'agriculture, mais pas de bonne qualité. En comparaison, Marc Montoussé (2000) indique qu'aux États-Unis, seulement 15% de la population pratiquent l'agriculture, mais nourrissent le pays et font des dons alimentaires dans le monde. Car, cette agriculture est moderne. Tandis qu'au Cameroun, 85% de la population pratiquent l'agriculture, la faim subsiste par région, car cette agriculture est fortement paysanne, traditionnelle et familiale. Quelques plantations industrielles modernes, qui y existent, appartiennent soit à des multinationales étrangères capitalistes, soit à l'Etat qui les a privatisées (Balga et Ndzifon, 2016).

L'épanouissement complet de l'activité agricole au Cameroun à partir de 1980 est aussi obstrué par des obstacles comme le vieillissement des plantations et la destruction de la production par des maladies comme la pourriture brune du cacao qui provoquait la baisse de la production. D'autre part, les paysans étaient victimes de la fluctuation des cours mondiaux des produits agricoles, car ces prix de vente étaient pour la plupart fixés par les grandes puissances industrielles (Foutem, 2016). L'enclavement reste l'un des problèmes majeurs qui empêchait l'évacuation des récoltes vers les grands marchés. Tout cela se greffait à l'insuffisance des traitements phytosanitaires et faisait observer une agriculture qui, malgré le nombre important de paysans, ne parvenait pas à jouer de son poids dans le Produit National Brut (PNB) de l'économie camerounaise (Frii-Manyi, 2005). Ainsi, évalué à 45% dans le PNB du Cameroun en 1989, le pourcentage de l'agriculture dans cette dernière ne se chiffrait plus qu'à 39% en 2006 (Kangmo, 2011). L'autre problème que rencontrait l'agriculture camerounaise dès son indépendance était la pauvreté des agriculteurs. En effet, la plupart d'entre eux n'avaient pas suffisamment de ressources financières et matérielles pour l'achat des équipements agricoles modernes et pour lutter contre les insectes nuisibles et les maladies qui attaquent les cultures. Pire encore, l'Etat n'avait pas mis sur place des programmes de soutien aux agriculteurs jusqu'au niveau local (Khan Mbuh, 2009). Les programmes de mise en place des coopératives et des unions agricoles eux aussi ont enregistré de grands détournements, affectant directement le producteur (Talla Ngwalmfekwa, 2001).

Bien plus, la baisse de la production agricole au Cameroun indépendant était liée à plusieurs facteurs. On peut ainsi noter les crises de la mévente qui avaient conduit plusieurs agriculteurs, notamment du secteur de la caféiculture à abandonner leurs plantations parce que les énergies fournies pour la production n'étaient pas compensées après les ventes (Téné, 2006). En outre, les baisses s'expliquaient par le fait que dans plusieurs secteurs agricoles, notamment cacaoyer et caféicole, la production était assurée par des paysans pauvres et inexpérimentés qui ne maîtrisaient pas les techniques modernes de culture (Mouandjo, 2002). En effet, il n'existe pas au Cameroun de plantations de production de café et de cacao appartenant à l'État au sens propre du terme, à l'exception de la *Cameroon Development Corporation* (CDC) qui a fait des progrès appréciables dans ce sens. Au regard de ces problèmes, mais en prenant conscience du fait que l'agriculture était incontournable dans le décollage socioéconomique du Cameroun, des États étrangers dans le cadre de la coopération bilatérale, sont entrés en selle très vite, afin d'apporter des aides à la modernisation de l'agriculture camerounaise.

2. L'apport de l'aide étrangère bilatérale à la modernisation des activités de production agricole au Cameroun : main d'œuvre et équipements de production

Une vue diachronique de l'aide bilatérale étrangère au Cameroun de 1960 à 2009 permet de constater que le secteur agricole a été parmi les principales destinations vers lesquelles les appuis au développement d'États étrangers au Cameroun se sont dirigés. Cette aide a pris diverses formes, ayant pour but de moderniser la main-d'œuvre et les équipements de production, afin de situer l'agriculture du Cameroun sur le sentier de sa croissance économique.

2.1. L'apport des financements bilatéraux des partenaires étatiques du Cameroun à la modernisation de ses activités de production agricole

Après la proclamation de l'indépendance du Cameroun sous administration française le 1er janvier 1960, les autorités camerounaises optèrent pour une politique de planification. Ce système de développement consistait à orienter la priorité des investissements dans un secteur précis pendant une certaine période, atteindre un certain nombre d'objectifs, puis choisir un nouveau secteur. Au Cameroun, il s'agissait d'une durée de cinq ans, d'où la notion de plan quinquennal (Yemmafouo, 2002). Le premier plan quinquennal du Cameroun, qui alla de 1960 à 1965, était destiné en priorité au secteur agricole. C'est dans ce programme qu'il convient d'analyser les premiers appuis bilatéraux au développement agricole reçus par le Cameroun de ses États partenaires. Ainsi, dans la totalité des investissements enregistrés dans le premier plan quinquennal du Cameroun, Michel Fark Gruninger (1995) indique que les aides bilatérales furent évaluées à près de 48%, pourvues par des États comme la France, le Royaume-Uni, le Canada, la Russie et l'Italie. Ces montants, que l'auteur chiffre à près de 50 000 000 000 FCFA en 1976, étaient constamment apportés pour l'achat des équipements de modernisation de quelques sociétés agro-industrielles nationales à l'instar de la Société de développement du coton (SODECOTON), la CDC, la Société camerounaise de palmeraie (SOCAPALM) et Chocolaterie du Cameroun (CHOCOCAM). Marie Ngodo Ngono (2016) corrobore ces propos en soulignant qu'il était question pour ces États partenaires bilatéraux du Cameroun de l'accompagner dans la nationalisation de son secteur agricole qui venait de sortir de l'emprise de la domination étrangère grâce à l'indépendance. Un contrat de financement agricole entre le Cameroun et le Canada en 1968, a permis aux autorités camerounaises de bénéficier d'une subvention de 3 300 000 000 FCFA pour l'ouverture des pistes agricoles dans les zones rurales à fort potentiel agricole du Cameroun. Rose Frii-Manyi Anjoh (2005) qui en parle, relève que les régions du Sud, de l'Ouest et du Littoral avaient reçu près de 90% de ces financements en raison de leurs fortes potentialités agricoles.

Cette dynamique a été constante par la suite dans la mesure où une vue panoramique présente plusieurs projets de capacitation des paysans camerounais qui ont connu le financement des partenaires bilatéraux du Cameroun. Elle fait aussi une synthèse des programmes, projets et fonds issus des financements bilatéraux à la modernisation de l'agriculture au Cameroun. Le tableau 1 récapitule les financements bilatéraux destinés au secteur agricole de 1978 à 2000.

Tableau 1 : Financements bilatéraux à la modernisation du secteur agricole (1978 -2000)

N°	Programme/Projet/Association agricoles	Etat bailleur de fonds	Montant en FCFA
1	Appui aux Stratégies Paysannes et à la Professionnalisation de l'Agriculture	Allemagne	950.000.000
2	Confédération Paysanne du Cameroun	France	690.000.000
3	Conseil Interprofessionnel du Café et du Cacao	Brésil	430.000.000
4	Concertation Nationale des Organisations Paysannes du Cameroun	Japon	238.000.000
5	Conseil National Phytosanitaire	Espagne	567.000.000
6	Conseil National des Semences et Obtentions Végétales	États-Unis	980.000.000
7	Confédération nationale des producteurs du cacao du Cameroun	Canada	654.000.000
8	Enquête sur la Consommation Alimentaire des Ménages	Italie	235.000.000
9	Fédération des Femmes Rurales du Dja et Lobo	Inde	123.000.000
10	Fonds d'Appui aux Organisations Rurales	Canada	980.000.000
11	Organisation Professionnelle des Cotonculteurs du Cameroun	Angleterre	910.000.000
12	Projet de Diversification des Exportations Agricoles	Canada	998.000.000

13	Projet de Développement de Palmeraies Villageoises	France	750.000.000
14	Union Centrale des Coopératives Agricoles de l'Ouest	Allemagne	980.000.000
15	Task Force Ananas	Espagne	234.000.000
	Total	/	7.989.000.000

Source : Frii-Manyi Anjoh, "USAID Cameroon and contribution to self-reliance", p. 78.

Un regard analytique sur ce tableau permet de remarquer un apport stratégique de ces partenaires, dont l'objectif était de permettre au Cameroun de mettre en place une production agricole compétitive à l'échelle internationale. Il est aussi loisible de remarquer que des efforts remarquables étaient accordés dans ces financements aux zones rurales car, elles sont réputées être des zones par excellence de la production agricole. Dans le même sens, ces interventions bilatérales en soutien aux efforts du gouvernement camerounais ont permis de moderniser les activités en tenant compte chaque fois de la spécificité historique du pays. C'est le cas des appuis du GIZ allemand dont une synthèse est présentée dans le tableau 2 portant sur les localités de Bamenda en zone anglophone et Bafoussam en zone francophone.

Tableau 2 : Programmes agricoles financés par l'Agence Allemande pour la Coopération Technique (GTZ) à Bamenda et Bafoussam en FCFA (1995-1997)

Programme	Zone d'intervention	1995	1996	1997
Amélioration de la gestion phytosanitaire de Bayelle	Bamenda	223.025.000	158.086.000	/
Harmonisation des stratégies phytosanitaires	Bafoussam	178.486.000	163.432.000	/
Promotion des producteurs ruraux	Bamenda	308.300.000	253.445.000	/
Renforcement des capacités	Bafoussam	288.621.000	253.445.000	/

d'autopromotion de la population de la zone rurale				
Réorientation de la stratégie phytosanitaire à Njenefor	Bamenda	/	/	223 025 000
Appui à l'autopromotion des initiatives de base à Bayié	Bafoussam	12.000.000	/	/
Food security and poverty alleviation governance of fisheries	Bamenda	9.000.000	/	/
Total	/	959432000	575.216.445	223.025.000

Source : Foutem, ‘‘ L'aide internationale au développement'' , p. 243.

L'analyse de ce tableau indique à suffisance deux mérites de l'aide bilatérale au développement agricole au Cameroun : les actions visent à agir sur l'agriculture locale, pour ensuite impacter la production totale nationale. Cet appui continu des partenaires étatique étrangers du Cameroun à son agriculture est présenté par Moundjio Lewis (2002) comme une visée destinée à maintenir la priorité que l'agriculture occupe comme élément moteur du développement de l'économie camerounaise. En plus des financements évoqués ci-dessus, ces appuis ont aussi intégré la fourniture matérielle et l'appui technique.

2.2. L'aide bilatérale étrangère et la modernisation des activités de production agricole au Cameroun : apport matériel et assistance technique

L'agriculture est l'un des secteurs d'activités économiques qui nécessite, pour une production, des équipements de qualité et en quantité. Il s'agit en effet d'installations motorisées dans des plantations agro-industrielles qui confèrent le caractère mécanique de la production agricole (Montoussé, 2000). Ce sont les installations de divers types d'équipements qui permettent de remarquer le contraste et le passage d'une agriculture traditionnelle extensive à une agriculture mécanique intensive. L'agriculture traditionnelle extensive camerounaise, pour ce qui la concerne, se caractérise par des équipements archaïques de production dont la houe, la machette, la charrue, le daba et la pioche. Elle se caractérise par la faible production, l'épuisement physique du cultivateur, car c'est la force humaine qui permet de faire fonctionner ces outils (Yemmafouo, 2002).

C'est en vertu de l'appui à la transition d'une agriculture traditionnelle utilisant houe et machette pour une agriculture mécanique utilisant des machines pour une production élevée que les partenaires étatiques bilatéraux du Cameroun l'ont soutenu par des apports en machines dans le secteur agricole. Il s'agit d'équipements machinistes constitués de tracteurs, de caterpillars, de camions, de machines de transformations entre autres, que le Cameroun a reçus de ses partenaires au profit de ses sociétés agro-industrielles dont la SODECOTON, la CDC, la SOCAPALM, HEVECAM, SOSUCAM, NOSUCAM (Nkodo Ngono, 2016). Il convient de relever que, en 1987, la France fit au Cameroun, par le biais de l'Agence Française de Développement (AFD), un don de 24 camions à destination de la CDC, en vue du transport de la production agricole des champs vers les usines de cette société qui est restée longtemps le deuxième employeur au Cameroun après l'Etat (Ngomba, 2011). Ces camions offerts par la France et réceptionnés par le ministre camerounais de l'agriculture et du développement rural avaient permis d'améliorer la pénibilité des exploitations qu'assuraient les paysans par des hommes. Il permit aussi de maximiser le gain en temps ainsi que la production de la CDC. Rose Frii (2005) relève à cet effet que, grâce à ces dons et autres machines d'équipements de transformations offerts par le Royaume-Uni en 1990, la production de la CDC avait augmenté de 3,89% au début de la décennie 1990, comparativement à la production de la décennie 1980.

L'aide étrangère avait alors eu un impact considérable sur la modernisation de la production agricole camerounaise, en agissant notamment sur les équipements de production. L'on passa aussi, grâce à cette aide, à une mécanisation avec de nombreux secteurs comme le portage/transport de la production dans les plantations, où les automobiles remplacèrent progressivement l'humain. Ojong (2011) indique dans le même sens qu'en 1999, Israël, qui est l'un des premiers partenaires étatiques bilatéraux du Cameroun dans l'appui au développement agricole, avait installé à la SOCAPALM un équipement machiniste de transformation et de raffinage d'huile de palme qui boosta la production camerounaise à 1.897 tonnes par mois. L'auteur ajoute que ce renforcement des capacités de production avait permis de conquérir le marché de l'Afrique centrale avec la commercialisation de l'huile de palme raffinée. L'apport matériel était aussi accompagné d'une assistance technique.

Pour ce qui est de l'assistance technique, elle concerne la formation apportée à une personne pour qu'elle soit en mesure de mieux exercer une tache. Gaston Leduc (1963) relève que, dans l'aide au développement, l'assistance technique est un aspect important et permet en réalité de se passer de l'aide. L'assistance technique permet en effet le transfert de connaissances, outille le bénéficiaire pour qu'il soit en mesure de produire ce que le pourvoyeur lui fournissait dans l'aide. Au Cameroun, l'assistance technique a permis de moderniser la main-d'œuvre agricole en formant, grâce à l'appui d'États partenaires du Cameroun, des ingénieurs agricoles. L'un des exemples les plus palpables est le Centre National d'Agriculture (CNA) de Dschang créé en 1961, transformé en 1993 en Université de Dschang qui loge depuis lors une Faculté d'Agronomie et des Sciences Agricoles (FASA) (Foutem, 2019). La plupart des bâtiments du CNA de Dschang ont été construits par les coopérants russes dont certains y ont également exercé comme enseignants, en vue de former des ingénieurs agronomes camerounais pour la modernisation de la main-d'œuvre agricole camerounaise. Bien plus, dès sa création et jusqu'à l'avènement de l'Université avec la FASA, cette institution bénéficia des bourses offertes à plusieurs étudiants de la faculté d'agronomie qui se firent formés dans les pays comme le Canada, la Belgique, la France, la Russie, la Turquie et l'Allemagne (Foutem, 2019), afin de rentrer mettre leurs compétences et leurs connaissances au service de la modernisation et de la mécanisation de la production agricole au Cameroun.

Le laboratoire d'analyse des semences à organismes génétiquement modifiés de l'Université de Dschang a bénéficié quant à lui en 2003 de l'expertise de huit agronomes indiens qui avaient séjourné dans cette université pendant deux semaines. Leur mission était de partager leurs savoirs en la matière avec les enseignants et les étudiants de la Faculté d'agronomie de l'Université de Dschang (Téné, 2006). Dans sa politique de professionnalisation de l'enseignement supérieur lancée depuis 2006 avec l'avènement du système Licence Master Doctorat (LMD), le Canada accompagne généralement les meilleurs et en l'occurrence, les lauréats de cette faculté dans la création d'espaces agricoles mécanisés à travers des financements par lesquels plusieurs créent des plantations agricoles afin d'y expérimenter une agriculture industrielle (Ngomba, 2011). La main d'œuvre agricole camerounaise s'est ainsi considérablement modernisée à travers des soutiens des pays partenaires du Cameroun. La Belgique dispose de tout un bureau de coopération avec la faculté d'agronomie et des sciences agricoles de l'Université de Dschang. Il faut par ailleurs remarquer qu'avec cet appui d'États partenaires du Cameroun dans le cadre bilatéral, l'on a amorcé au Cameroun, depuis le milieu de la décennie 2000, une transition agricole par laquelle les ingénieurs formés grâce à l'aide étrangère ne se lancent plus dans les produits de rente traditionnels comme le café et le cacao. Ils embrassent davantage les cultures maraichères comme la tomate, la pastèque, le poivron, le piment et le poireau, entre autres, qui ont le mérite d'offrir plusieurs campagnes de récoltes au cours d'une même année (Étang, 2014).

Au regard des données ci-dessus, il est loisible de constater qu' en matière de développement agricole pour le décollage socio-économique du Cameroun, l'aide de ses partenaires étatiques dans le cadre bilatéral a eu un apport important. Elle a contribué à moderniser la main-œuvre, à moderniser la formation supérieure en matière agricole au Cameroun et à l'insertion socioprofessionnelle des jeunes en les intéressant à l'agriculture. Une étude de l'Institut national de la Statistique indiquait dans ce sens en 2005, que la part de l'agriculture dans l'économie camerounaise était passée de 1, 23% en 1987 à 2, 21, en partie grâce aux financements agricoles bilatéraux étrangers qui sont passés de 132 milliards pour atteindre le plafond de 253 milliards en moyenne par an entre 1990 et 2004 (Nkodo Ngono, 2016). Cependant, quelles que soient la nature et la forme qu'elle prend, sa qualité ou ses quantités, l'aide extérieure a toujours revêtu quelques aspects pervers qu'il convient d'analyser pour en saisir les contours.

3. Analyse critique des aspects pervers de l'aide bilatérale reçue par le Cameroun dans la modernisation de sa main-d'œuvre et de ses équipements de production agricole

L'intérêt est le moteur essentiel qui encourage les États à aller les uns vers les autres. C'est sous ce prisme qu'il faut saisir les aides apportées au Cameroun par ses pays partenaires de développement. Il convient ainsi de revenir sur les bases stratégiques que revêt l'aide apportée au Cameroun par ces États, mais aussi certaines imperfections que l'on peut relever de ces aides elles-mêmes.

3.1. Une aide destinée à encourager au Cameroun les cultures de rente que le climat tempéré du Nord ne permet aux pays occidentaux pourvoyeurs de pratiquer

L'analyse profonde de l'aide au développement agricole apportée au Cameroun par ses États partenaires indique que les pays pourvoyeurs, notamment les pays européens soutiennent au Cameroun la pratique des cultures de rente que le climat tempéré ne leur permet de réaliser (Ngankou, 1990). Les pays européens à l'instar de la France, de l'Allemagne et du Royaume-Uni ; asiatiques comme du Japon ; et américains à l'instar du Canada et des États-Unis ont financé, depuis 1960 de nombreux programmes de promotion et de modernisation de la culture du café, du cacao, du coton, de la banane et du palmier à huile, pas pour forcément booster l'économie camerounaise. En effet, en analysant ces aides de plus près, on se rend compte qu'il s'agit de grands pays consommateurs de ces produits à l'instar du café mais, dont leur climat tempéré ne permet de cultiver. En aidant le Cameroun, c'est à leur propre profit car, ils achètent en retour ces produits de rente qu'ils soutiennent au Cameroun et de surcroît, à leurs propres prix imposés au Cameroun (Béhalal, 1997). L'aide devient alors un outil stratégique au service de la domination du pourvoyeur (Tandon, 2009). C'est aussi la raison pour laquelle certains pays pourvoyeurs de cette aide à l'instar de la France, disposent de nombreuses concessions de plantations agricoles au Cameroun, dans lesquelles ils cultivent divers produits par le biais de leurs multinationales comme les Plantations du Haut Penja (PHP) dominées par les multinationales françaises.

L'aide au développement agricole a aussi provoqué l'extraversion de l'agriculture camerounaise. Il est possible de remarquer que la plupart des cultures d'exportation pratiquées au Cameroun (cacao, café, banane, coton, hévéa, tabac) ont des programmes subventionnés par ses partenaires extérieurs alors que les populations camerounaises consomment à peine 20% des produits qui en sont dérivés. Il s'agit du café dont le Cameroun est l'un des principaux pays producteurs en Afrique avec la Côte d'ivoire. Mais seulement, le Cameroun consomme moins de 15% de sa production caféière. À peine 10% des cultivateurs camerounais consomment le café moulu produit par l'UCCAO et d'autres entreprises du même secteur (Ngomba, 2011). L'agriculture de rente camerounaise est dès lors extravertie, à partir du moment où elle est prioritairement pratiquée pour alimenter le marché étranger. C'est aussi la raison pour laquelle les fluctuations des prix de ces produits sur le marché mondial affectent sévèrement les cultivateurs camerounais de café et du cacao comme cela fut le cas à partir de 1990 avec la crise de l'ajustement structurel.

Bien plus, pour se convaincre du caractère calculé et intéressé de ces aides au développement agricole, on peut remarquer qu'elles sont à 100% destinées aux cultures de rente, car aucun programme extérieur de promotion des cultures de subsistance destinées à l'alimentation familiale n'a encore été enregistré au Cameroun (Foutem, 2009). Ces cultures, à l'instar du haricot, du macabo, des courges, de la patate, des ignames et légumes sont abandonnées aux soins des cultivateurs qui se débrouillent dans de petits espaces avec des techniques culturales qui continuent à être archaïques. C'est pourquoi, le Cameroun demeure certes un grand pays agricole en Afrique centrale dans les cultures de rente, mais la faim reste visible dans ses ménages (Fark Gruninger, 1994). Il convient d'ajouter qu'il s'agit d'une aide centralisée au sommet de l'Etat du Cameroun, qui ne profite malheureusement pas aux associations paysannes qui sont les véritables moteurs de la production agricole.

3.2. Une aide centralisée au sommet de l'Etat camerounais et ne bénéficiant pas efficacement aux associations paysannes

L'une des critiques majeures longtemps développée à l'égard de l'aide interétatique, qu'elle soit destinée à l'industrialisation, à la construction des voies de communication, à l'éducation, à la santé ou au développement agricole comme dans le cas d'espèce est liée à sa centralisation. Il s'agit, en effet, d'une aide dans laquelle les principaux interlocuteurs sont les officiels au sommet de l'Etat des pays bénéficiaires et pourvoyeurs (Tandon Yash, 2009). Par conséquent, les aides obéissent rarement aux besoins prioritaires des vrais bénéficiaires à la base qui sont les populations car, elles ne sont pas consultées dans les négociations et les demandes d'aides. Pour ce qui est de l'agriculture, les théoriciens de la physiocratie à l'instar de Turgot et Quesnay indiquent que le premier acteur de la production agricole à la base dans les pays en développement agricole est le paysan et aucun véritable décollage agricole ne peut réussir si ce maillon n'est mis dans les conditions idoines de production (Montoussé, 2000). Au Cameroun, la politique de promotion agricole a donné lieu à partir de 1990 à la création d'associations paysannes à l'instar des coopératives agricoles et groupes d'initiative commune, pour un partage d'expérience et la mutualisation des efforts dans plusieurs secteurs de cultures de rente au Cameroun dont le café et le cacao en l'occurrence. Ces associations devaient être, en priorité, les destinataires et les interlocuteurs par excellence de l'aide extérieure au développement agricole au Cameroun.

Tel n'est malheureusement pas le cas, ces aides provenant d'États partenaires du Cameroun étant réceptionnées au sommet de l'Etat par les responsables du ministère de l'agriculture et du développement rural, qui les affectent à plusieurs programmes de ce ministère. Les conséquences ont souvent été les détournements de fonds et de matériels par ces directeurs de programmes basés à la capitale à Yaoundé, au détriment des programmes gouvernementaux destinés aux paysans qui sont la cheville ouvrière de la production agricole à la base au Cameroun (Frii-Manyi, 2005). Il s'agit alors d'imperfections à corriger pour que l'aide au développement agricole puisse résolument contribuer à l'ambitieux programme d'émergence du Cameroun lancé en 2009. Sur ce, l'Etat doit assainir davantage les organismes publics de réception et de gestion des aides agricoles étrangères (Balga Nguh et Ndzifon Kimengsi, 2016).

L'aide intergouvernementale manque dans cette logique d' approche consultative et de l'approche participative qui voudraient que des enquêtes sociologiques locales précèdent les programmes de don de matériels aux agriculteurs dans certains secteurs d'activités. Rose Frii-Manyi (2005) dénonce, dans ce sens, le programme de don de 10m^2 de bâche à sécher aux 10 coopératives de la région du Nord-Cameroun en 2002 par la Belgique car, des enquêtes sociologiques conduites après ce don ont montré que les paysans avaient plutôt besoin de pulvérisateurs pour le traitement de leurs productions contre les attaques d'insectes.

Conclusion

En définitive, il ressort de cette analyse que l'aide bilatérale étrangère a occupé une place de choix dans la modernisation des activités agricoles au Cameroun depuis son accession à l'indépendance. La nécessité de cette aide se justifiait en fait par les atouts dont regorgeait le Cameroun pour faire de l'agriculture le pilier du décollage de son économie (Foutem, 2019). Obéissant à cette logique, plusieurs États à l'instar de la France, de l'Angleterre, de l'Allemagne, du Canada et des États-Unis, ont apporté au secteur agricole camerounais des appuis matériels à l'instar des machines, des tracteurs, des aides financières, des appuis techniques par la formation d'ingénieurs agricoles. Ces apports ont contribué à l'augmentation de la production agricole camerounaise dans les secteurs du cacao, de la caféiculture et du coton entre autres, influençant son produit intérieur brut et la croissance. Sans condamner l'aide étrangère, nous estimons que l'Etat camerounais doit définir lui-même ses programmes agricoles, de façon à accorder la priorité aux organisations paysannes dont les coopératives et les GIC, qui sont en mesure de porter son économie tant par les cultures de rente que les cultures de subsistance qui entrent dans la consommation directe des ménages.

Sources et références bibliographiques

- Avom D. et Carmignani F., « L'Afrique Centrale peut-elle sortir du piège de la malédiction des produits de base ? », *Revue d'Économie de Développement*, N°8, 2010, pp. 87-99.
- Balga Nguh S. et Ndzifon Kimengsi J., « Land use dynamics and wetland management in Bamenda : Urban development policy implications », *Journal of Sustainable Development*, Vol. 9, N°5, 2016, pp. 132-143.
- Banque Mondiale, *Perspectives économiques en Afrique*, 2012.
- Behalal A., « L'aide bilatérale au Cameroun », Mémoire de Maîtrise en Histoire, Université de Yaoundé 1, 1997.

- Bekolo Ebe B., « Pour une reprise de la planification économique en Afrique », *Africa Development*, Vol. 18, n° 4, 1993, pp. 56-72.
- Edjangué J.-C., *Afrique que fais-tu de ta jeunesse? Les paradoxes d'un enjeu moteur du développement*, Paris, L'Harmattan, 2013.
- Ela J.-M., *L'Afrique : L'irruption des pauvres, société contre ingérence pouvoir et argent*, Paris, L'Harmattan, 1994.
- Étang G., *Les pygmées du Sud-Cameroun : marginalisation et prédation contre un peuple*, Yaoundé, Saint Paul, 2014.
- Étoga Eily F., *Sur les chemins du développement. Essai d'histoire des faits économiques du Cameroun*, Yaoundé, CEPER, 1971.
- Fark-Gruninger M., « La transition économique à l'Ouest-Cameroun », Thèse de Doctorat en Sciences économiques, Université de Zürich, 1995.
- Fodouop Kengne, *Les métiers de la rue et l'emploi : le cas de Yaoundé*, Yaoundé, SOPECAM, 1991.
- Kossoumna Liba'a, N., *Les éleveurs Mbororo du nord-Cameroun. Une vie et un élevage en mutation*, Paris, L'Harmattan, 2013.
- Fotsing J.-M., « Genèse et évolution des structures foncières en Pays bamiléké: l'exemple des chefferies Bamendjou, Bahouang, Batié et Baleng », Thèse de Doctorat 3e cycle en Histoire, Université de Yaoundé, 1985.
- Foutem T. M., « L'aide internationale au développement dans la Menoua : De la coopération inter-étatique à la coopération décentralisée (1960-2007) », Mémoire de Master en Histoire, Université de Dschang, 2016.
- Foutem T. M., « L'aide internationale au développement dans les municipalités de Bamenda et de Bafoussam : De la coopération inter-étatique à la coopération décentralisée (1960-2010) », Thèse de Doctorat Ph.D en Histoire, Université de Dschang, 2019.
- Foutem, T. M., « La formation des ressortissants des pays de la CEMAC dans les Universités et grandes écoles camerounaises : une dimension du leadership camerounais en zone CEMAC », in Fofack, E. W. et Elong Fils, F.-X. (dir), *Cameroun, les*

dynamiques de construction du leadership en Afrique centrale. Regards croisés, Paris, L'Harmattan, 2019, pp. 171-190.

- Frii-Manyi Anjoh R., "USAID Cameroon and contribution to self-reliance development: a case study of the North West cooperative associations 1990-1998", Mémoire de Maîtrise en Histoire, Université de Yaoundé 1, 2005.
- Gankou J.-M., *Cameroun : Le pari de la croissance et du développement*, Yaoundé, CLE, 1990.
- Kangmo R., « L'émergence du secteur maraîcher dans la MIFI : nouveaux acteurs et impacts socioéconomiques», mémoire de Master en Géographie, FLSH, Université de Dschang, 2011.
- Khan Mbuh E., « Canadian financial and technical assistance to Cameroon (1962-2009 », Thèse de Master en Histoire, FLSH, Université de Dschang, 2009.
- Leduc G., « L'aide internationale au développement», *Revue Tiers Monde*, Vol. 4, N° 13/14 (Janvier-juin 1963), Paris, Armand-Colin, 1963, pp. 23-38.
- Montoussé M., *Théories économiques*, Paris, Bréal, 2000.
- Mouandjo P. L., *État et régulation en Afrique, l'économie politique de l'Afrique au XXIe siècle Tome III*, Paris, L'Harmattan, 2002.
- Ngoh V. J., *Cameroun : cent ans d'histoire 1884-1985*, Yaoundé, CEPER, 1990.
- Ngomba Samuel, *Cameroun, l'ère de la révolution verte, Yaoundé*, CLÉ, 2011.
- Nkodo Ngono M. J., *Aide au développement de l'agriculture au Cameroun*, Yaoundé, MINADER, 2016.
- Ojong Nathanael," Livelihood Strategies in African Cities: The Case of Residents in Bamenda, Cameroon", *African Review of Economics and Finance*, Vol. 3, N°.1, Print Services of Rhodes University, Grahams town, 2011, pp. 23-41.
- Sinkam Nana S., *Le Cameroun dans la globalisation. Perspectives et prémisses pour un développement durable et équitable*, Yaoundé, CLÉ, 1999.

- Talla Ngwalmfekwa P., « L'exploitation cacaoyère dans la Région du Sud Cameroun : une analyse de la contribution de la main d'œuvre féminine », Thèse de Doctorat en Géographie, FALSH, Université de Douala, 2001.
- Tandon Yash, *En finir avec la dépendance à l'aide,* Genève, CETIM, 2009.
- Téné B., « Les enjeux de la production des vivriers marchands dans un système agraire en mutation : le cas de la Mifi (Ouest-Cameroun)", Mémoire de DEA en Géographie, FLSH, Université de Dschang, 2006.
- Yemmafouo A., « La question foncière en pays bamiléké : état et angles d'approche », Mémoire de DEA en Géographie, FLSH, Université de Dschang, 2002.
- Gonné B., *Pression foncière sur les plaines argileuses à Karal de l''Extrême-Nord du Cameroun. Fondements, manifestations et configuration spatiale*, Paris, L'Harmattan, 2014.

La coopération entre l'organisation internationale du travail et l'Afrique : 1919-1970

Dr Félicité PAHO NYA
PLEG
Université de Yaoundé 1

Résumé.

L'organisation internationale du travail est la plus ancienne institution du système onusien. Créée au lendemain de la première guerre mondiale, elle devint après l'échec de la SDN une organisation spécialisée de l'ONU au lendemain de la deuxième guerre mondiale. La création de l'OIT témoigne de l'importance croissante prise par le travail et par la question sociale tout au long des siècles. Cependant, entre les deux guerres mondiales, les efforts de l'OIT pour l'Afrique furent absorbés par les puissances coloniales qui étaient aux commandes et qui orientaient à leur guise les politiques sociales de l'OIT vers les États africains dont ils avaient la charge. Ce n'est qu'à partir de 1960 que les réalisations de L'OIT vers l'Afrique furent plus libres, désintéressées et plus perceptibles. A partir de l'approche descriptive et analytique, cette contribution met en exergue les débuts difficiles de la coopération OIT-Afrique, qui progressivement sera libre et désintéressée à partir des indépendances des pays africains.

Mots clés; Coopération, OIT, coloniale.

Abstract

The International Labour Organization is the oldest institution in the UN system. Created in the aftermath of the First World War, it became after the failure of the LDC a specialised UN organisation in the aftermath of the Second World War. The creation of the ILO reflects the growing importance of labour and social issues over the centuries. However, between the two World Wars the ILO's efforts for Africa were absorbed by the colonial powers who were in charge and who directed the ILO's social policies in their own way towards the African States for which they were responsible. It was only from 1960 onwards that the ILO's achievements towards Africa were freer, disinterested and more perceptible. Based on a descriptive and analytical approach, this contribution highlights the difficult beginnings of ILO-Africa cooperation, which gradually became free and disinterested after the independence of African countries.

Keywords : Cooperation, ILO, colonial.

Introduction

L'OIT tire ses origines de la réalité sociale des pays d'Europe et d'Amérique du Nord au XIXe siècle. C'est en effet dans ces deux continents que la révolution industrielle va prendre effectivement corps (BIT, 1990 :4) Ce faisant, le développement économique que celle-ci a engendré n'a été possible qu'au prix d'énormes sacrifices de la masse laborieuse. La protection des travailleurs fut un sujet à caractère international et la prospérité d'un pays était étroitement liée au bien –être matériel et moral de sa classe travailleuse. Cependant, entre les deux guerres mondiales, l'Afrique est encore sous l'emprise des puissances coloniales qui dirigeaient, coordonnaient et orientaient les actions de l'OIT. La coopération OIT avec les pays africains fut très difficile avant leurs indépendances. Comment expliquer cette difficile collaboration OIT-Afrique entre les deux guerres ? Quels sont les éléments qui font preuve de cette collaboration haletante au départ?

Dans un premier temps, la présentation des débuts difficiles de la coopération OIT-Afrique après la Première Guerre mondiale nous parait judicieuse. Par la suite, la résilience de l'attitude des puissances coloniales dans la désorientation des actions de l'OIT pour mieux sauvegarder leurs intérêts dans les colonies pendant la période de décolonisation mérite d'être étudiée, de même que le desserrage de l'étau à partir de 1960.

1. Les débuts difficiles d'une coopération OIT-Afrique 1919-1945.

La situation de dépendance des pays africains lors de la création de l'OIT fut un obstacle au bon fonctionnement de cette organisation des Nations Unies spécialisée dans le domaine du travail. La sauvegarde des intérêts des puissances coloniales va désorienter les actions glorieuses de l'OIT, allant dans le sens de la protection des travailleurs sans distinction de race, de sexe etc. Quel est le contexte de création de cette organisation?

1.1. La création de l'Organisation internationale du travail.

La Première Guerre mondiale fut l'un des évènements conjoncturels qui va servir de catalyseur décisif à la création de l'OIT. Ce conflit favorisa des formes inédites de collaboration tripartite destinées à mettre la production industrielle au service de l'effort de guerre. C'est ainsi que le principe d'une organisation concertée de l'économie entre employeurs et travailleurs sous la tutelle de l'État s'en trouva légitimé. L'expérience française fut exemplaire car, ce fut un dirigeant socialiste Albert thomas qui mit en pratique ces nouveaux modes de la production à la tête du ministère de l'armement et des fabrications de guerre durant le conflit, avant de les défendre au niveau international en tant que premier directeur général de l'OIT.

À la fin de la guerre en 1918, la victoire de la Triple Entente constituée des pays tels la France, l'Angleterre, la Russie et les États-unis avait conduit à la tenue d'une conférence de paix à Paris du 18 Janvier 1919 au 21 Janvier 1920. Ainsi, au Château de Versailles en France, tous les vainqueurs de la guerre négociaient les Traités de paix avec les vaincus. Ainsi, créée en 1919 sous l'égide du Traité de Versailles qui mettait un terme à la Première Guerre mondiale, l'Organisation Internationale du Travail incarnait la conviction qu'une paix universelle et durable ne pouvait se bâtir que sur la base de la justice sociale (Paho, 2006 :7).

Ces vainqueurs de la première guerre étaient largement constitués des puissances coloniales qui orientaient la politique de l'OIT. Largement dominée par les puissances coloniales comme la France[1] et l'Angleterre[2], la relation OIT-Afrique ne pouvait pas être dès les premiers instants, salvatrice pour ces pays africains qui constituaient des réservoirs de matières premières et de la main d'œuvre pour leurs industries. C'est ainsi que ces puissances orientaient les politiques de l'OIT par rapport à la sauvegarde de leurs intérêts au point d'étouffer

[1] La France est présente en Algérie depuis 1830. Elle va créer des empires coloniaux en Afrique notamment l'Afrique Occidentale Française et l'Afrique Équatoriale Française. Elle avait dans toute l'Afrique près de dix-huit possessions.

[2] Après la France, l'Angleterre était la deuxième puissance coloniale la plus active en Afrique en termes d'acquisition des colonies.

les principes de base de cette organisation. La rédaction de l'article 35 de cette organisation fut d'ailleurs à l' origine d'un débat houleux entre les colonisateurs, tous membres de l'OIT. Comment les puissances coloniales vont-elles appréhender cet article de la constitution de l'OIT?

1.2. Une polémique lors de la rédaction de l'article 35 de la constitution de l'OIT en 1919.

La coopération se définit comme l'action de participer à une œuvre commune. C'est aussi une politique d'entente et d'échanges culturels, économiques ou scientifiques entre Etats. Animée dès sa création par des tendances universalistes, l'OIT voulait être une organisation internationale pour tous les pays du monde y compris l'Afrique. Cependant, cette idée universaliste fut réfutée dès sa création par certaines puissances coloniales. C'est ainsi que deux tendances s'étaient dégagées autour de ce principe universaliste de cette institution. Une première tendance pour une régionalisation des conventions de l'OIT et une seconde pour un universalisme des conventions de l'organisation.

Quelques États parmi lesquels la Grande-Bretagne étaient opposés à l'extension des conventions internationales du travail aux territoires non métropolitains (Missé, 1987 : 25). D'autres États comme la France souhaitaient l'application automatique de ces conventions à tous les États y compris les territoires non-autonomes. Les partisans de la première tendance pensaient qu'en raison des problèmes particuliers qui se posaient aux territoires non-métropolitains, il était utile de les examiner dans un cadre restreint à l'instar de la conférence interafricaine et de la commission de coopération technique au Sud-Sahara (CCTA)[3]. Quant aux partisans de la deuxième tendance, il fallait étendre les conventions à tous les pays sans distinction de statut.

Cependant, un semblant de compromis fut trouvé et l'article 35 de cette institution, connu comme article 421 de la partie XIII du traité de paix de Paris, vit le jour sous cette articulation :

[3] Cette commission fut créée en 1947 par les principales puissances coloniales notamment la France, la Grande Bretagne, la Belgique et l'Union Sud –africaine

> Les membres s'engagent à appliquer les conventions auxquelles ils auront adhéré, conformément aux stipulations de la présente partie du présent traité, à celles de leur colonies ou possessions et à ceux de leurs protectorats qui ne se gouvernent pas encore, pas pleinement eux-mêmes, cela sous les réserves suivantes;
>
> que la convention ne soit pas rendue inapplicable par les conditions locales;
>
> que les modifications qui seraient nécessaires pour adapter la convention aux conditions locales puissent être introduites dans celle –ci.
>
> Chacun des membres devra notifier au bureau international du travail la décision qu'il se propose de prendre en ce qui concerne chacune de ses colonies ou possessions ou chacun de ses protectorats ne se gouvernant pas pleinement eux-mêmes.[4]

Ce fut réellement un semblant de compromis car, la puissance coloniale avait l'habitude d'interpréter à sa guise les dispositions de l'article 35 de la constitution de l'OIT. Elle évoquait surtout l'inadéquation et l'inadaptation de la convention aux réalités locales et l'insuffisance du développement des pays africains; d'où des résultats décevant en 1926. C'est justement dans cette perspective que le directeur[5] de l'OIT déclarait :

> On avait voulu vider le principe de l'universalisme de son fond… les règles de droit international doivent s'appliquer à tous les États, à la fois pour des raisons d'ordre économique ; uniformiser les conditions de la concurrence internationale, et pour des raisons sociales, réaliser la justice sociale.[6]

La politique sociale ayant pour postulat l'universalisme (Troclet, 1952:35), le régionalisme tant souhaité par certaines puissances coloniales n'était pas favorable au développement des pays africains dans le contexte colonial. La rédaction de l'article 35 de la constitution de l'Organisation Internationale du Travail ne fut pas la seule pomme de discorde entre les puissances coloniales. La participation des territoires colonisés aux différentes conférences de l'Organisation Internationale du Travail ne trouvait pas l'assentiment de tous les membres de l'organisation.

---

[4] Article 35 de la constitution de l'OIT.

[5] Albert Thomas de nationalité française fut le premier directeur de l'OIT. Il dirigea l'organisation de 1919 à 1932.

[6] Rapport annuel du directeur du BIT Albert Thomas, 1926.

1.3. La participation des colonies aux conférences de l'OIT et la création d'un centre d'action du BIT en Afrique.

Pendant la période coloniale, le problème de statut à accorder aux territoires non-autonomes aux conférences de l'OIT se posait avec acuité. Fallait-il accepter la participation de ces États dominés aux tribunes de l'organisation internationale du travail? Sous l'initiative de la Confédération Indépendante des Syndicats Libres (CISL) au congrès mondial de Milan (en 1951), cette question revint, demandant à l'Organisation d'accorder le statut de "membres associés" aux territoires non métropolitains. En effet, cette proposition devait permettre aux territoires non-autonomes de ratifier en leur propre nom, les conventions internationales du travail, et d'envoyer une délégation tripartite, avec statut d'observateur aux conférences internationales du travail (Troclet, 1952 :35). Ceci devait être une sorte de reconnaissance partielle, précédant l'insertion complète dans la vie internationale.

Ce faisant, après les discussions entre les représentants des travailleurs, les gouvernements intéressés et le Bureau, une solution fut préconisée, celle d'accorder à tous les territoires non-autonomes relevant d'un État membre, la possibilité de participer sur invitation aux sessions de la conférence par le truchement d'une délégation tripartite (Meynaud, 1963 :167). Mais, les droits accordés à la délégation d'un territoire non-autonome, invité sur proposition de la métropole, n'équivalaient nullement à ceux des États membres car, le droit de vote ne leur était pas attribué mais, ils correspondaient à ceux des observateurs (Meynaud, 1963 :167). Ces droits se ramenaient juste à la faculté de prendre la parole après accord du président de la conférence.

De même, la latitude était laissée à la métropole de recommander ou non que tel territoire soit invité. Les puissances coloniales faisaient alors un usage prudent, car ne voulant se priver de l'exploitation de leurs colonies, elles ne pouvaient pas accepter que n'importe quel territoire non-autonome ait tribune à la conférence générale de l'OIT et au conseil d'administration, par peur que ce dernier n'utilise ces tribunes pour l'attaquer. Elles réservaient alors l'invitation aux seuls territoires non-autonomes ayant déjà accédés à un certain degré d'autonomie (Meynaud, salah-bey, 1963 : 168).

Ainsi, l'élargissement du cadre de l'OIT pour l'Afrique n'avait abouti que partiellement. L'organisation se heurta sur les points précités à l'attitude du bureau et des gouvernements intéressés, constitués dans la majorité des colonisateurs (Missé, 1987 :25). De ce fait, il n'était pas question de recevoir dans l'Organisation, les territoires non- autonomes, ou encore de leur permettre de ratifier en leur propre nom, les conventions internationales. Cette attitude de rejet des faveurs accordées par cette institution aux territoires non autonomes par les puissances coloniales était la même quand fut émise l'idée de création d'un centre d'action du Bureau International du travail en Afrique. La création d'un centre d'action du BIT en Afrique n'était pas chose facile. La Commission d'Experts pour la politique sociale dans les territoires non métropolitains avait posé officiellement ce problème au conseil d'administration de l'OIT. Cependant, ce dernier n'avait pas soumis ces propositions au conseil d'administration mais, avait donné lieu à des négociations entre le bureau et les gouvernements intéressés. Ainsi, selon les déclarations du bureau :

> Les consultations ont montré que cette idée de créer un bureau d'action du BIT en Afrique ne rencontrait pas à l'heure actuelle les appuis nécessaires[7]. Ce faisant, cette première et timide proposition avait été écartée sans le soutien des grandes puissances, étant entendu que l'Afrique demeurait encore une chasse gardée (Meynaud, Salah-Bey, 1963 :166).

Néanmoins, quelques dispositions furent prises pour établir indirectement les relations entre l'OIT et les pays non-autonomes. C'est ainsi que l'OIT accepta le régionalisme. L'acceptation du régionalisme fut concrétisée dans l'article 38 de la constitution de l'OIT qui stipule :

> L'organisation internationale du travail pourra convoquer telles conférences régionales et établir telles institutions régionales qui lui paraitront utiles pour atteindre les buts et objectifs de l'organisation. Les pouvoirs, fonctions et procédures des conférences régionales seront régis par des règles formulées par le conseil d'administration et présentées par lui à la conférence générale pour confirmation.[8]

[7] Procès-verbaux des séances du Conseil d'administration, 121e session, mars 1953, pp. 102-104.
[8] Article 38 de la constitution de l'OIT.

L'organisation internationale du travail accepta le régionalisme avec beaucoup de conditionnalités[9]. Elle mit sur pieds les conférences régionales et les commissions consultatives avec pour but d'étudier et d'adopter les rapports et aussi, des propositions de modification des conventions et recommandation pour leur adaptation aux conditions locales. Cependant, les États coloniaux, membres de l'Organisation Internationale du Travail, avaient la majorité dans ces commissions. Ces États désignaient autant de représentants que de pays dont ils avaient la charge. La première commission consultative africaine se tint en Angola en 1959. Ce fut une ouverture mise sur pied par l'OIT mais "fermée" par les puissances coloniales. Qu'en est –il de l'observation de la convention n° 29 de l'OIT sur la suppression du travail forcé dans les territoires non- métropolitain ?

1.4. Le boycott de la convention n° 29 de l'OIT sur le travail forcé par les puissances coloniales.

Après les conquêtes des territoires africains, les puissances coloniales procèdent à la mise en valeur des terres. Tout système colonial visait une autonomisation financière de la colonie. L'objectif étant de rendre la colonie moins couteuse à la métropole. C'est ainsi que le travail forcé fut adopté par les colons comme moyen d'exploitation des colonies.

La plupart des grands projets d'Afrique française de l'époque telles les routes, les mines ou les grandes plantations étaient réalisés grâce aux travaux forcés. Les principaux abus résultant du travail par contrainte, de certaines méthodes de recrutement, du contrat du travail à long terme amenèrent l'OIT à adopter la convention n° 29 de 1930 et la recommandation n° 36 sur la réglementation du travail forcé. Ces éléments du code international du travail avaient pour but de supprimer le travail forcé en Afrique. C'est justement dans ce sens que l'article 1 de la convention stipule :

Tout membre de l'organisation Internationale du Travail qui ratifie la présente convention s'engage à supprimer le travail forcé ou obligatoire et à n'y recourir sous aucune forme :

---

[9] Dans ces réunions, les conventions et recommandations internationales ne peuvent pas être élaborées.

- En tant que mesure de coercition ou d'éducation politique ou en tant que sanction à l'égard de personnes qui ont ou expriment certaines opinions politiques ou manifestent leur opposition idéologique à l'ordre politique, social ou économique établi;
- En tant que méthodes de mobilisation et d'utilisation de la main d'œuvre à des fins de développement économique;
- En tant que mesure de discipline du travail;
- En tant que punition pour avoir participé à des grèves;
- En tant que mesure de discrimination raciale, sociale, nationale ou religieuse (BIT, 1958 : 644)

La ratification étant contraignante, les États membres tels la Belgique, l'Espagne, la France, l'Italie, le Portugal, le Royaume uni, le Ghana, le Soudan, le Libéria (BIT, 1958 : 644) qui avaient ratifié la convention n° 29 de 1930, s'engageaient à supprimer l'emploi du travail forcé ou obligatoire sous toutes ses formes dans les plus brefs délais possible. Cette convention fut d'ailleurs ignorée par les puissances coloniales qui l'avaient pourtant ratifiée. C'est ainsi que jusqu'en 1940, les plantations, les scieries et les mines de sel du Sénégal continuèrent à être alimentées par le travail forcé (BIT, 1990 : 21)

La pratique fut couramment utilisée pour la production agricole au profit des grandes sociétés privées comme UNILEVER, Compagnie Française d'Afrique Occidentale. En Afrique occidentale française, il a fallu attendre la loi Houphouët-Boigny adoptée le 11 avril 1946 pour mettre fin à cette atrocité la plus abjecte dans près de 70% de territoires français (BIT, 1990 :21).

Cependant, jusqu'en 1955, certaines législations telles celles du Congo- belge, du Rwanda-Urundi donnait encore la possibilité de recourir à toutes ces formes de travail forcé (BIT, 1958 : 644). De même, dans certains territoires britanniques comme le Bechuanaland, le Kenya, l'Ouganda, la Gambie, le Tanganyika, le Nigéria et la Sierra-Leone, on pouvait recourir à l'une ou l'autre forme du travail obligatoire.

Toutefois, après les deux guerres, quel fut le comportement de l'OIT par rapport au problème d'autonomie des pays africains?

2. l'OIT et pays africains à partir de 1944.

Pendant la période de décolonisation, on note la résilience de l'attitude des puissances coloniales à empêcher que les actions de l'OIT n'atteignent les colonies. Dans son souci de justice sociale pour tous les états du monde, l'OIT révise ses objectifs qui ne seront pas avant 1960 bien bénéfiques aux colonies. Mais à partir de 1960, le voile commence à tomber progressivement.

2.1. La position de l'OIT par rapport à l'Afrique après la Deuxième Guerre.

À partir de 1944, l'OIT révise ses objectifs et reconnaît pour elle une obligation solennelle de seconder la mise en œuvre parmi les différentes nations du monde, des programmes propres à réaliser tels :

- la plénitude de l'emploi et l'élévation des niveaux de vie ; l'emploi des travailleurs à des occupations où ils auront la satisfaction de donner toute la mesure de leur habileté et de leurs connaissances, et de contribuer au bien-être commun ;
- la mise en œuvre, moyennant garanties adéquates pour tous les intéressés, des possibilités de formation et des moyens propres à faciliter les transferts des travailleurs;
- la possibilité pour tous, d'une participation équitable aux fruits du progrès en matière de salaires et de gains, de durée de travail, et autres conditions de travail, et un salaire minimum vital pour tous ceux qui ont un emploi et ont besoin d'une telle protection ;[10]

Ainsi, dans sa mission évolutive, il ressortait évidemment que la reconstitution d'un monde nouveau nécessitait une concertation entre les États pour une plus grande solidarité. Cependant, malgré ces dispositions attrayantes, les États africains ne pouvaient pas à cette période, bénéficier de ces dispositions car, au cours des premières décennies de la création de l'OIT, seuls trois pays africains indépendants étaient membres, notamment le Liberia, la République Sud-Africaine et l'Éthiopie (BIT, 1964 :11). La majorité des pays africains non-autonomes n'entretenaient pas des relations directes avec cette organisation.

---

[10] Rapport de la Conférence Générale de l'OIT, réunie à Philadelphie en sa 26e session du 10 mai 1944.

Les colonies, en plus du problème de travail étaient tout de même confrontées au problème d'autonomie. Bref, ces pays voulaient tout de même une liberté syndicale et une autonomie sur le plan politique. Cependant, la position de l'OIT sur ce plan n'était pas déterminée (Misse, 1987 :25), elle était mise entre parenthèses par les puissances coloniales qui tenaient encore sa gouverne. Cette indétermination ressort dans ce propos de l'un des présidents du conseil d'administration:

> La conférence n'a pas pour objectif de s'occuper des questions politiques sur lesquelles les peuples africains peuvent être divisés et sur lesquelles l'OIT n'a pas compétence pour discuter ni pour trancher.., lorsqu'il a décidé de convoquer la présente conférence, le conseil d'administration du BIT a été unanime à estimer, comme le montre les opinions émises dans ses trois groupes... que la conférence ne devrait pas s'engager ou se laisser entraîner dans les débats politiques... En tant que président du conseil d'administration, je tiens à m'associer sans réserve à la demande que le directeur général ait formulée dans son rapport pour prier tous les membres des délégations de déférer, lorsqu'ils participeront aux débats, au vœu du conseil d'administration[11].

Cependant, dans la majorité des pays africains encore sous le joug colonial, le problème du travail et celui de l'autonomie sur le plan politique étaient intimement liés. On ne pouvait pas les dissocier comme le déclare le ministre nigérian lors de l'ouverture de la première conférence régionale :

> Les problèmes du travail sont si intimement liés aux questions politiques qu'il est peu réaliste d'essayer de les dissocier puisque sur le continent, les principes de l'OIT relatifs à la liberté syndicale, à la liberté de choix de l'emploi, à l'égalité de traitement de tous les travailleurs quels que soient leur race, leur religion ou leur sexe étaient honteusement ignorés[12].

En fait, les réclamations des représentants des travailleurs africains et pour certains délégués gouvernementaux, allaient dans le sens de faire sortir l'OIT de ce qu'ils considéraient comme une neutralité bienveillante sur le problème colonial ou une neutralité positive à l'égard des pays non-autonomes[13]. C'est justement dans cette perspective que le délégué des travailleurs guinéen déclarait: “que l'OIT puisse se libérer complètement de l'emprise des puissances européennes et de couper toutes sortes d'entraves qui la

[11] Compte-rendu des travaux de la première conférence, p. 5.
[12] Ibid.
[13] BIT, "Première conférence régionale africaine", p. 152.

retiennent encore, nous souhaitons que l'OIT abandonne sa courtoisie exagérée à l'égard de certains États"[14]. L'OIT ne parvenait pas à trancher le problème des africains sur le plan politique. Il fallait attendre 1960 pour que les principes de base de l'OIT soient plus visibles et entièrement implémentés en Afrique.

2.2. Les réalisations de l'OIT plus perceptibles dès la première décennie d'indépendance des États africains.

L'Organisation Internationale du Travail devint après les guerres mondiales, un centre de rapprochement et de compréhension dont l'influence devait aller au- delà des questions sociales qui étaient son domaine (Misse, 1987 :26). Il était question de s'attaquer à la pauvreté et aider les pays sous-développés à sortir de leur misère, car, la plus grande menace pour la paix et la stabilité du monde résidait dans ce déséquilibre entre riches et pauvres.

C'est dans cette perspective que les pays en voie de développement entraient de plus en plus dans les préoccupations de l'organisation. C'est ainsi que les institutions régionales du travail furent créées dans le cadre de l'OIT (Sayegh; Ndiaye, 1982 : 68). Elle fut créée en Afrique en 1958 à l'initiative du délégué marocain des travailleurs Ben Seddik (BIT, 1964 :13).

À partir de 1960, les rapports entre l'OIT et l'Afrique deviennent plus intenses. Cette année fut d'ailleurs placée sous les auspices des Nations-Unies comme une "année de l'Afrique" où les efforts étaient plus concentrés et dirigés vers ce continent. En fait, elle marquait le commencement de la "décennie du développement". On assista à la première conférence régionale africaine de l'OIT où on invita tous les pays membres africains. De même, lors de cette conférence, les pays africains demandaient au BIT d'étendre ses actions sur tous les plans en Afrique. Et c'est dans ce sens qu'à la conférence internationale du travail en 1964 (BIT, 1964 :14), le conseil d'administration adopta une résolution qui invitait le conseil d'administration du BIT à prêter son concours aux pays africains dans le domaine du développement en général, et à les aider à poursuivre l'exécution des programmes d'éducation ouvrière et de formation professionnelle et technique (BIT,1993 : 22).

---

[14] Ibid, p. 152.

C'est dans ce sens que l'OIT va donc accroître son programme de coopération technique vers l'Afrique. Ainsi, en 1952, l'Afrique qui n'absorbait que 2, 7% du total des crédits dépensés pour l'exécution des programmes de l'Organisation Internationale du Travail, et 10, 2% en 1956, absorbe à partir de 1960, 27% et 33% en 1964 (BIT, 1964 :14) et plus de 43% dans les années 1970. De même, on a une augmentation du nombre d'experts envoyé en Afrique. En 1938, le nombre d'experts affectés en mission en Afrique n'était que 74 ; ce chiffre est passé à 272 en 1963, 313 en 1965 sur un total de 800 (BIT, 1964 :14), et probablement plus de 400 à 500 dans les années 1970.

De 1950 à 1963, le nombre de bourse d'étude et de stage de formation accordé aux Africains était passé de 382 à 510 entre 1964-1965. Cette coopération fut financée principalement par le Fonds Spécial et le Programme Élargi d'Assistance Technique des Nations-Unies, maintenant réunis dans le Programme des Nations-Unies pour le Développement (PNUD). À la fin de l'année 1964, des projets du Fonds spécial représentant un investissement de 36, 3 millions de dollars, furent mis en œuvre en Afrique et l'OIT fut chargée de leur exécution (BIT, 1964 :14).

Au Cameroun par exemple, cette organisation a réalisé de nombreux projets stratégiques pendant la décennie 1960. La création d'un Centre National de Développement des Entreprises Coopératives au Cameroun fut un élément palpable de la coopération OIT-Afrique après la décennie 1960. Ce centre créé le 12 novembre 1969[15] placé sous la tutelle du ministère de l'agriculture dont le ministre assurait la présidence du conseil d'administration, avait pour mission de contribuer à l'effort du mouvement coopératif et d'encadrer les zones pilotes coopératives.

En plus, l'OIT par le biais de ses experts a participé au projet du Centre d'Assistance aux Petites et Moyennes Entreprises (CAPEME) qui fut créé par la loi n°70/LF/7 du 20 mai 1970. Ce centre a eu pour objectif principal la sélection, la formation et le perfectionnement d'un personnel national de conseillers, de formateurs et d'instructeurs

[15] C'est à la faveur de la signature d'une convention de financement entre l'État camerounais, le Programme des Nations Unies pour le Développement et l'Organisation Internationale du Travail que le Centre National de Développement des Entreprises Coopératives fut créé. Il commence la vulgarisation coopérative dans le département de la Lekié, notamment les arrondissements d'Okala, d'Evodoula, de Monatélé, d'Obala et de Sa' a.

hautement qualifiés dans le domaine de l'assistance aux petites et moyennes entreprises artisanales (Ntonga, 2004 : 83)

Toujours dans l'implémentation d'un nouvel ordre social plus perceptible en Afrique, les bureaux de coopération technique furent ouverts progressivement. Ainsi, après l'ouverture du premier bureau de l'OIT à Addis-Abeba en 1963, une panoplie de bureaux régionaux et sous- régionaux fut ouverte avec à leur tête des directeurs. La structure de l'OIT en Afrique devint la suivante :

Bureaux sous-régionaux et de zones

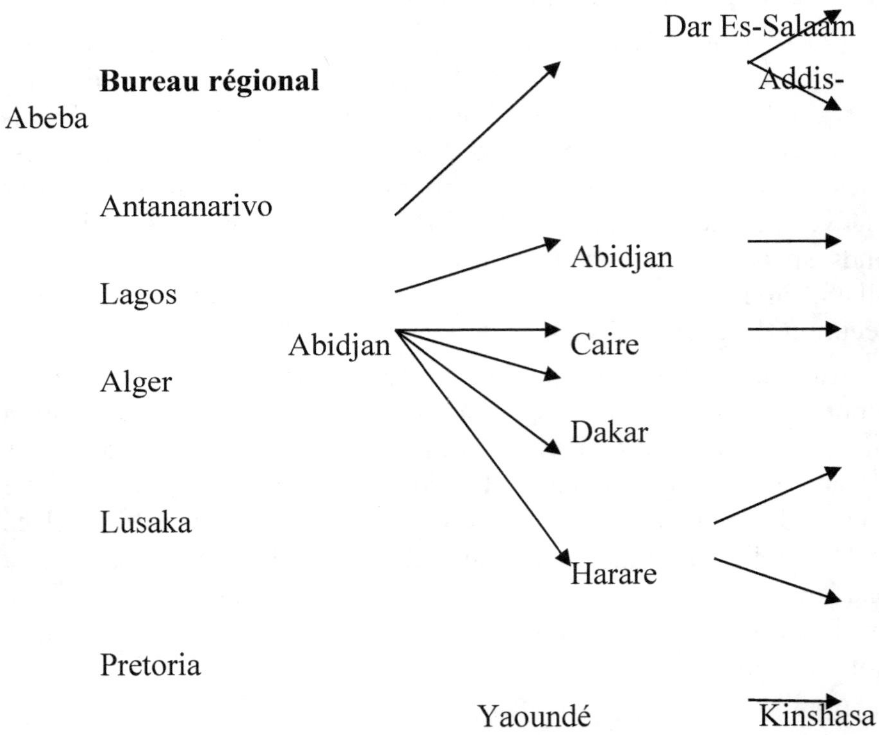

Source : Centre de Documentation du Bureau International du Travail de Yaoundé.

Ce schéma présente le bureau de la Région- Afrique avec ses bureaux sous- régionaux à Addis-Abeba, Abidjan en Côte d'Ivoire, du Caire en Égypte, le bureau sous régional de Dakar, d'Harare, et de Yaoundé et les bureaux de zones.

Ces bureaux négocient les programmes de coopération technique, surveillent l'exécution, suivent et évaluent les activités. En bref, ils assurent la liaison générale entre les gouvernements et l'organisation et sont pour le siège, la source d'un courant continu d'informations (Ntonga, 2004 :14).

Les rapports Afrique-OIT sont devenus si intenses à partir de 1960, que pour la toute première fois, un Africain, Oumar Baba Diarra, occupa le poste de président du conseil d'administration de l'OIT qui est en fait l'organe exécutif de cette organisation. Il occupa ce poste de 1965 à 1966 (BIT.1964 : 14).

L'action de formation des travailleurs africains par l'OIT fut aussi perceptible et plus dense après les indépendances. Elle s'est mise du coté de ses mandants en organisant des séminaires d'information, de formation et/ou de perfectionnement (BIT.1964 :14).

Elle a mis sur pied des structures chargées d'assurer la formation ouvrière. Le Centre International de Perfectionnement Professionnel et Technique de Turin en Italie créé en 1963 devint un élément essentiel de l'œuvre de coopération technique de l'OIT en la matière[16]. Ce centre a ouvert ses portes en 1965 (BIT, 1990 :81). Sa stratégie et ses programmes furent conçus pour dispenser des formations avancées aux travailleurs. Les stages de perfectionnement furent accordés aux instructeurs syndicaux des pays du monde parmi lesquels les leaders des syndicats africains[17].

De même, après leur accession à l'indépendance, les états africains avaient un besoin de cadres pour assurer le fonctionnement des services de la nouvelle administration du travail. Si la formation des cadres supérieurs du travail était assurée pour les territoires français en France depuis 1955, celle des cadres moyens n'était pas prévue[18]. C'est ainsi que lors de la Conférence Régionale Africaine de l'OIT à Addis-Abeba en 1964, les ministres du travail des pays africains francophones décidèrent parmi les offres faites, d'accueillir un centre de formation des cadres moyens. En Janvier 1965, avec l'assistance financière du programme des Nations Unies pour le développement, le Centre de Perfectionnement des Cadres de

---

[16] Mbaye, 50 ans environ, expert de l'OIT en matière syndicale pour la sous-région Afrique Centrale, 2 mars 2004 au bureau sous-régional de l'OIT à Yaoundé.

[17] Mahamat Ngarman, 68 ans, chargé des relations de la CSTC avec les organismes, 1er Mai 2019 à Yaoundé.

[18] A. Ekoan, 60 ans, présidente de la Confédération Camerounaise du travail, entretien, 1er juin 2021 à Yaoundé.

l'Administration du Travail (CPCAT) vit le jour[19]. Devenu Centre Régional africain d'Administration du Travail en 1969[20], il a comme pays membres le Bénin, le Burkina-Faso, le Cameroun, la République Centre Africaine, la Cote d'Ivoire, le Gabon, la Guinée Conakry, le Mali, la Mauritanie, le Niger, le Sénégal, le Tchad, le Togo et plus tard le Burundi, le Congo Brazzaville, la République Démocratique du Congo, le Rwanda, le Djibouti[21]. Tout au long de la première décennie d'indépendance, le centre forma vingt cadres moyens d'administration du travail (contrôleurs) et trois cadres supérieurs à savoir les inspecteurs du travail (Paho, 2006 :45).

Après la Deuxième Guerre mondiale, l'Organisation Internationale du Travail redéfinit ses objectifs vis-à-vis des pays africains malgré le monopole et la réorientation de ses objectifs par les puissances coloniales qui exploitaient encore les colonies. Néanmoins, après l'accession des pays africains à l'indépendance, les objectifs et réalisations de l'OIT en Afrique furent intenses et plus remarquables dès la première décennie.

Conclusion

Il était question de présenter la coopération entre l'Organisation Internationale du Travail et les pays africains de sa création jusqu'aux indépendances. Au regard de ce qui précède, il en ressort que pendant la période coloniale, la coopération OIT- Afrique fut très difficile au départ car, elle était assurée par des intermédiaires qui étaient des puissances coloniales ayant pour ambition de sauvegarder leurs intérêts. Ainsi, Les directives choisies par ces puissances coloniales allaient dans le sens de la sauvegarde de leurs intérêts et non de ceux des colonies. Par conséquent, les principes de justice sociale élaborés par l'OIT dans ses conventions et recommandations étaient ignorés par ces puissances pendant la période coloniale. Elles vont orienter la rédaction de la convention n° 35, s'opposer à la mise sur pied d'un centre d'action du BIT en Afrique, vont ignorer dans un premier

---

[19] CRADAT, « liaisons sociales africaines », *Revue d'actualité du droit social et d'administration du travail,* n°1 d'Avril-Mai-Juin, Yaoundé, CRADAT, 2002, p.2.

[20] Baba Dodo, 47ans, inspecteur du travail, 28 Mai 2020 à Douala.

[21] CRADAT, « Coopération interafricaine, coopération internationale », *Revue d'actualité de droit social et d'administration du travail*, Yaoundé, CRADAT,2000, p.6.

temps, les principes de la convention n° 29 de 1930 qui interdisait le travail forcé. De même, la quête de la liberté politique des pays africains laissa ces puissances indifférentes, car infiltrées dans les arcanes de l'OIT. Mais, 1960 fut une période de démarcation où la coopération entre l'OIT et l'Afrique fut fructueuse et moins entachée d'entraves. N'étant plus mise entre parenthèses, l'Organisation Internationale du Travail définit clairement ses objectifs pour l'Afrique et implémente un programme de coopération technique.

Sources et références bibliographiques

I- Sources primaires

1- sources orales

Noms et prénoms	Âges	Qualité	Date et lieu de l'interview
Mahamat Ngarman	68 ans	Chargé des relations de la CSTC avec les organismes	1er Mai 2019 à Yaoundé
Isimat.J	46 ans environ	Chargée de l'application des normes	02 Avril 2004 au bureau sous-régional de l'OIT à Yaoundé
Ekoan A.	60 ans	Présidente de la Confédération Camerounaise du travail	1er Juin 2021 à Yaoundé
Baba Dodo	47 ans	Inspecteur du travail	28 Mai 2020 à Douala
Mbaye	50 ans environ	Expert de l'OIT en matière syndicale	2 Mars 2004 au bureau sous régional de l'OIT à Yaoundé.

2- Lois et textes réglementaires.

- Article 38 de la constitution de l'OIT.
- Article 35 de la constitution de l'OIT.

- Convention n° 29 de 1930 de l'OIT sur le travail forcé.

3- Archives

- Rapport VIII : conditions d'emploi des travailleurs des plantations, rapport préliminaire
- Genève, CIT, 1957, archives de l'OIT.
- Rapport de la Conférence Générale de l'OIT, réunie à Philadelphie en sa 26e session du 10 mai 1944, archives de l'OIT.
- Rapport annuel du directeur du BIT Albert Thomas, 1926, archives de l'OIT.
- Compte-rendu des travaux de la première conférence régionale africaine, 1960, archives de L'OIT.
- Procès-verbaux des séances du Conseil d'administration, 121e session, mars 1953, archives de l'OIT.

II- Sources secondaires

1- Ouvrages

- Bikoko, J.M., (2009) *le syndicalisme à la croisée des chemins : 50 ans après le début des indépendances en Afrique*, Paris, l'Harmattan
- BIT (1964), *L'OIT et l'Afrique*, Genève, BIT.
- BIT(1990), *L'OIT, ses origines, son fonctionnement et son action*, Genève, BIT.
- BIT(1990), *Les syndicats et l'OIT, manuel d'éducation ouvrière*, Genève, BIT.
- BIT, (1958), L*es problèmes du travail en Afrique*, Genève, BIT.
- BIT, (1993), *le rôle de l'OIT en matière de coopération technique*, Genève, BIT.
- Issa Sayegh, J., Ndiaye B., (1982) *Encyclopédie juridique de l'Afrique*, Abidjan-Dakar-Lomé, nouvelles éditions africaines, tome 8.
- Meynaud, J., Salah-Bey, A., (1963), L*e syndicalisme africain*, Paris, Payot.

- Missé, H. (1987), Le *droit international du travail en Afrique : cas du Cameroun*, Paris, l'Harmattan.

2- Articles des Revues et des journaux.

- BIT, « Halte au travail forcé », *Rapport global en vertu du suivi de la déclaration de l'action de l'OIT relative aux principes et droits fondamentaux au travail*, Genève, BIT, 2001.
- CRADAT, « liaisons sociales africaines », *Revue d'actualité du droit social et d'administration du travail*, n°1 d'Avril-Mai-Juin, Yaoundé, CRADAT, 2002.
- CRADAT, « coopération interafricaine, coopération internationale », *Revue d'actualité de droit social et d'administration du travail*, Yaoundé, CRADAT, 2000.

3- Mémoires.

- Kaptué L. « Travail et main d'œuvre au Cameroun sous régime français 1916-1952 », mémoire de masters degree en Histoire, Yaoundé, FLSH, 1978.
- Ntonga, C.G., « Les relations entre le Cameroun et l'OIT : une tentative de bilan », mémoire du diplôme d'études Supérieures Spécialisées en Relations Internationales, Université de Yaoundé II, IRIC, 2004.
- Paho Nya, F., « le rôle de l'Organisation Internationale du Travail dans l'évolution du Syndicalisme Camerounais : 1944-1972 », mémoire de maitrise en Histoire, Université de Yaound I I, 2006.

Deuxième partie

LES SYNDICATS ET LEUR IMPACT SOCIO POLITIQUE ET ÉCONOMIQUE AU CAMEROUN ET EN AFRIQUE

Floraison de syndicats dans les sous-secteurs de l'enseignement primaire et secondaire au Bénin (1990-2019) : Quels impacts sur les revendications corporatistes et le système éducatif

Arnaud Achille G. GNIDEHOUE, Hermann W. ADIMOU et Rogatien TOSSOU M.
Université d'Abomey-Calavi (Bénin)

Résumé

Les libertés démocratiques retrouvées à la faveur de la Conférence des forces vives de la nation de février 1990, ont eu un impact sur l'univers syndical du Bénin. Le monde syndical du nouvel Etat démocratique, est caractérisé par la création d'une multitude d'organisations syndicales. Les Ministères des enseignements maternel et primaire (MEMP) et celui de l'enseignement secondaire général, de la formation technique et professionnelle (MESFTP), connaissent un dynamisme syndical avec près de deux cent mouvements syndicaux. En 2014, il était dénombré quatre-vingt-huit syndicats au niveau du sous-secteur de la maternel et primaire et une soixantaine au niveau du secondaire. Cette floraison des mouvements syndicaux au niveau du système éducatif a eu comme conséquence, leur fragilisation et leur discrédit auprès du gouvernement. L'objectif de cette recherche est d'analyser d'une part, les acquis des luttes des organisations syndicales des sous-secteurs des enseignements maternel et primaire et celui du secondaire et d'autre part, l'impact de leurs actions sur le système éducatif béninois entre 1990 et 2019. L'approche méthodologique adoptée est axée sur l'utilisation des données issues de la recherche documentaire. Les résultats de cette recherche montrent qu'entre 1990 et 2019, le monde syndical des enseignements a vu fleurir, un nombre impressionnant de syndicats. Les différentes actions menées par ces derniers pour amener les différents gouvernements qui se sont succédé à la tête du pays, à satisfaire leurs différentes revendications ont eu des conséquences sur l'efficacité interne du système éducatif béninois.

Mots clés : Bénin, syndicalisme, enseignant, floraison, éducation.

Abstract

The democratic freedoms regained by the Conference of the National Forces of February 1990 had an impact on the trade union world of Benin. The trade union world of the new democratic state is characterized by the creation of a multitude of trade union organizations. The Ministries of Nursery and Primary Education (MENP) and that of General Secondary Education, Technical and Vocational Training (MESFTP), are experiencing union dynamism with nearly two hundred union movements. In 2014, there were eighty-eight unions at the nursery and primary sub-sector level and around sixty at the secondary level. This flowering of trade union movements in the education system has resulted in the weakening of the trade union movement and the discrediting of the latter in the eyes of the government. The objective of this research is to analyze, on the one hand, the achievements of the struggles of trade unions in the sub-sectors of nursery and primary education and that of secondary education and, on the other hand, the impact of their actions on the system. Benin's education between 1990 and 2019. The methodological approach adopted is based on the use of data from documentary research. The results of this research show that between 1990 and 2019, the educational union world saw an impressive number of unions flourish. The various actions carried out by the latter to bring the various governments which have succeeded at the head of the country to satisfy their various demands are not without consequences on the internal efficiency of the Beninese education system.

Key words: Benin, trade unionism, teacher, flowering, education

Introduction

À l'issue de l'historique Conférence des forces vives de la nation de février 1990, le Bénin s'est résolument engagé sur la voie démocratique, où les libertés fondamentales sont reconnues et garanties. Après plus de dix-sept ans de monolithisme, le rétablissement desdites libertés notamment celles d'association, a permis aux travailleurs de se syndiquer et de défendre l'amélioration de leurs conditions de vie et de travail, et ce, conformément aux textes de la République. Il s'agit essentiellement de la loi n° 90-32 du 11 décembre 1990 portant Constitution en République du Bénin et la loi n°2001-09 du 21 juin 2002 portant exercice du droit de grève en République du Bénin. Les travailleurs des secteurs privés et publics ont donc profité de cet environnement favorable créé par le vote de ces différentes lois, pour mettre en place, des organisations syndicales. « Ce faisant, depuis 1990, le syndicalisme y a connu un impressionnant essor marqué par une forte segmentation et un pluralisme aussi bien au niveau des organisations de base qu'au niveau des centrales et confédérations » (A. Chabi Imorou, 2019, p.27). Les sous-secteurs des enseignements primaire et secondaire auront été les plus dynamiques en matière de création de syndicats avec près de deux cent syndicats en seulement deux décennies de pratiques démocratiques. Ces sous-secteurs qui emploient de milliers de fonctionnaires ont été constamment agités par des mouvements de débrayage. Entre 1990 et 2019, plusieurs revendications liées à l'amélioration des conditions de vie et de travail des enseignants ont conduit à la cessation de travail par ceux-ci et des cas de paralysie quasi totale de ces sous-secteurs. Les dirigeants parfois dos au mur, sont obligés de lâcher du lest et de satisfaire les exigences des syndicats enseignants.

L'objectif de cette recherche est d'analyser les acquis des luttes des organisations syndicales des sous-secteurs des enseignements maternel, primaire et secondaire et l'impact de leurs actions sur le système éducatif béninois entre 1990 et 2019. Le millésime 1990 a été choisi comme borne chronologique inférieure parce qu'il correspond à l'organisation pour une première fois en Afrique, de Conférence des forces vives de la nation, qui permet, de finir avec un régime dictatorial et le rétablissement des libertés fondamentales. Quant au millésime 2019, choisi pour la borne chronologique supérieure, il correspond à la réforme de l'exercice du droit de grève au Bénin, limitant le nombre de jours de grève à dix par an. Cette recherche est de nature qualitative. À cet effet, la méthodologie adoptée a consisté en une exploitation croisée des sources écrites. L'analyse des informations issues de ce corpus d'information a permis de structurer cet article autour des points suivants : le contexte historique favorable à la multiplication des syndicats d'enseignants au Bénin (1945-1990), la dynamique syndicale dans l'enseignement sous le Renouveau démocratique au Bénin et les impacts des luttes syndicales des enseignants sur leurs conditions de vie et le système éducatif.

1. Contexte historique favorable à la multiplication des syndicats d'enseignants au Bénin (1945-1990)

La naissance et la prolifération des syndicats dans les sous-secteurs de l'enseignement primaire et secondaire au Bénin pendant la période du Renouveau démocratique ne sont pas nouvelles. La multiplication des catégories dans l'enseignement et les problèmes catégoriels ont conduit à l'éclosion de syndicats et mis à mal l'unité syndicale tant recherchée dès les premiers syndicats dans l'enseignement.

En effet, le début du syndicalisme dans l'enseignement au Dahomey comme le fait remarquer R. Choubadé (1995, p. 18) : « (…) est plutôt lié au développement des écoles coloniales qui ont entraîné l'apparition de catégories d'enseignants exerçant leur métier moyennant un salaire, sous la direction de l'autorité française ». À cette époque, il est dénombré plusieurs catégories d'enseignants : les enseignants des écoles missionnaires ; ceux des écoles publiques ayant un statut français et ceux des écoles publiques de statut indigène. Cette différence catégorielle notée au niveau des enseignants issus de l'école coloniale a donné lieu à plusieurs syndicats d'enseignants à partir de 1937. D'après R. Choubadé (1995, p. 18), « tout a commencé par des regroupements ethniques en milieu urbain pour aboutir à des formes modernes d'organisation de salariés comme les " Amicales "».

C'est dans ce registre que s'inscrit la création de l'amicale des anciens pensionnaires de l'École William Ponty de Dakar au Dahomey. Cette dernière laissera place à de véritables organisations syndicales dont le couronnement fut la naissance du premier syndicat d'enseignants au Dahomey, le Syndicat national de l'enseignement public de France et des colonies, section du Dahomey, le 27 décembre 1945. Seulement et comme l'indique L. Dossou (1981, p. 21), celui-ci « a regroupé 21 membres, tous européens ». Dès lors que les problèmes corporatistes des enseignants indigènes et ceux européens ne sont pas les mêmes, commence le début du pluralisme syndical au Bénin. Ainsi fut créé en 1947, le syndicat du personnel enseignant africain du Dahomey. Un syndicat qui comme sa dénomination le démontre, se veut être le porte-étendard des aspirations de ses militants dahoméens. En cette même année, il fut porté sur les fonts baptismaux, le Syndicat de l'enseignement technique. Cette dynamique du paysage syndical enseignant va s'accentuer avec l'accession de la Colonie du Dahomey à la souveraineté internationale et la création des Collèges d'enseignement général (CEG).

Le Dahomey, à l'accession à l'indépendance le 1er août 1960, avait deux syndicats d'enseignants : le Syndicat des enseignants du privé et le Syndicat national de l'enseignement public. Mais « (…) la naissance d'une nouvelle catégorie d'enseignants connue sous l'appellation de « professeurs de CEG » et le nouveau contexte engendré par la prise du pouvoir par le général Soglo en décembre 1965, ont contribué à la multiplication des syndicats d'enseignants» (R. Choubadé, 1995, p. 40) dans tout le système éducatif.

Dans le sous-secteur de l'enseignement privé, il est dénombré entre autres syndicats : le Syndicat National des Enseignants des Ecoles Catholiques du Dahomey (SYNEECAD), le Syndicat National des Fondateurs des Ecoles Privées Laïques du Dahomey (SYNFELD), le Syndicat National des Ecoles et Etablissements Laïcs Privés du Bénin (SYNEELAB). Ce dernier disparaîtra au profit du Syndicat National des Enseignants du Privé (SYNEP) à la suite de l'admission de ses membres fondateurs à la fonction publique.

Au niveau des enseignements maternel et primaire, il y eu la création en août 1954, du Syndicat National de l'Ecole Publique du Dahomey (SYNEPDA). Mais, les divergences politiques et la nationalisation des écoles catholiques entreprise par le gouvernement révolutionnaire ont tôt fait de créer la division dans le rang de ses enseignants. À ce propos, R. Choubadé (1995, p. 42), écrit :

> Deux tendances sont apparues lorsqu'il s'est agi de désigner les responsables du syndicat unique issu de la fusion. Il y a avait la tendance Gnonhoué qui regroupait les enseignants des écoles ex-catholiques (…). La seconde tendance majoritaire de Aguiar Kent l'emporte au premier congrès du nouveau syndicat dénommé ''Syndicat national de l'enseignement maternel et de base'' (SYNEMB).

Après leur échec au congrès, le groupe de Gnonhoué créé à leur tour, le Syndicat National des Instituteurs du Bénin (SNIB).

L'enseignement secondaire n'a pas été épargné par cette division entre les leaders syndicaux. Les principales organisations syndicales de ce sous-secteur entre 1960 et 1989 sont : le Syndicat Dahoméen de l'Enseignement Secondaire (SDES), le Syndicat National des Enseignants d'Education Physique et Sportive (SNEPS) et le Syndicat des Professeurs Adjoint (PTA), le Syndicat National des Professeurs des Collèges d'Enseignement Général (SYNAPROCEG) et le Syndicat National de l'Enseignement Technique (SNET).

Cette floraison de syndicats a été quelque peu estompée avec l'avènement du régime révolutionnaire, très peu tolérant aux activités syndicales. Les syndicats refusant de s'aligner derrières l'Union Nationale des Travailleurs du Dahomey (UNTD), la seule centrale autorisée par le régime Kérékou, ont été contraints à la clandestinité. Mais, cela n'a pas émoussé leurs ardeurs et leurs combativités. Les enseignants des divers ordres d'enseignement militants des syndicats clandestins[1] ou sous la coupole du Parti Communiste du Dahomey (PCD), ont réussi à contraindre le régime Kérékou, à organiser la Conférence des forces vives de la nation, assises au cours desquelles, le pluralisme syndical, a été rétabli.

2. Dynamique syndicale dans l'enseignement sous le Renouveau démocratique au Bénin

L'une des décisions politiques majeures prises à l'historique Conférence des forces vives de la nation de février 1990 est l'adoption d'un régime démocratique à multipartisme intégral. De ce fait, les droits civiques et les libertés d'expression et d'association ont été rétablis. Des textes législatifs ont été donc pris afin de mieux encadrer les libertés publiques. La Constitution du 11 décembre 1990 accorde aux travailleurs le droit de syndiquer et le droit de grève afin de leur permettre de défendre leurs intérêts. L'article 25 de ladite constitution dispose : « l'État reconnaît et garantit, dans les conditions fixées par la loi, la liberté d'aller et venir, la liberté d'association, de réunion, de cortège et de manifestation»[2]. L'article 31 qui est relatif au droit de grève stipule que : « l'État reconnaît et garantit le droit de grève »[3]. Les travailleurs en général et les enseignants en particulier vont créer des syndicats. A. Chabi Imorou (2019, p. 45), écrit : « dès lors, le paysage syndical se caractérise par un pluralisme sans précédent et une sursyndicalisation au sein des professions du secteur public ». Même constat fait par G. Balaro et *al* (2015, p. 22) qui, évoquant le cas des enseignants, précise que: « les professions les plus organisées

[1] Il s'agit notamment des Comité d'Action (CA), des Comités de Coordination (CC) et des Bureaux de Liaison (BL).

[2] Loi n° 90-32 du 11 décembre 1990 portant Constitution en République du Bénin.

[3] *Idem*

en syndicats sont l'enseignement qui compte plus de deux cents syndicats pour les trois ministères de tutelle (…) ». Comme expliqué plus haut, le système éducatif béninois regorge plusieurs sous-catégories et chacune d'elle à ses problèmes particuliers. De même, la crise de confiance et les problèmes de leadership aidant, chaque promotion ou sous-catégorie préfère avoir leur propre organisation syndicale, pour mieux se faire entendre des autorités, qu'au lieu de faire noyer leurs préoccupations dans un grand ensemble. En outre, au sein d'une même promotion, on note la création de plusieurs syndicats. À ce propos, G. Balaro et *al* (2015, p. 23) écrivent :

> La particularité du secteur de l'éducation est que l'on retrouve plusieurs syndicats issus d'une seule et même promotion. Ainsi, dans le rang des enseignants des premières promotions de réouverture des Écoles normales intégrées, opèrent une dizaine de syndicats pour un effectif total en dessous de mille militants. Il en est de même des enseignants dit « reversés » dont l'avènement a contribué à accroître de façon exponentielle le nombre d'organisations syndicales dans le secteur éducatif. Au primaire, seul existe une quinzaine de syndicats pour représenter cette catégorie de travailleurs alors même que les préoccupations et les orientations sont identiques.

Cette réalité est confirmée par A. Chabi Imorou (2019, p.54) qui l'explique en ces termes:

> Dans le secteur de l'éducation par exemple, l'apparition progressive de plusieurs sous-catégories d'enseignants (les permanents, les contractuels de l'État, les contractuels locaux, les communautaires) a fait naître le sentiment que chacune des sous-catégories a ses problèmes spécifiques auxquels elle doit chercher des solutions en se mobilisant. C'est ainsi que sont apparus dans le paysage syndical enseignant des syndicats d'enseignants communautaires, des syndicats d'enseignants contractuels, des syndicats d'enseignants permanents, des syndicats du personnel administratif du secteur de l'éducation. Dans cette dynamique, des promotions de contractuels (de la même sous-catégorie) ont parfois créé aussi leur syndicat comme cela a été le cas avec le SYNEC-P et le SYNAPEC.

En 2014, soit deux décennies après la mise en route du processus démocratique, on dénombre environ deux cent syndicats dans le secteur éducatif béninois. Le point fait par G. Balaro et *al*, (2015, p. 23) en 2014, donne « dans le seul MEMP[4], (…) pas moins de quatre-vingt-huit (88) syndicats dont très peu occupent la totalité du territoire national (moins de 10). Au niveau de l'enseignement secondaire, une soixantaine (60) d'organisations syndicales également de faibles étendue». En 2019, A. Chabi Imorou (2019, p. 62) a dénombré au

[4] Ministère des enseignements maternel et primaire.

primaire « (…) une centaine de syndicats de base contre cinquante-quatre syndicats dans le secondaire (…) ». Cette floraison de syndicats dans les sous-secteurs des enseignements primaire et secondaire a été préjudiciable à toute la corporation du fait de l'inefficacité des différentes organisations syndicales. Dès lors, celles-ci vont tenter, d'unir leurs forces au sein, d'un autre creuset plus englobant : le Front d'action des syndicats des trois ordres de l'enseignement.

2.1. Unité d'action des syndicats enseignants

Si la multiplicité des syndicats dans les différents sous-secteurs de l'éducation au Bénin est signe de la vitalité de la démocratie, dans la pratique, elle se révèle être non bénéfique pour les acteurs eux-mêmes. En effet, le militantisme syndical est très peu encré dans les mœurs des enseignants des sous-secteurs de l'éducation au Bénin. Du coup, la création tous azimuts d'organisation syndicale fragilise davantage les partenaires sociaux face aux autorités. Ceci est d'autant plus vrai que sous le régime du Président Boni Yayi, le gouvernement a tenté de fragiliser les organisations syndicales par la création des syndicats qualifiés de « jaune ». C'est la prise de conscience de cette faiblesse organisationnelle dans la mobilisation des enseignants pour les luttes et « la perte de confiance dans les confédérations et centrales syndicales » (G. Balaro et *al*, 2015, p. 38) qui ont conduit à la mise sur pied du Front d'action des syndicats des trois ordres de l'enseignement[5] en 2005. Ce dernier n'est pas une fusion des syndicats de base mais, une sorte d'intersyndicale des trois ordres de l'enseignement. Ce qui voudra dire que chaque syndicat membre garde son autonomie d'action. Le Front est représenté par un bureau dirigé par deux porte-paroles à raison d'un porte-parole pour l'un des sous-secteurs des enseignements maternel, primaire et secondaire. Il est à souligner qu'à cause de son succès relatif à la question de la revalorisation de la fonction enseignante, les syndicats des autres

[5] Il est à noter que cette appellation a évolué dans le temps et est devenue Front d'action des syndicats de l'éducation. Encore que les syndicats de l'enseignement supérieur mènent rarement leurs actions avec ceux du primaire et secondaire ; les intérêts n'étant pas les mêmes

secteurs vont en inspirer[6]. C'est donc sous cette bannière que les importantes luttes des enseignants seront menées[7].

2.2. Principales revendications des enseignants

L'enseignement a été l'un des secteurs les plus mouvementés au Bénin entre 2005 et 2019. Du fait du dynamisme syndical observé dans ce secteur, il a été très agité par des grèves. En effet, conscient du nombre qu'ils sont et du secteur aussi sensible dans lequel ils interviennent, les enseignants pour peu qu'ils désirent améliorer leur condition de vie, déclenchent des mouvements de grève. Évoquant les revendications des enseignants, A. Chabi Imorou (2010, p.19) les classent en trois ordres :

> Il y a d'abord des revendications matérielles ayant un lien direct ou indirect avec leur rémunération. On peut citer – par exemple sous le régime de Nicéphore Soglo – l'exigence de mesures d'accompagnement à la dévaluation du franc CFA en 1994, le relèvement du point indiciaire, la question de leur reclassement, les diverses primes, les arriérés salariaux, etc. Ensuite, il y a eu des revendications liées à leur statut notamment les questions de formation des catégories nouvellement recrutées, celles du décrochage de l'enseignement des autres secteurs de l'éducation, etc. que les syndicats regroupent sous le terme de la revalorisation de la fonction enseignante. Une autre catégorie de revendications, notamment celles politiques telles que la question de la révision de la constitution ou les questions liées à l'organisation des élections se sont ajoutées au répertoire classique des cahiers des doléances des syndicats.

Les premières crises majeures que les sous-secteurs des enseignements maternel, primaire et secondaire ont connues sous le régime de Boni Yayi concernent la question des enseignants communautaires. Face à la pénurie d'enseignants dans les écoles primaires et secondaires, l'État a laissé la possibilité aux communautés à la base de recruter et de payer certaines catégories d'enseignants. Ceux-ci contractaient avec l'administration des écoles primaires ou établissements secondaires, des contrats locaux et payés sur le budget des collectivités locales[8]. Consciente que seul un recrutement dans la fonction publique lui permettrait d'avoir une meilleure condition de vie et avoir une carrière, cette catégorie

[6] Ce fut le cas du secteur de la médecine qui a mis sur pied une Intersyndicale.

[7] Il faut tout de même signifier que certaines actions ont été menées par certains syndicats de base affiliés à la CSTB.

[8] Ils étaient payés selon le diplôme et le niveau d'intervention. L'émolument varie entre 30 000 francs Cfa à 54 000 francs Cfa.

d'enseignants a donc commencé des actions allant jusqu'à la paralysie du secteur[9]. Les différentes négociations ont donc abouti à leur reversement dans la fonction publique en qualité d'agent contractuel de l'État à travers le décret n° 2007-592 du 31 décembre 2007, portant régime juridique d'emploi des Agents Contractuels de l'État. L'article 100 dudit décret dispose :

> Les agents contractuels de l'État titulaires des qualifications professionnelles requises, en service à la date du 09 mars 2005 et qui remplissent à la date de leur première prise de service, la condition de limite d'âge fixée par la loi n" 86-013 du 26 février 1986 portant statut général des agents permanents de l'État, seront reversés grade pour grade dans les différents corps des agents permanents de l'État correspondant à leur niveau de qualification professionnelle et ce, promotion par promotion.

Les années 2012 et 2013 verront le secteur éducatif béninois secoué par des crises répétées. Les différents mouvements déclenchés par le Front d'action des syndicats des trois ordres de l'enseignement sont relatifs à la jouissance de la valorisation de 1.25 du point indiciaire accordé aux agents de l'État. Le gouvernement et les responsables du Front vont longtemps mener un dialogue de sourds. Dès lors, le Front va continuer les actions jusqu'à obtenir un accord avec le gouvernement en novembre 2015. Le gouvernement s'engageait en lieu et place des 1.25 du point indiciaire, à « augmenter la prime d'incitation à la fonction enseignante de 10 000 francs »[10]. Une promesse qui visiblement n'aura pas été tenue par les autorités. Ce qui va amener le Front à enclencher en janvier 2016 d'autres grèves. Les revendications contenues sur la plateforme revendicative tournaient autour du :

> Payement des arriérés de primes d'incitation à la fonction enseignante au titre de 2015 évalués à quatre-vingt (80) mille francs CFA pour chaque enseignant, le payement des quatorze (14) mois d'arriérés de salaires aux enseignants contractuels recrutés en novembre 2014, le règlement de la question de sédentarisation des enseignants vacataires…[11].

Les grèves seront donc cycliques dans le secteur de l'enseignement jusqu'à la réforme de 2019, limitant le nombre de jours de grève à dix par an. Ces différentes luttes des syndicats

[9] Il faut dire qu'à l'époque, les Contractuels locaux constituaient plus de la moitié de l'effectif des enseignants, et venaient de faire six semaines de grèves.
[10] *Le Meilleur quotidien,* n°1505 du lundi 16 mars 2015.
[11] www.beninmondeinfos.com consulté le 25/07/2021 à 13h.30mn.

enseignants ne sont pas sans impacts sur d'une part, les enseignants eux-mêmes et d'autre part, sur le système éducatif.

3. Impacts des luttes syndicales des enseignants sur les conditions de vie des enseignants et le système éducatif

Les différentes luttes syndicales menées par les enseignants entre 1990 et 2019 ont eu des impacts positifs sur les conditions de vie de ceux-ci. Mais, à contrario, la qualité souhaitée au niveau des sous-secteurs des enseignements maternel, primaire et secondaire n'est pas au rendez-vous.

3.1. Amélioration des conditions matérielles de vie des enseignants

Les revendications des enseignants sous le Renouveau démocratique au Bénin, concernent en majorité leurs conditions matérielles de vie et les problèmes de formation et de carrière[12].Leurs différentes luttes ont permis d'améliorer de façon substantielle leurs salaires et les accessoires y afférents. Le premier acquis des syndicats enseignants après la Conférence des forces vives de la nation, concerne la prime d'incitation à la fonction enseignante, obtenue en 2005. Après plusieurs mois de grève, le gouvernement a dû céder aux revendications des enseignants en leur octroyant une prime de dix mille francs sur leur solde. Un succès obtenu comme expliqué plus haut, grâce à l'unité d'action des syndicats de l'enseignement. Mais, la décision qui a changé la vie de plus de trente mille enseignants dits communautaires, reste l'acte de reversement dans la fonction publique en qualité d'ACE. Par cet acte, le gouvernement du Président Boni Yayi sortait ces jeunes de la précarité dans laquelle ils végétaient. D'un contrat de neuf mois sur douze, ils obtiennent un contrat de douze mois sur douze et une stabilité dans d'emploi. De même, leur traitement salarial a été revu à la hausse. Ce changement de statut a permis aux bénéficiaires d'améliorer leurs conditions de vie. Le gouvernement, pour montrer l'effet de cette décision sur la vie des anciens communautaires, ne s'empêchait pas de souligner que grâce à leurs efforts, « les enseignants roulent maintenant en voiture ». Une

---

[12] Il est à souligner qu'il arrive qu'on découvre des questions politiques sur les plateformes revendicatives des Centrales syndicales.

chose qui serait semble-t-il impossible, si ce reversement n'intervenait pas.

Par ailleurs, les différentes luttes menées par le Front des syndicats de l'éducation dès 2012, ont permis aux enseignants de bénéficier encore en 2015, d'une augmentation de dix mille francs sur la prime d'incitation à la fonction enseignante. Ils ont aussi eu, la signature de leur statut particulier. Même si les différents arrêtés d'application de ce dernier notamment en ce qui concerne les incidences financières, n'ont pas été encore pris, les enseignants bénéficient déjà et grâce encore à leurs luttes, d'une prime d'habillement. C'est dire donc que les différentes luttes ont permis aux enseignants d'améliorer considérablement leurs conditions matérielles de vie. Mais, leurs différentes grèves ne sont pas sans conséquence sur le secteur éducatif dont l'efficacité interne continue de faire débat.

3.2. Impact des grèves des enseignants sur l'efficacité du système éducatif béninois

L'efficacité interne du système éducatif béninois ces dernières années, pose problème. D'après une étude de la Banque mondiale (2009, p. 97), « le niveau des acquisitions des élèves est faible ». Cette étude révèle que « 30% des élèves qui finissent le CM2 ne savent pas lire » (Banque mondiale, 2009, p. 97). Il en est de même pour le secondaire où les apprenants ont du mal à atteindre un niveau d'acquisition des compétences souhaitées. Une chose qui contraste avec les volontés affichées des gouvernements qui se sont succédé à la tête du pays, d'œuvrer pour promouvoir la scolarisation des enfants, puisque la promotion de l'offre éducative ne peut pas se limiter seulement à l'augmentation du nombre d'enfants à l'école. Elle doit aussi permettre à ce qu'un nombre important des scolarisés atteignent un certain niveau de compétences données. Les raisons de cette faiblesse de l'efficacité du système éducatif béninois sont nombreuses. Mais, la principale, reste la mauvaise gestion du temps scolaire. « Le temps scolaire influence grandement les acquis scolaires. Le temps scolaire effectif a un effet important sur les acquis scolaires» (Banque Mondiale, 2009, p. 109). Les différentes grèves enregistrées dans le secteur éducatif béninois empiètent véritablement sur le temps scolaire. En effet, les grèves enregistrées dans les sous-secteurs de l'enseignement primaire et secondaire durent souvent quatre à huit semaines, voire plus pendant une année scolaire. C'est ce même constat que fait E. Montcho Agbassa (2020, p. 63) en soulignant que : « Les grèves ont bouleversé le déroulement du calendrier des programmes scolaires et rendu hypothétiques les objectifs d'apprentissage assignés par année. Au cours de la période considérée[13], le calendrier scolaire n'a plus connu d'existence paisible ». Une étude commanditée par la GIZ dans le cadre de la mise en œuvre de son projet, Pro-Educ[14] citée par Montcho Agbassa (2020, p. 63) se veut plus péremptoire sur la question. Cette étude relève « (…) qu'au cours des trois dernières années[15], près de la moitié du temps scolaire requis n'est pas assurée dans les écoles primaires publiques béninoises pour plusieurs raisons, dont la récurrence des grèves des enseignants dans les établissements publics» (Montcho Agbassa, 2020, p. 63). Il fut des années où l'année scolaire a été validée de justesse[16]. Pendant ces moments de sensation presque complète[17] des activités pédagogiques, certains apprenants démotivés par le fait de venir sans pouvoir travailler, cessent de venir au cours ; d'autres vont au Nigeria et certains se livrent à des vices. Même quand les mots d'ordre de grève sont levés, les réajustements des calendriers scolaires et les activités de bachotages ne permettent que de sauver les meubles, sinon, les résultats sont souvent catastrophiques. Les résultats des examens de fin d'année scolaire en disent long. La figure 1 présente les taux de réussite aux examens de fin d'année du Certificat d'Études primaires (CEP), du Brevet d'études du premier cycle (BEPC) et du Baccalauréat de 2010 à 2019.

[13] Il s'agit de 2013 à 2018

[14] Il s'agit du rapport Pro-Educ, GIZ, Étude du nombre d'heures de cours effectivement dispensées annuellement dans les écoles primaires du Bénin, avril 2012

[15] Les années 2009 à 2011

[16] C'est le cas par exemple des années scolaires, 1995-1996, 2011-2012, 2015-2016.

[17] Parce que la motion de grève est souvent de 72 heures. Ce qui fait que les apprenants ne viennent au cours que lundi et vendredi dans la semaine.

Figure 1 : Taux de réussite au CEP, au BEPC et au BAC de 2010 à 2019

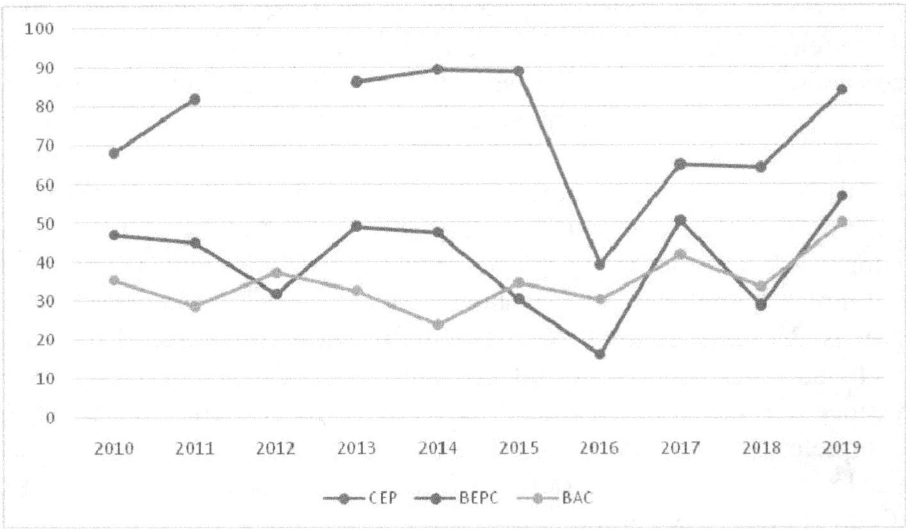

Source : H. W. Adimou, enquête de terrain, 2021

Ces taux de réussite aux différents examens de fin d'année entre 2010 et 2019, illustrent clairement l'impact négatif des mouvements de grève sur le rendement scolaire des apprenants. Les années scolaires 2010-2011, 2011-2012, 2013-2014, 2014-2015 et 2015-2016 qui ont été très agités dans les sous-secteurs des enseignements maternel, primaire et secondaire ont connu des baisses du taux de réussite. Ces taux étaient respectivement de 45 % en 2011, 31, 68 % en 2012, 47, 57 % en 2014 et 16 % en 2016 pour ce qui est du BEPC. Quant au BAC, l'autre examen majeur, les taux de réussite enregistrés étaient respectivement de 28, 45 % en 2011, 37, 18 % en 2012, 23, 46 % en 2014 et 30, 13 % en 2016.

Par ailleurs, faute de temps conséquents, les enseignants n'arrivent pas à achever les programmes scolaires ; ce qui fait que les apprenants traînent des tares durant leur cursus scolaire. Le développement des écoles privées (primaire et secondaire) ces derniers temps peut s'expliquer aussi par les effets des grèves perlées dans le secteur public. Les parents d'élèves en recherchant donc un gain en termes de temps scolaire à leurs enfants, choisissent facilement les écoles privées où ils ont la certitude que leurs enfants seront mieux suivis et qu'il n'y aura pas de mouvements de débrayage. Et quand la demande existe, c'est normal que ceux qui cherchent à investir dans ce secteur afin d'en tirer certaines dividendes le fassent.

Les mouvements de grève ont indéniablement des répercussions sur le niveau d'acquisition des apprenants. C'est d'ailleurs en se fondant sur les conséquences des grèves perlées dans les secteurs de l'éducation, la santé et la justice que le gouvernement du Président Patrice Talon, a engagé des réformes en ce qui concerne l'exercice du droit de grève en République du Bénin. L'article 13 de la loi n° 2018-34 modifiant et complétant la loi n°2001-09 du 21 juin 2002 portant exercice du droit de grève en République du Bénin, dispose entre autres :

Lorsque les procédures sont respectées, le droit de grève s'exerce dans certaines conditions de durée qui ne peut excéder :

- dix (10) jours au cours d'une même année ;
- sept (07) jours au cours d'un même semestre et :
- deux (02) jours au cours d'un même mois.

Quelle qu'en soit la durée, la cessation du travail au cours d'une journée, est considérée comme un jour entier de grève[18].

Ce faisant, écrit Montcho Agbassa (2020, p. 69), toute grève :

> Qui aurait duré onze (11) jours au cours d'une année, huit (08) jours au cours d'un même semestre et trois (03) jours au cours d'un même mois, serait qualifiée d'illégale et entrainerait conformément à l'article 11[19] de la même loi, la révocation ou le licenciement de plein droit.

Il faut faire remarquer que depuis le vote de cette loi, il n'est plus enregistré de mouvements de débrayage dans les sous-secteurs des enseignements maternel, primaire et secondaire[20].Une accalmie

---

[18] Article 13 de la loi n° 2018-34 modifiant et complétant la loi n°2001-09 du 21 juin 2002, pourtant exercice du droit de grève en république du Bénin.

[19] L'article 11 de la loi n° 2018-34 modifiant et complétant la loi n°2001-09 du 21 juin 2002 portant exercice du droit de grève en République du Bénin stipule que : « toute grève qui ne respecte pas les dispositions de la présente loi est illégale et ses auteurs sont passibles de révocation ou de licenciement de plein droit ».

[20] Le seul mouvement de grève lancé par la CSTB, était au cours de l'année scolaire 2020-2021. Mais le gouvernement a tôt fait d'inviter les responsables de cette

retrouvée qui permet aux enseignants de terminer à temps les activités pédagogiques et d'organiser suffisamment des séances d'intégration et de Travaux dirigés (TD) avec les candidats aux différents examens de fin d'année. Une chose qui améliore considérablement les résultats des examens de fin d'année.

Conclusion

Les décisions prises lors de la Conférence des forces vives de la nation ont induis des changements dans presque tous les secteurs au Bénin. Le rétablissement des libertés et la prise des actes réglementaires à l'exercice du droit de grève ont entraîné le pluralisme syndical dans tous les secteurs d'activité en général et celui de l'enseignement en particulier. Ce secteur qui compte près de deux cent syndicats de base fut le plus agité entre 1990 et 2019. La recherche de l'efficacité dans l'action et le manque de confiance entre les responsables des centrales syndicales ont contraint les syndicats de base à l'union. Une chose qui a changé le rapport de force en leur faveur et leur a permis d'engranger des victoires et la satisfaction de certaines de leurs revendications, améliorant ainsi leurs conditions de vie. Mais, le secteur éducatif a été négativement impacté par ces mouvements de grèves corporatistes.

Références bibliographiques

- Balaro Grégoire, Dossou T. Siméon et Amoussou Coovi Anselme, 2015, *Étude sur le paysage syndical au Bénin*, FES-Bénin, 82 p.
- Banque Mondiale, 2009, *Le système éducatif béninois : Analyse sectorielle pour une politique éducative plus équilibrée et plus efficace*, document de travail de la Banque Mondiale n° 165, 235 p.
- www.beninmondeinfos.com consulté le 25/07/2021 à 13h.30mn.

---

centrale syndicale à la table de négociation. Ce qui a permis de désamorcer cette grève.

- Chabi Imorou Azizou, 2010, « L'action politico-syndicale des enseignants au Bénin (1945-2008) : Approche socio-historique », *Arbeitspapiere / Wo1rking Papers, n°111,* p. 1-26(URL
- Chabi Imorou Azizou, 2019, *Audit et analyse du paysage syndical au Bénin*, FES-Bénin, 185 p.
- Décret n°2007-592 du 31 décembre 2007, Portant régime juridique d'emploi des Agents Contractuels de l'État.
- MONTCHO AGBASSA Éric, 2020, « Chronique de l'exercice du droit de grève au Bénin de 2013 à 2018 », *CRADAT* n°3, p. 55-69.
- *Le Meilleur quotidien*, n°1505 du lundi 16 mars 2015.
- Loi n° 90-32 du 11 décembre 1990 portant Constitution en République du Bénin.
- Loi n° 2001-09 du 21 juin 2002 portant exercice du droit de grève en République du Bénin.

Le SYNES : chronique d'une longue bataille en vue de l'amélioration des conditions de vie et de travail des enseignants du supérieur, 1991-2021

Christophe SIGNIE
Maitre de Conférences
Université de Yaoundé 1

Résumé

Cet article analyse la contribution du syndicat national des enseignants du supérieur à l'amélioration des conditions de vie et de travail des enseignants des universités publiques, entre 1991, date de création du SYNES et 2021, année au cours de laquelle ce syndicat refusa pour la première fois de participer aux travaux du cadre de concertation permanente. Comment est né le SYNES ? Quelles sont les actions entreprises par le SYNES et quels sont leurs impacts sur l'amélioration des conditions de vie et de travail des enseignants du supérieur ? Quels sont les différents freins à l'activité syndicale ? À partir des sources d'archives, orales et écrites, cet article apporte des réponses à ces questions.

Il ressort de nos analyses que créé en 1991 par un groupe d'enseignants dirigés par le Dr D. Jongwane Dipoko, suite à la perte et l'anéantissement du droit fondamental des enseignants, le SYNES a entrepris plusieurs actions pour améliorer les conditions de vie et de travail des enseignants. Comme moyen d'action, le SYNES utilise les négociations et les grèves pour parvenir à ses fins. Ces actions ont eu un impact positif sur les conditions de vie des enseignants : Octroi de la prime de l'enseignement supérieur, octroi de l'allocation spéciale à la modernisation de la recherche universitaire en 2009 et bien d'autres choses. Mais, plusieurs obstacles empêchent le bon fonctionnement du SYNES comme la répression syndicale et le harcèlement des dirigeants du SYNES.

Mots clés : SYNES, conditions de vie et de travail, bataille, enseignant

Abstract

This article examine the contribution of the Cameroon Higher Education teachers Trade Union abbreviated in French SYNES, in the improvement of the working conditions of university lectures beginning from 1991, when that trade union was created, up to 2021, date during which SYNES refused for the first time to participate in a permanent consultation with the government.

This study has as main objective the following research questions : How or under which circumstances was SYNES created ? What have being the different actions carried out by SYNES and their impacts in the improvement of the working conditions of lecturers ? Finally, what have being the major obstacles faced by SYNES in carrying out its objectives ?

Thanks to archival materials, Written and oral sources, we have attempted to answer the question pose above. Moreover, based on our sources and analyses, we arrived at the following results : Since the creation of SYNES in 1991, by a group of university lecturers headed by D. Jongwane Dipoko, SYNES have been working tirelessly to improve the working conditions of lecturers. The different methods used by SYNES to make their grievances heard are negotiations between the government and trade union. These negotiations brought some positive changes as far as the working conditions of university lecturers were concerned. Results have being the giving of research and modernisation allowances to lecturers meant for carrying out research in universities since 2009 as well as other advantages.

That notwithstanding, SYNES since his creation has been facing several obstacles or challenges in carrying out its activities. The most glaring one being constant repression and intimidation of the trade union leaders in the field.

Introduction

Le délabrement de l'université dans tous les aspects de sa vie (éthiques, moraux et académiques) et la perte continue jusqu'à l'anéantissement de tous les droits fondamentaux des enseignants, principaux acteurs de la vie universitaire, ont amené ces derniers à se regrouper pour défendre leurs droits. C'est ainsi que naquit le Syndicat National des Enseignants du Supérieur (SYNES) le 1er Juin

1991. Mais, l'introduction et l'imposition d'un syndicalisme libre et indépendant en milieu universitaire camerounais furent des tâches extrêmement difficile du fait d'un environnement socio politique caractérisé par la violence de l'État (agressions physiques, menaces de mort, suspensions administratives, affectations abusives des membres du bureau exécutif national et des membres actifs du SYNES).[1] Mais à partir de 1998, avec l'arrivée du nouveau ministre de l'enseignement supérieur, Jean Marie Atangana Mebara, l'esprit du dialogue et d'ouverture s'installa et le SYNES put ainsi se frayer un chemin et mener ses activités, même si l'hostilité des pouvoirs publics persistait. Des études portant sur le SYNES sont rares. La seule qui existe, à notre connaissance, est celle de Piet Konings. intitulé ''T*rade Union activism among university teachers during Cameroon's political libéralisation*''[2]. Dans cet article basé uniquement sur les sources de seconde main, l'auteur analyse les facteurs de création du SYNES et les différentes grèves lancées par le syndicat entre 1992 et 2002. Mais, il n'évoque pas les différents acquis de la lutte syndicale qui fait l'objet de notre étude. Quel bilan peut –on faire de l'action du SYNES de 1991 à 2021 ? Autrement dit, quel a été l'impact de la lutte syndicale sur l'amélioration des conditions de vie et de travail des enseignants du Supérieur ?

Cet article répond à cette question. Il examine d'abord la création et le fonctionnement du SYNES, puis étudie les actions menées par le syndicat de 1991 à 2021 pour défendre les droits des enseignants. Il analyse ensuite les différents acquis de la lutte syndicale ainsi que les différents freins à la bonne marche du SYNES.

1. Naissance du SYNES : Objectifs et fonctionnement

La perte continue jusqu'à l'anéantissement de tous les droits fondamentaux des enseignants, principaux acteurs de la vie universitaire, ont amené ces derniers à se regrouper pour défendre leurs droits.

---

[1] Archives du SYNES, Allocution du président du SYNES, D. Jongwane Dipoko au premier Congrès ordinaire du SYNES du 7 au 8 février 1998.

[2] Piet Konings, ''Trade-union activism among university teachers during Cameroon's political liberalisation,'' in *Nordic Journal of African Studie*s , Vol.13, pp289-301, 2004

1.1. Création et buts du SYNES

Le Syndicat National des Enseignants du Supérieur (SYNES) vit le jour le 1er juin 1991[3], avec pour siège Yaoundé. L'attestation de déclaration de son existence fut déposée à la préfecture du Mfoundi par le Dr Dieudonné Jongwane Dipoko. Ses statuts et règlement intérieur furent adoptés lors du congrès de la restructuration des 7 et 8 février 1998. L'emblème symbolisant le SYNES se présente comme un livre aux pages blanches ouvert et surmonté par une image représentant une tête pleine en fond noir, l'ensemble donnant l'impression d'un point noir sur i.

À sa création, le SYNES s'est donné pour but, entre autres, de regrouper tous les enseignants du supérieur autour d'un même idéal de défense de leurs intérêts matériels, moraux et académiques ; de représenter ses adhérents partout où besoin se fait sentir ; de veiller à ce que l'université qui est l'une des premières forces de la nation, constitue une référence permanente dans la recherche des solutions aux problèmes du pays ; de sensibiliser le milieu enseignant camerounais sur la nécessité des comportements individuels et collectifs qui sont à la hauteur de la dignité universelle attachée à l'exercice de cette profession ; d'œuvrer pour l'instauration des conditions optimales de travail et de sécurité dans les laboratoires de recherches, les amphithéâtres et dans tout département à caractère professionnel.[4]

Comme moyen d'action, le SYNES dispose du dialogue et de la grève. Tout enseignant régulièrement recruté dans une institution de l'enseignement supérieur peut en être membre, s'il en fait la demande et accepte les statuts et règlement intérieur. Pour bien se mouvoir, le SYNES s'est doté d'une structure organisationnelle bien hiérarchisée.

1.2. Organisation du SYNES

La structure organisationnelle du SYNES laisse apparaitre plusieurs organes dont la section, la coordination, le Bureau Exécutif National (BEN), le Conseil national et le Congrès. La section SYNES est l'organe permanent du SYNES au sein de l'établissement. Il est

---

[3] Archives du SYNES, Attestation de dépôt n° 00773/AD/JO6/BAPP du Préfet du Mfoundi du 11 juin 1991.

[4] Archives du SYNES, Statuts et règlements du SYNES, 1998, p.4.

collégialement dirigé par un bureau composé d'un délégué, d'un Secrétaire général et d'un trésorier, tous élus en assemblée générale. La section se réunit en assemblée ordinaire tous les trois mois. Elle peut se réunir en session extraordinaire sur convocation soit du délégué, soit de la moitié des membres du bureau, soit du tiers des membres de la section. Toutefois, en cas de défaillance, le BEN ou le bureau de la coordination peut intervenir pour exiger la tenue des réunions statutaires.[5]

Au sein de l'Université, le SYNES est représenté par la coordination qui est composée de tous les adhérents SYNES en activité régulière au sein de l'institution. La coordination est l'organe permanent du SYNES au sein de l'Université. Elle est gérée par un bureau élu en assemblée générale composé d'un coordonnateur, d'un secrétaire général, d'un secrétaire à la formation syndicale et d'un trésorier. Ce bureau peut être élargi sur l'initiative du BEN afin de mieux répondre aux besoins spécifiques de l'animation syndicale de l'institution. Le bureau de la coordination se réunit une fois par mois.[6] La coordination se réunit en assemblée ordinaire une fois par semestre. Elle peut se réunir en assemblée extraordinaire sur convocation soit du coordonnateur, soit à la demande de la moitié au moins des membres du bureau, soit du tiers des membres de la coordination.

Au niveau national, le SYNES est géré par trois instances à savoir le Bureau Exécutif National (BEN), le Conseil national et le Congrès. Le BEN est l'organe qui gère au quotidien le SYNES. Il assure la permanence et la coordination de toutes les activités du Syndicat. Il comprend un Secrétaire Général, plusieurs secrétaires nationaux chargés respectivement de l'Organisation, de l'Administration, de la presse et de la communication, des relations extérieures, de la formation syndicale, d'un trésorier, les coordonnateurs des différentes coordinations et les conseillers. Tous ces membres sont élus au scrutin uninominal secret à deux tours au congrès.[7] Le BEN se réunit une fois

---

[5] Entretien avec Joseph Lebel Tamesse, 55ans, ancien SG du SYNES et Chef de division du dialogue et de la solidarité universitaire au MINESUP, Yaoundé, 10 novembre 2021.

[6] Entretien avec Hubert Zébazé Togouet, 55 ans environ, Coordonnateur SYNES de l'Université de Yaoundé I, Yaoundé, 10 septembre 2021.

[7] Entretien avec Charels Nanseu Njiki, 53 ans, Délégué SYNES faculté de sciences, Université de Yaoundé 1, Yaoundé, 15 octobre 2021

par trimestre en session ordinaire en tout lieu choisi d'avance et de commun accord par ses membres. Il peut se réunir en session extraordinaire sur convocation soit du secrétaire général, soit à la demande de la moitié des membres du BEN.

Un autre organe de gestion du SYNES est le Conseil national. Selon l'article 14 des statuts, il est l'organe de gestion du SYNES à l'échelle nationale entre deux Congrès. A ce titre, il veille et contrôle la conformité des décisions et du fonctionnement du BEN par rapport aux orientations définies au congrès et celles du SYNES en général. Le conseil national se réunit une fois par an en session ordinaire sur convocation du BEN. Mais en cas de nécessité, il peut se réunir en session extraordinaire sur convocation du secrétaire général, ou à la demande de la majorité des membres du BEN ou de la moitié des coordinations SYNES.[8] Le conseil national peut, à titre provisoire, prendre toutes sanctions contre des comportements susceptibles de porter atteinte à l'honorabilité et à l'équilibre du SYNES, pourvoir en intérim et sur proposition du BEN, à toute vacance de poste au sein du BEN, créer sur proposition du BEN des commissions chargées d'assister le BEN dans ses missions. Les délégués du conseil national sont : les membres du BEN, les membres des bureaux des différentes coordinations et les membres des bureaux des différentes sections.

L'instance suprême du SYNES est le Congrès. C'est le Congrès qui définit l'orientation générale du SYNES et contrôle la conformité des décisions et du fonctionnement des différents organes du mouvement par rapport aux textes de bases. Le Congrès se réunit tous les trois ans en session ordinaire sur convocation du BEN. Toutefois, à la demande de la moitié des membres du BEN, une session extraordinaire du congrès peut être convoquée. Les membres d'office du Congrès avec voix délibératives sont : les membres du BEN, les membres du bureau de chaque section et les adhérents délégués.

C'est grâce à cette structure organisationnelle que le SYNES se déploie sur le terrain et défend au quotidien les droits des enseignants.

---

[8] Archives du SYNES, Statuts et règlements du SYNES, 1998.

2. Les actions et les acquis de la lutte syndicale du SYNES en faveur de l'amélioration des conditions de vie et de travail des enseignants du Supérieur, 1991 à 2021

Pour se faire entendre, le SYNES emploie depuis sa création deux moyens d'action à savoir la négociation et les grèves. Ces actions ont eu des incidences heureuses sur les conditions de vie et de travail des enseignants.

2.1. Les actions de la lutte syndicale

Ce n'est qu'après son premier congrès ordinaire des 7 et 8 février 1998 que le SYNES, profitant de l'esprit d'ouverture et de dialogue du nouveau ministre de l'enseignement supérieur, Jean Marie Atangana Mebara, entreprit plusieurs actions dont les négociations et les grèves pour revendiquer de meilleures conditions de vie et de travail pour les enseignants du supérieur. Car, avant cette période, du fait de l'hostilité d'un triumvirat de professeurs qui se sont succédé à la tête du ministère de l'enseignement supérieur à savoir Joseph Owona, Titus Edzoa et Peter Agbor Tabi, ‘‘Le SYNES travaillait presque dans la clandestinité''.[9]

Dans cette veine, le 1er novembre 1999, le secrétaire général du SYNES, le Dr Issidor Noumba, envoya un préavis de grève au ministre de l'enseignement supérieur, Jean Marie Atangana Mebara. Ce préavis informait le ministre du mécontentement général du personnel enseignant des universités publiques face au silence et l'indifférence opposés par les pouvoirs publics à toutes les démarches visant à les sensibiliser sur la dégradation constante des conditions de vie et de travail dans les universités. Par cette missive, le SYNES souhaitait amener le gouvernement à un dialogue pour ‘‘un examen paritaire des solutions aux problèmes tels que : les salaires et rémunérations des diverses prestations académiques ; le statut spécial des personnels de l'enseignement supérieur (profil de carrière, nominations, mutations…) et la mise sur pied d'un cadre officiel et permanent de concertation et de négociation entre le SYNES et le

---

[9] Entretien avec Jean Claude Tchouankeu, 63 ans, ancien Coordonnateur SYNES et Doyen de la faculté de sciences de l'Université de Yaoundé 1, Yaoundé, 5 novembre 2021.

gouvernement''.[10]Cette lettre n'ayant pas reçu une réponse prompte, le SYNES lança un mot d'ordre de grève le 10 nombre 1999, pour demander une cessation d'activités à compter du 29 novembre 1999.[11]

Face à ce mot d'ordre de grève, et au vu de la pertinence des revendications, le ministre de l'enseignement supérieur, Jean Marie Atangana Mebara, invita le SYNES à la table des négociations à travers une correspondance adressée au Secrétaire général du SYNES le 27 novembre 1999.[12]Grace à cette invitation, le SYNES sorti du maquis et pouvait ainsi négocier de visu avec le gouvernement, car depuis 1991, il évoluait dans la clandestinité, ses membres étant persécutés par les pouvoirs publics. Après une première rencontre le samedi 27 novembre avec le ministre de l'enseignement supérieur, une session du BEN eut lieu à Yaoundé pour réfléchir sur les conditions minimales que le gouvernement devait remplir pour que le mot d'ordre de grève lancé le 10 novembre 1999, avec pour effet le 29 novembre 1999, soit suspendu pour une semaine. Après des discussions houleuses, sérieuses et constructives, trois conditions minimales furent exigées du gouvernement à savoir : l'ouverture des négociations à partir du 01er décembre 1999 pour la confection du statut des enseignants du supérieur qui devait être signé au plus tard le 15 décembre 1999 ; la création du cadre permanent de négociation entre le SYNES et le Gouvernement ; et l'apurement des arriérés dus aux enseignants représentants les primes de recherche, les heures complémentaires, les retombées financières des avancements, etc.[13]

Le syndicat exigea aussi du ministre de l'enseignement supérieur, d'instruire les Recteurs de libérer deux enseignants membres du SYNES par université pour participer aux négociations qui devaient débuter le 1er décembre 1999. Ces exigences furent présentées et discutées avec le gouvernement lors du débat général ouvert à cet effet

[10] Archives du SYNES, Préavis de grève du secrétaire général du SYNES, Issidor Noumba au ministre de l'enseignement supérieur Jean Marie Atangana Mebara, 1er novembre 1999.

[11] Archives du SYNES, A call to strike of the National union of teachers of higher education SYNES, 10th november, 1999.

[12] Archives du SYNES, Lettre confidentiel du ministre de l'enseignement supérieur, Jean Marie Atangana Mebara à monsieur Issidor Noumba, Secrétaire général du SYNES, 27 novembre 1999.

[13] Archives du SYNES, Conditions posées par le SYNES pour la suspension du mot d'ordre de grève à partir du 29 novembre 1999 dans les universités d'Etat adressées au ministre de l'enseignement supérieur par Issidor Noumba.

les 27 et 28 novembre 1999. Après de larges et franches discussions sur chacun des points, on décida de commun accord avec l'Etat de l'ouverture des discussions entre les responsables du SYNES et les représentants du Ministère de l'Enseignement Supérieur (MINESUP) à partir du 1er décembre 1999 à 10h pour déterminer les points à examiner, et arrêter un calendrier de discussions et de traitement des problèmes identifiés à savoir : le statut des enseignants (rémunérations, plan de carrière), le logement, la santé, les infrastructures et les équipements scientifiques ; la suspension du mot d'ordre de grève pour une durée d'une semaine.[14] L'un des points des discussions projetées devait être celui de la mise sur pied d'un cadre de concertation permanente entre le MINESUP et les organisations syndicales dont le SYNES, afin que celles-ci deviennent de véritables partenaires pour une meilleure gouvernance du système d'enseignement supérieur.[15]

Une deuxième phase de négociation entre les pouvoirs publics et le SYNES eut lieu entre le 1er et le 03 décembre 1999. À l'ouverture des travaux, il a été retenu sur proposition du SYNES, la mise sur pied de quatre commissions devant discuter des problèmes de recrutement et de promotion des enseignants, la discipline et les franchises universitaires, les autres aspects du statut spécial des enseignants du supérieur et la mise en place d'un cadre de concertation permanente entre le MINESUP et les organisations syndicales.[16]

La commission MINESUP-SYNES chargé d'examiner ''les autres aspects du statut de l'enseignant du supérieur'' fut co-présidée par Henri Eyébé Ayissi, Inspecteur général de service au ministère de l'enseignement supérieur et Emmanuel Kwende Mbanwi, secrétaire général adjoint du SYNES. Cette commission avait pour rapporteurs Angeline Florence Ngomo du MINESUP et le Dr Innocent Fucha, conseiller spécial du SYNES.[17]

---

[14] Archives du SYNES, Communiqué conjoint MINESUP-SYNES relatif à la suspension du mot d'ordre de grève lancé pour le 29 novembre 1999.

[15] Entretien avec Simo, 70 ans environ, ancien chef de département d'allemand et membre du SYNES, Yaoundé, 14 novembre 2021.

[16] Archives privées du Prof Emmanuel Ngameni, Communiqué conjoint MINESUP-SYNES relatif à la concertation des 1er, 2 et 3 décembre 1999.

[17] Archives privées du Prof Emmanuel Ngameni, Rapport de la commission autres aspects du statut de l'enseignant du supérieur, 2 décembre 1999.

Quant à la commission chargée des franchises universitaires et de la discipline, elle avait pour membre Issidor Noumba, secrétaire général du SYNES, François Nkankam Kamga, secrétaire à l'organisation adjoint du SYNES, Anne Marie Tiaya, Secrétaire national chargé des affaires sociales et féminines du SYNES, Joseph Manga Dika, membre SYNES de l'université de Douala, Fabrice Boyom Fekam, membre SYNES de l'Université de Yaoundé 1, et John Muluh Payne, membre SYNES de l'université de Yaoundé I (rapporteur). Le Ministre de l'enseignement supérieur était représenté par Ajaga Nji, Inspecteur des affaires académiques numéro 2 et Anaclet Fomethe, directeur de la prospective et de la recherche au Minesup (rapporteur).[18]

Une autre commission chargée du cadre de concertation permanente était présidée par Guy Tsala Ndzomo, Mathieu Mebenga, Pierre Marie Njialeu représentant le Minesup et comme rapporteurs les membres du SYNES suivants : Jean Kamdem, Dieudonné Jongwane Dipoko, Emmanuel Ngameni, Jean Bouendeu et Ebai Paul Essoka Tabi.[19]

La dernière commission dite commission de recrutement et avancement a siégé sous la présidence de Joël Moulen, Inspecteur général académique qui conduisait la délégation du MINESUP composée du Pr François Xavier Etoa, Directeur du développement de l'enseignement supérieur et du Pr Isaac Célestin Tchého, Chef service des programmes d'enseignement au Minesup. Le SYNES était représenté par les enseignants Pierre Kamtchouing et Alexis Téguia[20].

C'est dans ces différentes commissions et faisant suite à la première rencontre MINESUP-SYNES des 27 et 28 novembre 1999, et conformément au communiqué conjoint publié à cette occasion là que se sont tenues, dans les locaux du ministère de l'enseignement supérieur à Yaoundé, les 1er , 2 et 3 décembre 1999 les discussions approfondies entre l'Etat et le SYNES.

---

[18] Archives privées du Prof Emmanuel Ngameni, rapport de la commission chargé des franchises universitaires et de la discipline, 03 décembre 1999.

[19] Archives privées du Prof Emmanuel Ngameni, Rapport des travaux de la commission cadre de concertation, 2 décembre 1999.

[20] Archives privées du Prof Emmanuel Ngameni, rapport commission recrutement et avancement du 03 décembre 1999.

À l'issue des travaux en commissions, les conclusions suivantes ont été retenues et présentées en séance plénière. En ce qui concerne les recrutements et les promotions, le décret portant statut spécial des personnels de l'enseignement supérieur ainsi que tous les textes d'application ont été passés en revue. À cet égard, plusieurs propositions de modifications ont été retenues :

- la restructuration du corps de l'enseignement supérieur en deux grades à savoir celui de Professeur et de Maitre de conférences ; le grade de Maitre de conférences remplacerait celui de Chargé de cours actuel, tandis que celui de Professeur comporterait deux classes pour se rapprocher des standards universitaires en vigueur dans les pays membres du CAMES.
- la possibilité ouverte au titulaire du doctorat de troisième cycle à se présenter à l'Habilitation à Diriger les Recherches (HDR) ;
- La possibilité ouverte aux titulaires d'un doctorat unique sans HDR à postuler au grade de Maitre de conférences.[21]

S'agissant de la discipline et des franchises universitaires, il a été retenu qu'un code de déontologie universitaire soit élaboré avec participation du SYNES. Quant aux autres aspects du statut, plusieurs mesures ont été préconisées à savoir :

- la poursuite des démarches en vue de l'amélioration des conditions de rémunération des enseignants ;
- sur le plan institutionnel, l'application effective de l'instruction ministérielle du 05 octobre 1999 relative au renforcement des pouvoirs de gestion financière des chefs d'établissement ;
- le renforcement des moyens des structures opérationnelles au sein des établissements que sont les départements et les laboratoires ;
- la nécessité de la mise en place des infrastructures académiques minimales afin de fournir aux enseignants un cadre de travail convenable et opérationnel ;
- et enfin, l'urgence de la création d'une mutuelle des enseignants du supérieur.[22]

---

[21] Archives du SYNES, Joint communique issued by MINESUP/SYNES on the discussions of 1st, 2nd and 3rd december 1999.
[22] Ibid.

En ce qui concerne la concertation entre le ministère de l'enseignement supérieur et le SYNES, un projet de protocole d'entente visant à instituer un cadre de concertation permanente entre le MINESUP et les organisations syndicales des enseignants du supérieur a été élaboré et discuté. Dans la même foulée, le principe de participation du SYNES aux travaux de la commission de coordination universitaire a été retenu [23]

Tous ces projets arrêtés de commun accord ont été remis aux représentants du SYNES pour propositions et améliorations et au gouvernement pour la prise des actes réglementaires d'application. Mais celui-ci ne s'empressa pas de mettre en pratique les projets arrêtés. Ce qui entraina le courroux du SYNES. Le non-respect des engagements pris lors des négociations de novembre et décembre 1999 amena le SYNES à projeter une série de grèves entre février et juin 2000.[24]

Face à ce qui apparaissait comme un blocage, le bureau exécutif national du SYNES, par l'entremise de son secrétaire général, Issidor Noumba, adressa des correspondances aux honorables députés de l'Assemblée nationale[25] et au Premier ministre, chef du gouvernement de l'époque, Peter Mafany Musonge, pour leur expliquer les raisons du mot d'ordre de grève qui débuta le 20 mars 2000.[26]

Entre autres raisons justifiant la grève, le SYNES décriait l'absence des bibliothèques et des laboratoires dans les universités publiques, le manque d'eau, d'électricité, des toilettes publiques et du téléphone dans les universités ; le bafouement constant des droits des enseignants et la clochardisation inadmissible de ceux qui forment au quotidien l'élite camerounaise (enseignants).[27]

Les grèves prévues eurent effectivement lieu d'abord du 20 au 26 mars 2000, puis du 24 au 30 avril 2000, ensuite du 15 au 28 mai 2000

[23] Ibid.

[24] Archives du SYNES, préavis de grève du secrétaire général du SYNES, Issidor Noumba au ministre de l'enseignement supérieur, Jean Marie Atangana Mebara du 23 février 2000

[25] Archives du SYNES, correspondance du bureau exécutif national du SYNES aux honorables députés de l'Assemblée nationale du 07 mars 2000.

[26] Archives du SYNES, correspondance du bureau exécutif national du SYNES au Premier ministre, Chef du gouvernement du 07 mars 2000.

[27] Archives du SYNES, mot d'ordre de grève du Secrétaire général du SYNES, Issidor Noumba du 06 mars 2000

et du 05 au 25 juin 2000. La grève du mois de mars fut massivement suivie par les enseignants des universités d'Etat., malgré les manipulations des nouveaux pseudo-syndicats orchestrés à Yaoundé ainsi que les manœuvres d'intimidation que le recteur de l'université de Buea, Dorothy Limunga Njeuma, ne cessa d'entretenir à l'endroit des responsables du SYNES de son université en leur donnant des demandes d'explication[28].

Toutes les batailles menées par le mouvement depuis sa création ont eu des incidences heureuses sur les conditions de vie et de travail des enseignants.

2.2. Quelques Acquis de la lutte syndicale

La lutte syndicale menée par le SYNES a eu des conséquences positives sur les conditions de vie et de travail des enseignants. Il y a eu tour à tour l'apurement des arriérés, la mise sur pied d'un cadre de concertation permanente, l'octroi de la prime de l'enseignement supérieur aux personnels enseignants, l'institution de la prime spéciale de modernisation de la recherche en 2009 et bien d'autres choses.

2.2.1. Paiement des arriérés dus aux enseignants en 1999

L'une des revendications fortes du SYNES était l'apurement des arriérés dus aux enseignants. C'est ainsi que pressé par le mouvement et dos au mur, le gouvernement céda. Le 30 novembre 1999, le ministre de l'enseignement supérieur, Jean Marie Atangana Mebara, à travers une série de correspondances individuelles et confidentielles, mettait à la disposition de chaque recteur, un chèque en vue du règlement des arriérés dus aux enseignants et aux personnels d'appui. Ces chèques provenaient d'un déblocage spécial du Chef de l'Etat. C'est ainsi que le Recteur de l'Université de Yaoundé 1 reçut un chèque de 86 000 000 de francs CFA soit 50 000 000 pour les enseignants et 36 000 000 pour les cadres d'Appui.[29] L'université de

---

[28] Archives du SYNES, communiqué de presse du Dr Kwende Mbanwi, secrétaire général adjoint du SYNES, sur le déroulement des deux premiers jours de la semaine de grève du 20 au 26 mars 2000 dans les six universités d'Etat.

[29] Archives du SYNES, Lettre confidentielle du Ministre de l'enseignement supérieur au recteur de l'université de Yaoundé 1 portant règlement des arriérés, 30 novembre 1999.

Yaoundé II reçut un chèque de 46 000 000 de francs CFA comprenant 16 000 000 de francs CFA pour les enseignants et 30 000 000 de francs pour les personnels d'appui.[30] Quant au recteur de l'université de Buea, ce dernier reçut un chèque d'un montant de 17 000 000 de francs CFA, soit 9000 000 pour les enseignants et 8 000 000 de francs pour les autres personnels.[31] Pour ce qui est de l'Université de Dschang, un montant de 70 945 985 francs CFA fut transmis au Recteur, soit 46 945 985 francs CFA pour les enseignants, 20 000 000 de francs pour la Faculté d'agronomie et des sciences agricoles et 5 000 000 de francs CFA pour l'Institut Universitaire de Technologie (IUT) de Bandjoun[32]. L'université de Douala, en vue d'apurer les arriérés dus aux enseignants reçut un chèque de 72 720 000 francs CFA. [33] Au total, un montant de 309 000 000 de francs CFA fut débloqué et mis à la disposition des recteurs pour paiement partiel des arriérés dus aux enseignants et aux personnels d'appui. Un autre acquis fut la création du CCP en 2000.

2.2.2. La création d'un cadre de concertation permanente, 18 février 2000

Le protocole d'entente conclut entre le SYNES et le MINESUP lors des négociations des 1er, 2 et 3 décembre 1999 prévoyait dans sa troisième partie la création d'un instrument de concertation permanente entre le ministère de l'enseignement supérieur et les organisations syndicales, dénommé Cadre de Concertation Permanente (CCP).[34] C'est ainsi que le 18 février 2000, un cadre de

---

[30] Archives du SYNES, Lettre confidentielle du Ministre de l'enseignement supérieur au recteur de l'université de Yaoundé II portant règlement des arriérés, 30 novembre 1999.

[31] Archives du SYNES, Lettre confidentielle du Ministre de l'enseignement supérieur au recteur de l'université de Buéa portant règlement des arriérés, 30 novembre 1999.

[32] Archives du SYNES, Lettre confidentielle du Ministre de l'enseignement supérieur au recteur de l'université de Dschang portant règlement des arriérés, 30 novembre 1999.

[33] Archives du SYNES, Lettre confidentielle du Ministre de l'enseignement supérieur au recteur de l'université de Douala portant règlement des arriérés, 30 novembre 1999.

[34]Archives privées du Prof Emmanuel Ngameni, Protocloe d'entente entre le MINESUP et les organisations syndicales des enseignants chercheurs des universités du Cameroun, 13 décembre 1999.

concertation entre le MINESUP et les représentants des enseignants chercheurs des universités d'Etat du Cameroun fut créé par décision du ministre de l'enseignement.[35] En 2009, le ministre de l'enseignement supérieur, Jacques Fame Ndongo prit une autre décision pour modifier certaines dispositions de la décision du 18 février. L'article 1er de cette décision stipule que : ''il est créé auprès du ministère de l'enseignement supérieur, une structure de concertation permanente entre le MINESUP et les représentants des enseignants chercheurs des universités d'Etat du Cameroun, dénommée ''Cadre de concertation permanente''.[36]

Selon l'article 3 de cette décision, le CCP est une instance institutionnelle de dialogue qui a pour objectifs, entre autres :

- la participation des enseignants chercheurs à la gestion du système national de l'enseignement supérieur,
- l'encouragement de la participation organisée des enseignants à la vie et au fonctionnement des universités, à travers la création de corps intermédiaires et la promotion des structures de représentation,
- la promotion du consensus entre les différents partenaires sociaux au sein des institutions universitaires et des structures d'organisation, d'exécution et de suivi évaluation des activités de formation de niveau supérieur,
- la prévention par le dialogue et la concertation des situations, des attitudes, des comportements et des problèmes susceptibles de miner au fonctionnement harmonieux du système national de l'enseignement supérieur,
- la valorisation des compétences nationales, de l'expertise disponible, de l'excellence scientifique et académique ainsi que la promotion de l'éthique, de la déontologie, de la solidarité, de la

[35] Archives nationales de Yaoundé, Décision n° 0076/MINESUP/CAB/SG/CJ du 18 février 2000 portant création d'un cadre de concertation permanente entre le Ministère de l'enseignement supérieur et les représentants des enseignants chercheurs des universités d'Etat du Cameroun.

[36] Archives du SYNES, Décision n° 18090575/MINESUP/SG/DPDSU du 21 juillet 2009 modifiant et complétant des dispositions de la décision n° 0076/MINESUP/CAB/SG/CJ du 18 février 2000 portant création d'un cadre de concertation permanente entre le Ministère de l'Enseignement supérieur et les représentants des enseignants chercheurs des universités d'Etat du Cameroun.

culture de la paix et de la tolérance au sein de la communauté universitaire, etc.[37]

En ce qui concerne son fonctionnement, le principe de la représentation des délégués des organisations syndicales des enseignants chercheurs et des délégués des enseignants chercheurs au conseil d'administration de chaque université d'Etat d'une part, et des services centraux du MINESUP d'autre part, a été retenu comme critère servant à la composition du CCP. Dans cette perspective, les membres de droit du CCP sont les représentants du MINESUP qui sont au nombre de huit, à savoir, le responsable de la direction du dialogue, le responsable de la direction du développement de l'enseignement supérieur, le responsable de la direction en charge de la recherche et de la coopération, les responsables de la direction des affaires financières, de la cellule juridique et trois hauts responsables des services centraux. Il comprend aussi les représentants des enseignants chercheurs au sein des conseils d'administration des universités d'Etat à raison d'un par Université et par grade et les représentants des organisations syndicales des enseignants justifiant d'une existence administrative et exerçant effectivement au sein des universités publiques.

De sa création en 2000 jusqu'en 2021, les sessions du CCP se sont régulièrement tenues abordant divers problèmes liés au fonctionnement et la vie des universités. C'est ainsi que par exemple en 2018, la 18e session du CCP s'est tenue sous le thème ''Évaluation des méthodes et outils pédagogiques d'évaluation dans l'enseignement supérieur''.[38]

Malheureusement, selon l'actuel secrétaire général du SYNES, Blaise Ntopi Fotso, les objectifs et les buts du CCP ont été dévoyés par l'administration. La plupart des projets arrêtés de commun accord avec le SYNES sont restés lettre morte. C'est ce qui ressort du communiqué SYNES n° 31-11-2021 daté du 16 décembre 2021signé du Secrétaire général du BEN-SYNES, ''la réunion du bureau exécutif national tenue à Douala le 23 octobre 2021 a relevé avec déception que depuis plus de dix ans, les résolutions et recommandations de ce

[37] Ibid.

[38] MINESUP, Actes 18e session du cadre de concertation permanent (CCP) MINESUP/enseignants chercheurs, 2018.

forum n'ont jamais eu un début de mise en œuvre.''[39] Ce constat a amené le SYNES à suspendre la participation des enseignants aux travaux du CCP de novembre 2021. C'est ce qui ressort du communiqué du 16 décembre de son secrétaire général : ''Après un débat profond, le BEN a décidé de suspendre la participation du SYNES à ce qui apparait de plus en plus comme une diversion qui éloigne les enseignants d'université de leurs préoccupations majeures''.[40] Le SYNES a aussi obtenu le prolongement de l'âge de départ à la retraite.

2.2.3. Amélioration de la carrière et salaires des enseignants en 2000

En ce qui concerne la carrière des enseignants, le SYNES a obtenu, après plusieurs séances de négociation, que l'âge de départ à la retraite des enseignants du supérieur soit fixé à 60 ans au lieu de 58 ans pour les Chargés de Cours. Ceci fut matérialisé par le décret n° 200/48 du 15 mars 2000 modifiant et complétant certaines dispositions du décret n° 93/035 du 19 janvier 1993 portant statut spécial des personnels de l'enseignement supérieur. [41]

Le SYNES a aussi réussi à amener le gouvernement à revaloriser le point d'indice salarial des enseignants matérialisé par le décret n°2000/049 du 15 mars 2000 fixant le rééchelonnement indiciaire du corps de l'enseignement supérieur et la circulaire ministérielle n° 00/006/MINESUP/CAB du 30 juin 2000 relative aux modalités d'application de l'échelonnement indiciaire du statut spécial des personnels du corps de l'enseignement supérieur. Toujours dans ce registre, le SYNES a acquis la revalorisation de la prime de recherche qui est devenue semestrielle depuis 2002 et valable à nos jours.

En dehors de la carrière des enseignants, un autre acquis a été l'octroi de la prime de l'enseignement supérieur.

---

[39] Archives du SYNES, communiqué n°03 11 2021 du 16 décembre 2021 du secrétaire général du SYNES Blaise Ntopi Fotso suspendant la participation des enseignants aux réunions du CCP jusqu'à la mise en œuvre des résolutions antérieures.

[40] Ibid.

[41] SYNES, Rapport du 3e congrès ordinaire du SYNES des 06 et 07 octobre, Dchang, 2001.

2.2.4. L'allocation des primes de l'enseignement supérieur aux personnels enseignants en 2002

La revalorisation de la rémunération des enseignants du supérieur a été et est au cœur des revendications du SYNES. Le décret présidentiel du 04 février 2002 fixant les montants et les modalités de paiements des primes allouées à certains personnels du corps de l'enseignement supérieur était la conséquence logique des projets arrêtés lors des négociations MINESUP/SYNES des 1er, 2 et 3 décembre 1999. Ainsi, l'un des acquis de la lutte syndicale a été la création et la fixation des taux de la prime de l'enseignement supérieur allouée aux enseignants des universités.[42]

L'article premier du décret n°2002/041 du 04 février 2002 stipule que : ''la prime de l'enseignement supérieur en faveur des personnels du corps de l'enseignement supérieur est payable mensuellement suivant le taux ci-après : - Professeur, 140 000 francs CFA ; Maitre de conférences, 130 000 francs CFA ; les Chargés de Cours, 110 000 francs CFA et les Assistants, 90 000 francs CFA.''[43] Cette prime qui n'existait pas avant est venue rehausser de manière substantielle le niveau des salaires des enseignants d'université et reste en vigueur jusqu'à nos jours

En dehors de l'institution d'une prime de l'enseignement supérieur, un autre acquis du SYNES fut l'octroi de la prime spéciale de modernisation de la recherche en 2009.

2.2.5. La prime spéciale de modernisation de la recherche universitaire en 2009

L'octroi en 2002 de la prime de l'enseignement supérieur aux enseignants des universités d'Etat n'a pas suffi à relever les salaires des enseignants au niveau où ils espéraient. C'est pourquoi, le 08 avril 2009, et dans l'esprit des résolutions adoptées lors des négociations MINESUP-SYNES de novembre et décembre 1999, le Président de la République signa un décret créant un compte d'affectation spéciale

---

[42] Entretien avec D. Jongwane Dipoko, premier président et président émérite du SYNES, Yaoundé, 15 novembre 2021.

[43] Archives Nationales de Yaoundé, Décret n° 20002/041 du 04 février 2002 fixant les montants et les modalités de paiement des primes allouées à certains personnels du corps de l'enseignement supérieur.

pour la modernisation de la recherche dans les universités d'Etat.[44] Les ressources de ce compte sont arrêtées annuellement par la loi de finances, et proviennent des contributions diverses de l'Etat, des fonds issus de la coopération, de toutes autres ressources autorisées par la loi de finance au profit des universités d'Etat, des dons et des legs.

Selon l'article 4 du décret n°2009/121 du 08 avril 2009, ‘‘ces ressources sont destinées au financement de la modernisation de la recherche universitaire, de l'encadrement et du renforcement des capacités des enseignants chercheurs et des prestations spécifiques.’’[45]

Le soutien à la modernisation de la recherche universitaire est versé sous forme d'allocation financière trimestrielle aux enseignants chercheurs des universités d'Etat. Depuis 2014, le taux de ces allocations est resté statique alors qu'il était censé évoluer annuellement jusqu'à atteindre un certain seuil. Il est respectivement de 385 000 franc CFA pour les Assistants, 680 000 francs CFA pour le Chargés de cours, 860 000 francs CFA pour les Maitres de conférences et 1050 000 francs CFA pour les Professeurs.[46]

Nonobstant les difficultés et les lenteurs observées dans le paiement régulier de cette prime spéciale à la modernisation de la recherche, les enseignants du supérieur émettent depuis un certain temps le vœu de voir cette allocation spéciale intégrée dans les salaires mensuels. En effet, d'après le SYNES, ces allocations trimestrielles sont un moyen pour les pouvoirs publics d'augmenter les salaires des enseignants du supérieur car, lors des négociations de novembre et décembre 1999, le SYNES avait souhaité que les salaires des enseignants soient revus à la hausse et arrimés au même niveau que ceux des enseignants d'université des autres pays africains comme par exemple ceux de l'Afrique de l'Ouest. Le SYNES a aussi engrangé des points en ce qui concerne le paiement de la dette académique.

---

[44] Archives nationales de Yaoundé, Décret n°2009/121 du 08 avril 2009 portant création, organisation et fonctionnement d'un compte d'affectation spéciale pour la modernisation de la recherche dans les universités d'Etat.

[45] Ibid.

[46] Entretien avec Joseph Lebel Tamesse, 55 ans, Chef de division du dialogue et de la solidarité universitaire au MINESUP, Yaoundé, 15 novembre 2021.

2.2.6. Paiement de la dette académique et Assurance maladie

En 2006, les pressions du SYNES ont favorisé le paiement de la dette académique.

En 2020, le SYNES a participé à la commission chargé du calcul de la dette académique de la période allant de 2005 à 2018. Le paiement de cette dette reste attendu.

Depuis le congrès de Dschang de 2001, le SYNES a négocié avec le MINESUP une prise en charge, par l'Etat, des soins de santé des enseignants. Cette longue négociation a abouti à la signature entre le MINESUP et le directeur général d'AXA assurance d'une convention garantissant des soins de qualité aux enseignants chercheurs. Cette convention continue de fonctionner malgré quelques difficultés dues au non versement à temps des contributions.[47] Ces acquis sont dus à la ténacité, à l'engagement, au dévouement et à la détermination de tous les syndicalistes et en particulier ceux qui ont porté haut le flambeau du SYNES. Malgré ces acquis, il existe plusieurs embûches qui gênent le bon fonctionnement du syndicat

3. Les obstacles à la bonne marche du SYNES, 1991-2021

Plusieurs obstacles ont de tout temps, empêché le SYNES de se mouvoir tranquillement dans son combat de défense des droits des enseignants. On peut citer entre autres la répression syndicale par l'administration, le harcèlement des responsables du SYNES et la décapitation du syndicat à travers des nominations administratives

3.1. La répression du SYNES par des manœuvres d'intimidation

Depuis sa création le 1er juin 1991, le SYNES a fait l'objet de toutes sortes de tracasseries de la part du Gouvernement camerounais. Le 21 Octobre 1991 déjà, par lettre n°03117, le Ministre de l'enseignement supérieur avait prétendu qu'il n'y avait pas au Cameroun des dispositions permettant la création de syndicat tel que le SYNES. En clair, le ministre invitait les enseignants à s'affilier à une centrale syndicale proche du gouvernement.

---

[47] Archives du SYNES, rapport général du 7e Congrès ordinaire du SYNES : Université de Ngaoundéré, 29, 30 et 31 mars 2016.

De plus, dans la nuit du 11 au 12 décembre 1991, le président du SYNES, Jongwane Dipoko, fut l'objet d'une tentative d'assassinat qui n'a jamais fait l'objet d'une enquête judiciaire malgré les demandes en ce sens déposées auprès des autorités administratives. A partir de Juin 1992, les militants du SYNES qui ont respecté les mots d'ordre de grève lancés suite au non-paiement des salaires et à la suspension arbitraire de l'un d'entre eux se sont vus infliger des demandes d'explication qui sont des mesures administratives préalables à une procédure disciplinaire.[48]

Le 24 novembre 1992, au mépris des règles de la procédure disciplinaire, le Dr Issidor Noumba, enseignant à la faculté de droit a été suspendu d'enseignement pour deux ans au motif fallacieux que ses épreuves d'examen auraient été subversives. Dans la même veine, par lettre du 26 mars 1993 adressée au Recteur de l'Université de Yaoundé, le ministre de l'enseignement supérieur affirmait que ''le SYNES ne peut être considéré valablement comme un syndicat''. Dans une note du 30 mars 1993, le vice-recteur mettait fin, au sein du campus, à toute activité de ce qu'il appela ''association illégale dite syndicat des enseignants du supérieur''.[49]

Toujours pour frustrer le syndicat, le Recteur de l'université de Yaoundé adressa une lettre le 02 juin 1993 au président du bureau exécutif du SYNES dans laquelle, il accusait le syndicat d'actes de violence, d'incendie et d'assassinat survenus sur le campus.

Face à ces mesures répressives et à toutes ces manœuvres d'intimidation non exhaustives le SYNES s'est vu obliger de porter plainte contre le gouvernement du Cameroun auprès du conseil d'administration du Bureau International du Travail (BIT) à Genève. Dans ses résolutions de novembre 1993, le BIT, au vu de l'argumentation du SYNES et des allégations du gouvernement camerounais, demanda instamment au gouvernement de reconnaitre aux enseignants du supérieur, le droit de se syndiquer dans le syndicat de leur choix sans autorisation préalable pour la défense de leurs intérêts professionnels et de modifier sa législation et sa pratique en

---

[48] Entretien avec P. Maurice Yewah, 80 ans, membre fondateur du SYNES, Yaoundé, 15 Octobre 2021.

[49] Archives privées du prof Emmanuel Ngameni, La répression syndicale au Cameroun, 1er janvier 1994.

conséquence. Entre autre recommandations, le BIT demanda au gouvernement d'abroger ses multiples lois anti syndicales

Le BIT conclut son mémoire en demandant au gouvernement d'envoyer ses observations sur les allégations du syndicat plaignant concernant la tentative d'assassinat, devant son domicile, dont a été victime son président du comité exécutif ainsi que sur les agressions, intimidations et pressions dont ses membres sont l'objet.[50]

Un autre obstacle à la bonne marche du SYNES est le harcèlement constant de ses responsables par le gouvernement.

3.2. Le harcèlement des responsables du SYNES

Dès réception des recommandations du conseil d'administration du BIT, le gouvernement du Cameroun, par l'intermédiaire du recteur de l'Université de Yaoundé 1, Peter Agbor Tabi, décida dans une lettre du 17 décembre, de traduire le président du SYNES, D. Jongwane Dipoko, au conseil de discipline sur la base des motifs fabriqués sur le champ. Cette correspondance du recteur stipule que les faits ci-après vous sont reprochés :

> manquement aux obligations professionnelles caractérisé par votre refus de composer les épreuves réclamées par l'administration aux sessions de juin et septembre 1992, votre refus de participer au déroulement des examens ; violation fragrante de la dignité et de la déontologie universitaire caractérisée par une incitation de vos collègues à la révolte et à l'insubordination ; affichages des tracts et des documents de nature à porter atteinte aux institutions.[51]

Au terme d'un procès kafkaéen, Dieudonné Jongwane Dipoko, s'est vu infliger comme sanction une suspension temporaire de fonctions de deux ans.[52]

Face à cette sanction, le SYNES saisit à nouveau le Bureau International du Travail à Genève. Après examen de la requête, le conseil d'administration du Bureau International du Travail, en sa

---

[50] BIT, Rapport du conseil d'administration du BIT GB258/4/6, 258e session, Genève, novemvre 1993, pp174-182.

[51] Archives du SYNES, Convocation au conseil de discipline adressée à monsieur Jongwane Dipoko Dieudonné, faculté des sciences par le recteur de l'université de Yaoundé 1, 17 décembre 1993.

[52] Archives du SYNES, Procès verbal du conseil de discipline du 21 décembre 1993-affaire Jongwane Dipoko Dieudonné, Chargé de Cours à la faculté des sciences.

261e session de novembre 1994, tout en réitérant les précédentes résolutions avait prié le gouvernement de rapporter rapidement la mesure de suspension prise contre le Dr D. Jongwane Dipoko, président du SYNES, et de s'assurer qu'il soit dédommagé pour le préjudice subi. Il pria aussi le gouvernement de le tenir informer de toute mesure prise à cet égard.[53]Dans la même foulée, le BIT demanda au gouvernement de prendre rapidement des mesures concrètes pour s'assurer que le SYNES soit légalement reconnu et puisse exercer librement ses activités.

Un autre membre du SYNES persécuté par le gouvernement fut le Dr Issidor Noumba, enseignant au département de physique à la faculté des sciences de l'Université de Yaoundé 1. Ce dernier fut traduit au conseil de discipline pour les motifs fallacieux suivants : que les trois quarts de son sujet soumis à l'examen contenait des détails qui n'aidaient en rien à traiter le sujet, mais troublait l'esprit des étudiants ; que c'était une nouvelle forme de tracts ; qu'il faisait l'apologie des villes mortes et de la désobéissance civile ; qu'il était investi de la mission de soulever les foules et affirmait ses opinions politiques ; et enfin, qu'il avait la vocation de tribun politique.[54] A l'issue du conseil de discipline convoqué pour la cause, le Dr Issidor Noumba fut sanctionné malgré les justificatifs versés au dossier et soutenus par sa défense. Il écopa de deux années de suspension de fonctions.[55]

En dehors de la brimade par la traduction au conseil de discipline des dirigeants syndicaux, le gouvernement utilise les promotions à divers postes dans l'administration pour décapiter le SYNES

3.3. La nomination à des postes de responsabilité comme arme de destruction du SYNES

N'ayant pas pu éteindre le SYNES, et malgré les mesures répressives utilisées pour l'effacer, le gouvernement trouva un autre stratagème pour l'affaiblir. Des postes de responsabilités sont

[53] BIT, Rapport du conseil d'administration du Bureau international de travail, 261e session, novembre 1994, pp263-283.
[54] Archives du SYNES, dossier harcèlement des responsables du SYNES.
[55] Ibid.

constamment proposés et offert aux dirigeants les plus intransigeants du SYNES pour atténuer leur ardeur.

C'est ainsi que de 2000 à 2021, plusieurs membres du SYNES ont été promus à plusieurs postes de responsabilités aussi bien dans les services centraux du ministère de l'enseignement supérieur que dans les universités. Ces nominations ne servent pas toujours la cause du SYNES. Car, une fois nommés, ces derniers travaillent plutôt pour protéger leurs nouvelles fonctions au détriment de la cause commune d'antan. On peut ainsi citer dans ce registre non exhaustif le cas des membres du SYNES ci-après :Prof Emmanuel Ngameni, ancien secrétaire national à l'organisation du SYNES, nommé d'abord Chef de division du dialogue et de la solidarité au ministère de l'enseignement supérieur et ensuite doyen de la faculté des sciences à l'Université de Dschang, du Prof Etienne Dongo, nommé vice doyen à la faculté des sciences de l'Université de Yaoundé 1, du Prof Jean Claude Tchouenkeu, nommé Doyen de la faculté des sciences à l'université de Yaoundé 1, du Prof Joseph Lebel Tamesse, ancien secrétaire général du SYNES, nommé Chef de division du dialogue et de la solidarité universitaire, du Prof Eyango Djombi, nommé Chef de division des enseignements et des personnels enseignants à l'Université de Douala, pour ne citer que ces quelques exemples.

Conclusion

L'objet de cette recherche était d'analyser les différentes actions menées par le SYNES et leurs impacts sur l'amélioration des conditions de vie et de travail des enseignants. Il ressort de nos analyses que créé en 1991 par un groupe d'enseignants dirigés par le Dr D. Jongwane Dipoko, suite à la perte et l'anéantissement du droit fondamental des enseignants, le SYNES a entrepris plusieurs actions pour améliorer les conditions de vie et de travail des enseignants. Comme moyen d'action, le SYNES utilise les négociations et les grèves pour parvenir à ses fins. Ces actions ont eu un impact positif sur les conditions de vie des enseignants : octroi de la prime de l'enseignement supérieur, octroi de l'allocation spéciale à la modernisation de la recherche universitaire en 2009 et bien d'autres choses. Mais, plusieurs obstacles empêchent le bon fonctionnement du SYNES comme la répression syndicale et le harcèlement des dirigeants du SYNES.

Sources et références bibliographiques

1. Archives nationales de Yaoundé

- Archives nationales de Yaoundé, Décision n° 0076/MINESUP/CAB/SG/CJ du 18 février 2000 portant création d'un cadre de concertation permanente entre le Ministère de l'Enseignement supérieur et les représentants des enseignants chercheurs des universités d'État du Cameroun.
- Archives nationales de Yaoundé, Décision n°18090575/MINESUP/SG/DPDSU du 21 juillet 2009 modifiant et complétant des dispositions de la décision n°0076/MINESUP/CAB/SG/CJ du 18 février 2000 portant création d'un cadre de concertation permanente entre le Ministère de l'Enseignement supérieur et les représentants des enseignants chercheurs des universités d'État du Cameroun.

2. Archives du SYNES

- Archives du SYNES, Décret n°20002/041 du 04 février 2002 fixant les montants et les modalités de paiement des primes allouées à certains personnels du corps de l'enseignement supérieur.
- Archives du SYNES, Allocution du président du SYNES, Jongwane Dipoko au premier congrès ordinaire du SYNES du 7 au 8 février 1998.
- Archives du SYNES, A call to strike of the national union of teachers of higher education SYNES, 10th November, 1999.
- Archives du SYNES, Convocation au conseil de discipline adressée à monsieur Jongwane Dipoko Dieudonné, faculté des sciences par le recteur de l'université de Yaoundé 1, 17 décembre 1993.
- Archives du SYNES, communiqué de presse du Dr Kwende Mbanwi, secrétaire général adjoint du SYNES, sur le déroulement des deux premiers jours de la semaine de grève du 20 au 26 mars 2000 dans les six universités d'État.
- Archives du SYNES, correspondance du bureau exécutif national du SYNES aux honorables députés de l'assemblée nationale du 07 mars 2000.

- Archives du SYNES, correspondance du bureau exécutif national du SYNES au premier ministre, Chef du gouvernement du 07 mars 2000.
- Archives du SYNES, dossier harcèlement des responsables du SYNES.
- Archives du SYNES, Attestation de dépôt n°00773/AD/JO6/BAPP du préfet du Mfoundi du 11 juin 1991.
- Archives du SYNES, Communiqué conjoint MINESUP-SYNES relatif à la suspension du mot d'ordre de grève lancé pour le 29 novembre 1999.
- Archives du SYNES, Conditions posées par le SYNES pour la suspension du mot d'ordre de grève à partir du 29 novembre 1999 dans les universités d'État adressé au ministre de l'enseignement supérieur par Issidor Noumba, SG du SYNES.
- Archives du SYNES, Joint communique issued by MINESUP/SYNES on the discussions of 1st, 2nd and 3rd December 1999.
- Archives du SYNES, Lettre confidentielle du Ministre de l'enseignement supérieur au recteur de l'université de Yaoundé 1 portant règlement des arriérés, 30 novembre 1999.
- Archives du SYNES, Lettre confidentielle du Ministre de l'enseignement supérieur au recteur de l'université de Yaoundé II portant règlement des arriérés, 30 novembre 1999.
- Archives du SYNES, Lettre confidentielle du Ministre de l'enseignement supérieur au recteur de l'université de Buea portant règlement des arriérés, 30 novembre 1999.
- Archives du SYNES, Lettre confidentielle du Ministre de l'enseignement supérieur au recteur de l'université de Dschang portant règlement des arriérés, 30 novembre 1999.
- Archives du SYNES, Lettre confidentielle du Ministre de l'enseignement supérieur au recteur de l'université de Douala portant règlement des arriérés, 30 novembre 1999.
- -Archives du SYNES, Lettre confidentielle du ministre de l'enseignement supérieur, Jean Marie Atangana Mebara à

monsieur Issidor Noumba, Secrétaire général du SYNES, 27 novembre 1999.

- Archives du SYNES, mot d'ordre de grève du secrétaire général du SYNES, Issidor Noumba du 06 mars 2000.
- -Archives du SYNES, Procès-verbal du conseil de discipline du 21 décembre 1993-affaire Jongwane Dipoko Dieudonné, Chargé de Cours à la faculté des sciences.
- Archives du SYNES, préavis de grève du secrétaire général du SYNES, Issidor Noumba au ministre de l'enseignement supérieur, Jean Marie Atangana Mebara du 23 février 2000.
- Archives du SYNES, Préavis de grève du secrétaire général du SYNES, Issidor Noumba au ministre de l'enseignement supérieur Jean Marie Atangana Mebara, 1er novembre 1999.
- Archives du SYNES, Statuts et règlements du SYNES, 1998.

3. Archives privées

- Archives privées du Prof Emmanuel Ngameni, Communiqué conjoint MINESUP-SYNES relatif à la concertation des 1er, 2 et 3 décembre 1999.
- Archives privées du Prof Emmanuel Ngameni, Rapport de la commission autres aspects du statut de l'enseignant du supérieur, 2 décembre 1999.
- Archives privées du Prof Emmanuel Ngameni, rapport de la commission chargé des franchises universitaires et de la discipline, 03 décembre 1999.
- Archives privées du Prof Emmanuel Ngameni, rapport commission recrutement et avancement du 03 décembre 1999.
- Archives privées du prof Emmanuel Ngameni, Rapport des travaux de la commission cadre de concertation, 2 décembre 1999.
- Archives privées du Prof Emmanuel Ngameni, Protocole d'entente entre le MINESUP et les organisations syndicales des enseignants chercheurs des universités du Cameroun, 13 décembre 1999.
-

4. Sources orales

- Jongwane Dipoko Dieudonné, 80 ans, premier président et président émérite du SYNES, Yaoundé, entretien, 15 novembre 2021.
- Nanseu Njiki Charles, 53 ans, Délégué SYNES faculté de sciences, Université de Yaoundé 1, Yaoundé, entretien, 15 octobre 2021.
- Simo, 70 ans environ, ancien chef de département d'allemand et membre du SYNES, Yaoundé, entretien, 14 novembre 2021.
- Tamesse Joseph Lebel, 55 ans, ancien Secrétaire Gérénal du SYNES et Chef de division du Dialogue et de la solidarité universitaire au MINESUP, Yaoundé, entretien, 10 novembre 2021.
- Tchouankeu Jean Claude, 63 ans, ancien Coordonnateur SYNES et Doyen de la faculté de sciences de l'Université de Yaoundé 1, Yaoundé, entretien, 5 novembre 2021.
- Yewah P. Maurice, 80 ans, membre fondateur du SYNES, Yaoundé, entretien, 15 Octobre 2021.
- Zébazé Togouet Hubert, 55 ans environ, Coordonnateur SYNES de l'Université de Yaoundé I, Yaoundé, entretien, 10 septembre 2021.

5. Rapports

- BIT, Rapport du conseil d'administration du BIT GB258/4/6, 258e session, Genève, novembre 1993, pp174-182.
- BIT, Rapport du conseil d'administration du Bureau international de travail, 261e session, novembre 1994, pp263-283.
- SYNES, Rapport général du 7e Congrès ordinaire du SYNES : Université de Ngaoundéré, 29, 30 et 31 mars 2016.

6. Articles de revue et de journaux

- Konings Piet, ''Trade-union activism among university teachers during Cameroon's political liberalisation,'' in *Nordic Journal of African Studies* , Vol.13, pp289-301, 2004.

La collaboration entre le parti politique au pouvoir et le monosyndicalisme camerounais : un handicap pour l'épanouissement du travailleur camerounais ? 1972-1990

Zacharie ONDOA
Chargé de cours
École Normale Supérieure, Université de Bertoua

Résumé

Du 1er octobre 1961 au 20 mai 1972 en passant par la naissance le 1er septembre 1966 de l'U N C. (Union Nationale Camerounaise), le mouvement d'unification des structures politiques et sociales n'a pas arrêté sa progression. En tant que partie prenante non négligeable de la vie de la jeune nation qui venait de se libérer de la domination des puissances européennes marginales, injustes et prédatrices, le syndicalisme camerounais qui a joué un rôle capital dans le processus de décolonisation du Cameroun n'échappa point à cette politique d'unification. Pour y parvenir, il fallut l'intervention du parti politique au pouvoir qui n'hésita pas à inféoder le mouvement syndical unifié dont la mission première était d'œuvrer au bien-être et à l'épanouissement des travailleurs camerounais. Cette recherche se propose de relever les limites de la collaboration étroite entre le parti au pouvoir et le syndicalisme camerounais unifié de 1972 (année de la naissance de la centrale syndicale unifiée) à 1990 (année de l'avènement de démocratie). Il en ressort que le monosyndicalisme, l'une des forces vives de la nation sur qui le jeune Etat pouvait compter pour son développement économique et social, s'est vu obliger de jouer les seconds rôles au point où certains le confondaient à un organe annexe du parti politique au pouvoir.

Mots clés : collaboration, épanouissement, monosyndicalisme, parti politique, travailleur.

Abstract

From October 1, 1961 to May 20, 1972, including the birth of the UNC on September 1, 1966, the movement to unify political and social structures did not stop its progression. As a significant stakeholder in the life of the young nation which had just freed itself from the domination of marginal, unjust and predatory European powers, Cameroonian trade unionism which played a capital role in the process of decolonization of Cameroon did not escape from this unification policy. To achieve this, it took the intervention of the political party in power, which did not hesitate to subjugate the unified trade union movement whose primary mission was to work for the well-being and development of Cameroonian workers. This modest research work intended to contribute to the writing of the social history of Cameroon aims at raising the limits of the close collaboration between the ruling party and the unified Cameroonian trade unionism from 1972 to 1990. Monosyndicalism one of the living forces of the nation on which the young State could count for its economic and social development saw itself obliged to play the supporting roles to the point where some confused it with an annex organ of the political party in power.

Keywords : collaboration, support, monosyndicalism, political party, worker.

Introduction

Le Président Ahidjo, soucieux de l'avenir du jeune Etat qui venait de se libérer de l'administration coloniale marginale, et pour mettre un terme aux querelles qui opposaient les leaders syndicaux, lança un ultime appel à l'unité syndicale au congrès de l'U.N.C.de Garoua de 1966 en ces termes :

> Je le dis ici à nos amis syndicalistes : mettez un terme à vos querelles personnelles ; surmontez les divisions idéologiques qui vous ont marqués de leur empreinte au temps du colonialisme ; abandonnez des étiquettes qui ne correspondent plus à rien et écoutez la voix profonde qui vient des travailleurs de la masse qui, eux, dans leur solide bon sens, ont bien compris où se trouvent les vrais problèmes et où se trouve l'intérêt national. Alors réunis dans une seule centrale syndicale, dans le cadre du parti qui assume la conscience de la nation entière, tous ensembles, dirigeants et adhérents, vous retrouverez la foi et l'enthousiasme qui vous permettront d'apporter à l'œuvre de la construction

nationale, toute la puissance et tout le dynamisme de la classe ouvrière de notre pays[1].

Cet appel sera entendu et chaleureusement accueilli par les masses et aboutira à la naissance d'une centrale syndicale unifiée en février 1972 : l'Union Nationale des Travailleurs du Cameroun (UNTC). La jeune centrale syndicale unifiée, consciente des efforts fournis par le Président du parti au pouvoir à savoir l'U.N.C. et du gouvernement pour sa mise en place, n'hésita pas un instant à collaborer étroitement avec ces derniers. De cette collaboration, le mouvement syndical, l'une des forces vives qui a été l'un des grands piliers dans le processus de décolonisation du Cameroun, va aller à l'encontre de ses missions régaliennes: défendre les intérêts, améliorer les conditions de vie des travailleurs et assurer leur épanouissement et c'est ce qui a suscité en nous une interrogation majeure. La collaboration étroite entre le parti au pouvoir et le syndicalisme unifié a-t-il satisfait les intérêts des travailleurs camerounais qui, on le sait, pendant la période coloniale, étaient marginalisés à diverses échelles et qui, avec la jeune centrale syndicale, espéraient retrouver le sourire ? Dans une démarche tripartite, tout en s'appuyant sur des travaux adéquats des chercheurs ayant déjà exploré la thématique sur les syndicats camerounais, nous allons primo, faire une lecture panoramique de l'unification syndicale camerounaise, secundo, montrer les fondements de cette unification et tertio, faire une analyse critique de la collaboration étroite entre le parti politique au pouvoir et le monosyndicalisme camerounais de 1972[2] à 1990[3].

1. Les prolégomènes de l'unification des syndicats camerounais.

Le Cameroun ayant pris en main après l'indépendance ses propres destinées se devait d'assigner un rôle nouveau aux syndicats. La réalisation de l'unité nationale par l'unité syndicale était un objectif prioritaire du parti et du gouvernement. L'unité politique étant déjà réalisée grâce à la réunification des deux parties du pays intervenue le

---

[1] Discours du Président Ahidjo au congrès de l'UNC de Garoua tenu du 10 au 17 mars 1969.

[2] 1972, dans ce travail, marque l'année de la naissance de la toute première centrale syndicale camerounaise unifiée à savoir l'UNTC.

[3] 1990 marque l'année de l'institution du régime démocratique au Cameroun. Ce changement de régime politique va influencer le mouvement syndical avec la renaissance des différentes centrales syndicales aux idéologies diverses.

1er octobre 1961, il restait à réaliser l'unité syndicale. Pour ce faire, il y eut dans un premier temps des premiers essais de regroupement et dans un second temps l'intervention du Président Ahidjo.

1.1. Les premiers essais de regroupement

Malgré la diversité et les différences de conception, la tendance à l'unité qui s'était marquée par une certaine recherche de l'autonomie des syndicats à travers leurs diverses controverses et querelles, était de plus en plus marquée. Si hier, ils étaient divisés sur les moyens pour combattre la colonisation, le combat pour la construction nationale après l'indépendance économique se posait. Pour faire triompher cette seconde phase du combat, les syndicats devaient constituer un front uni car, le dicton populaire qui dit que l'union fait la force trouve sa pleine expression au Cameroun au lendemain de l'indépendance. Ainsi furent organisées des élections des délégués du personnel en 1961[4]. Au terme de celles-ci, les travailleurs camerounais éprouvèrent le désintéressement à l'égard des vieilles centrales syndicales plutôt tournées vers l'extérieur. Il y eut alors un regain d'intérêt pour les syndicats autonomes qui obtinrent la majorité des sièges. Fort de ce verdict, certains leaders syndicaux camerounais commencèrent à envisager des réformes de structure tendant à l'unification des principales centrales syndicales.

Dans le même temps, la Confédération Internationale des Syndicats Libres (CISL) multiplia les démarches auprès des leaders locaux les plus en vue. Ces contacts aboutirent à la création hâtive d'un conseil national des syndicats du Cameroun qui revendiqua la paternité de l'unité syndicale. Cette première tentative comme on le voit était vouée à l'échec et plusieurs raisons peuvent l'expliquer.

La première est la fusion des syndicats intéressés à savoir l'Union Nationale des Travailleurs Agricole, du Bois, de l'Élevage et de la Pêche du Cameroun (U.N.A.S.A.B.E.C), la Confédération Camerounaise des Syndicats Chrétiens (C.G.K.T) et l'Union Générale des Travailleurs du Cameroun (U.G.T.C). Celle-ci, en principe, devait se faire sous le contrôle de la C.I.S.L dont la nouvelle centrale devait devenir à coup sûr une filiale ; situation dépendante que ne pouvaient

---

[4] Rapport de la commission des affaires générales au 1er conseil national de l'UNTC tenu du 1er au 2 août 1975 à Yaoundé.

tolérer les travailleurs camerounais en grande partie militants de l'U.C[5].La deuxième fut la non-approbation des statuts du comité pour vice de forme puisque la fusion était réalisée sans consultation préalable des syndicats de base en violation de la procédure qui était pourtant prévue par les statuts des syndicats en cause.

Cet échec confirme la tendance majoritaire du syndicalisme camerounais qui reflète la doctrine de l'Union Camerounaise (U.C), laquelle prône le rejet de toute dépendance à l'égard des organisations internationales et comme conséquence, il y eut la naissance de deux centrales syndicales : l'Union des Syndicats Confédérés du Cameroun (U.S.C.C) et la Fédération des Syndicats du Cameroun (F.S.C).

L'USCC voit le jour le 9 septembre 1962 grâce à la fusion de deux centrales syndicales chrétiennes rivales à savoir : la Confédération Camerounaise des Syndicats Croyants (CCSC) et l'Union Générale tes Travailleurs du Cameroun (UCTC). La nouvelle centrale maintient l'affiliation des syndicats croyants à la Fédération Internationale des Syndicats Chrétiens et à l'Union Panafricaine des Syndicats Croyants. Par cette décision l'USCC s'écarte de la doctrine du parti au pouvoir et n'aura avec lui aucun lien organique[6].

la FSC quant à elle voit le jour le 23 janvier 1963. Elle est parrainée par l'UC et accepte de collaborer avec le gouvernement pour que le pays se construise et que l'unité se réalise dans l'ordre et la discipline[7].

Dans le Cameroun britannique, la réunification amène sur la scène syndicale camerounaise une nouvelle centrale : la West Cameroon Trade Congress (W.C.T.U.C.), né de la fusion de la C.D.C. Worker's Union, le plus important syndicat de l'ex-Cameroon occidental avec les autres syndicats.

Cette situation embarrassante pour le jeune État qui venait de se libérer de la domination étrangère et qui ne devait plus évoluer en rangs dispersés pour son développement socioéconomique amena le gouvernement et le Président à réagir.

---

[5] Ibid.

[6] Rapport de la commission des affaires générales du 1er conseil national de l'UNTC tenu du 1er au 2 août 1975 à Yaoundé, p.5.

[7] Ibid.

1.2. L'intervention du gouvernement

Le Président Ahidjo État multiplia des appels en faveur de l'unité syndicale. Lors du congrès d'Ebolowa en 1961, il reconnut la nécessité et l'indispensabilité du syndicalisme dans un monde où les groupes d'intérêts s'affrontent[8]. Après ce congrès ; le gouvernement prit un certain nombre de mesures légales et administratives en faveur du monde du travail pour amener les travailleurs à accepter l'unification. On vit alors la création d'un ministère du Travail, l'adoption d'un code du travail et l'institution d'un code de prestation familiale. Mais, malgré tous ces efforts entrepris par le gouvernement, certains leaders syndicaux continuaient à bouder l'unification. C'est ce qui va pousser le Président Ahidjo à frapper du poing sur la table au congrès de l'UNC à Garoua en mars 1969 (Ondoa, 2020, 245).

Au congrès de l'UNC à Garoua en mars 1969 le Président Ahidjo demanda aux syndicalistes de mettre un terme à leurs querelles personnelles et de surmonter les divisions idéologiques qui les ont marquées au temps du colonialisme. Cet appel fut chaleureusement accueilli par les masses et les réactions ne se firent plus attendre. Ainsi, la WCTUC prit l'initiative de réunir à Victoria la FSC et l'USCC en vue de mettre sur pied un comité préparatoire chargé de réfléchir sur l'unité syndicale. Ce comité fut effectivement créé à Douala le 02 novembre 1969 et comprenait 09 membres à raison de 03 représentants par centrale syndicale. Il fera plus tard place au comité conjoint composé de 11 membres représentant les syndicats, l'UNC et le Ministère de l'Emploi et de la Prévoyance Sociale. A cette instance revenait la charge de mettre sur pied le calendrier des congrès devant procéder à la dissolution des trois centrales existantes (Ondoa, 2020, 245).

Le premier congrès se tint les 30 et 31 octobre 1971 : ce fut le congrès de dissolution de l'USCC. Le second fut programmé les 6 et 7 novembre 1971 en vue de dissoudre la F.S.C. Le troisième quant à lui fut celui de la dissolution de la WCTUC. Il se tint les 13 et 14 novembre 1971. Avec ces dissolutions naquit l'Union Nationale des Travailleurs du Cameroun (UNTC le 10 février 1972[9]. Les organes provisoires ci-après furent mis en place :

- un conseil national provisoire de 75 membres dont 25 membres

[8] Discours du Président Ahidjo au congrès d'Ebolowa de 1961.

[9] Journal le Travailleur édition de 1975, p.8.

de chaque ancienne centrale

- un bureau confédéral provisoire de 26 membres[10]

La nouvelle centrale dans son plan d'action décida de collaborer étroitement avec le parti politique unifié ; reste donc la question de savoir si cette collaboration sera bénéfique pour le travailleur camerounais marginalisé à l'époque coloniale. Avant d'analyser les limites de cette collaboration, il est opportun qu'on présente le cadre réglementaire qui la définissait.

2. Cadre réglementaire de la collaboration entre le parti politique au pouvoir et la centrale syndicale camerounaise unifiée.

Du 1er au 2 août 1975 se tient à Yaoundé le tout premier conseil de l'UNTC. Au terme de ce dernier, plusieurs résolutions réglementant la collaboration entre le parti politique au pouvoir et la centrale syndicale unifiée sont clairement définies.

2.1. Les repères juridiques devant définir la collaboration entre le parti au pouvoir et la centrale syndicale unifiée.

Les fondements de la collaboration entre les deux parties découlent des considérations formulées lors du premier conseil de l'UNTC de 1975. En voici les extraits :

> Considérant que l'UNTC a adopté comme fondements de son action à l'intérieur, le dialogue et la collaboration et à l'extérieur le non alignement, garantie de son indépendance ;
>
> Considérant que le bureau confédéral est l'organe d'exécution chargé de la mise en pratique de ces principes à la lumière de l'UNC, parti national qui assume la conscience de la nation camerounaise tout entière ;
>
> Considérant qu'à l'appel historique lancé au congrès de Garoua en faveur de l'unité syndicale par le Président El hadj Ahmadou Ahidjo, les travailleurs camerounais convaincus de la justesse des vues du parti ont répondu positivement en masse et avec allégresse ;
>
> Considérant que la réalisation de l'unité syndicale n'ayant pu se faire qu'avec l'aide du parti et du gouvernement, l'UNTC, centrale syndicale nationale camerounaise ne peut fonctionner harmonieusement qu'avec l'assistance

---

[10] Ce bureau a été élu le 10 février 1972, date à laquelle disparaissait le comité conjoint qui s'est acquitté de son mandat à la satisfaction de tous.

permanente du comité central de l'UNC et du Ministère du Travail et de la Prévoyance Sociale, responsable de la tutelle des syndicats ;

Considérant qu'une collaboration sans faille, étroite franche et fraternelle doit exister d'une part, entre l'UNTC, l'UNC et le gouvernement à tous les échelons de la hiérarchie administrative et politique, et d'autre part, entre les divers syndicats et organismes syndicaux nationaux aussi bien qu'entre les divers responsables syndicaux qui composent les différents bureaux directeurs ;

Considérant que cette collaboration suppose la soumission des organismes dirigeants de l'UNTC aux décisions fondamentales du parti, le respect mutuel entre responsables syndicaux, la recherche constante du compromis satisfaisant, la confiance réciproque, la courtoisie et la solidarité professionnelle, voire harmonieuse ;

Considérant que la concertation permanente avec les représentants du parti et du gouvernement au niveau du bureau confédéral et des syndicats de base de l'UNTC permet à tout moment de régler tout conflit éventuel de compétence entre responsables syndicaux[11].

De ce qui précède, les bases de la collaboration étroite entre les deux forces vives sont clairement définies et à partir de celles-ci, certaines directives et orientations pour un meilleur accomplissement des fonctions de la nouvelle centrale syndicale ont été arrêtées.

2.2. Les directives et orientations pour une collaboration franche entre l'UNC et l'UNTC.

Ces directives et orientations sont clairement définies dans le rapport final du tout premier congrès de l'UNTC tenu en août 1975. Ainsi, pour un meilleur accomplissement de ses fonctions afin d'assurer l'épanouissement du travailleur camerounais, le bureau confédéral de l'UNTC, pour mieux fonctionner, devra collaborer étroitement avec le parti politique au pouvoir au strict respect des directives et orientations ci-après :

- Le bureau confédéral mettra un point d'honneur au respect du principe de non alignement. Le non alignement ici invite la centrale syndicale unifiée à donner un sens pratique aux formalités de désaffiliation accomplies par les anciennes syndicales unifiées ; à veiller à ce que tous les responsables syndicaux camerounais n'entretiennent aucun contact de quelque nature que ce soit avec des personnes, organismes ou syndicats

[11] Rapport de la commission des affaires générales au 1er conseil national de l'UNTC tenu du 1er au 2 août 1975 à Yaoundé.

étrangers sans l'accord préalable du parti ou à l'insu du gouvernement et , à étudier les problèmes sociaux camerounais et à les résoudre sur les seules bases des options fondamentales du parti politique et des réalités politiques, économiques et socio-culturelles du pays.

- Le bureau confédéral devra savoir que la collaboration et le dialogue sont les fondements de son action pour son fonctionnement harmonieux et pour le règlement des conflits de travail. Cette directive oblige la centrale syndicale à nouer avec le parti politique et le gouvernement une collaboration confiante, étroite et sans faille. Dans ce domaine, les responsables syndicaux doivent savoir d'une part qu'ils ont tout à apprendre et rien à enseigner au parti politique, conscience éclairée de la nation et d'autre part, à sanctionner les manquements aux règles relatives au respect des impératifs de collaboration , de dialogue, d'indépendance et de non alignement en accord avec le parti et le gouvernement au sein de la commission nationale de conflits par les statuts de l'UNTC.
- l'action de tout organisme de l'UNTC peut et doit s'accomplir avec le concours du parti et du gouvernement. Ici, il est recommandé au bureau confédéral d'avoir recours au comité central et au gouvernement par l'intermédiaire du secrétariat politique, du secrétariat aux affaires syndicales et du Ministère du Travail et de la Prévoyance Sociale. Par ailleurs, les unions départementales et les syndicats de base trouveront à leurs côtés les sections du parti et les autorités administratives locales.
- Enfin, il est préconisé que grâce à la collaboration avec le parti et le gouvernement, le bureau confédéral parachèvera l'organisation des syndicats dans le secteur privé et parmi le personnel communal[12].

Comme on peut le percevoir, la participation du parti politique et le gouvernement dans la réalisation de l'unité syndicale a été très active. Cette participation tire ses origines notamment de l'appel du Président de la République, président national du parti lancé au congrès de Garoua de 1969 en des termes sans équivoque sur les intentions du parti. Sa conception de l'unité syndicale et du rôle des

[12] Rapport du 1er congrés de l'UNTC de 1975, p. 11.

syndicats dans un pays comme le nôtre a été très déterminant. Comment s'étonner de retrouver à chaque phase importante de la vie de l'UNTC l'intervention du parti politique qui veille avec une vigilance compréhensible quand on connait la grande vulnérabilité du monde ouvrier à ce que l'instrument de construction nationale qu'ils ont si laborieusement contribué à forger , ne puisse pas dévier de sa mission, ou puisse courir le risque d'être utilisé à des fins douteuses, ou préjudiciables à l'intérêt réel des travailleurs qui se confond avec l'intérêt des autres couches sociales de la nation. La collaboration était donc inévitable entre le parti politique au pouvoir et la centrale syndicale unifiée ; cependant, reste la question de savoir quels ont été les limites de celle-ci pour l'épanouissement du travailleur camerounais.

3. Les limites de la collaboration entre le parti politique au pouvoir et le monosyndicalisme camerounais.

Le souci premier du Président Ahidjo, bien que contesté par certains qui estimaient que ce dernier voulait à tout prix tout contrôler, et de certains leaders syndicaux patriotes, était de mettre sur pied une centrale syndicale devant participer ou contribuer à la construction du pays qui venait de se libérer du joug colonial. Mais, en tant que centrale syndicale, la raison d'être était d'œuvrer au bien-être et à l'épanouissement des travailleurs. Ce rôle n'échappa point à la centrale syndicale camerounaise unifiée. Tout en collaborant étroitement avec le parti au pouvoir, elle va tout comme les syndicats d'avant l'indépendance, mettre en pratique les objectifs régaliens dévolus à tous les syndicats à savoir, la défense des droits et l'amélioration des conditions de vie des travailleurs. Les efforts entrepris pour l'épanouissement et le bien-être du travailleur camerounais jusque-là marginalisé seront visibles tant à l'intérieur qu'à l'extérieur du territoire national. Mais, aucune organisation humaine n'étant à l'abri des défaillances, la toute première centrale syndicale camerounaise ne pouvait tout naturellement que présenter quelques faiblesses notamment sur les plans juridique, idéologique et structurel ou encore fonctionnel.

3.1. Les limites d'ordre juridique du monosyndicalisme camerounais.

Des textes constitutifs de l'UNTC présentaient des lacunes au point où on est même tenté de dire que ces derniers étaient loin d'être les textes d'une organisation humaine qui entend étudier, défendre, développer et protéger les intérêts des travailleurs en vue de promouvoir leurs conditions de vie sur les plans social, économique, culturel et moral. Deux grandes faiblesses sont visibles à travers ces textes constitutifs : le centralisme des pouvoirs entre les mains d'un individu et l'omniprésence du parti politique au pouvoir dans toutes les instances de la centrale syndicale.

3.1.1. Le centralisme des pouvoirs entre les mains d'un individu

La centrale syndicale unifiée était une union des syndicats ayant son siège à Yaoundé et dont la durée était illimitée (Epée Ekwalla, 2012, 74). Les organes de cette dernière étaient entre autres :

- le congrès, organe suprême de la structure qui se réunissait sur convocation du bureau confédéral tous les trois ans en session ordinaire ;
- le conseil national, deuxième organe de la centrale élu au congrès et chargé du contrôle de l'exécution des décisions ;
- le bureau confédéral, organe d'exécution élu par le conseil et composé ainsi qu'il suit : un président en relation avec le bureau politique national assisté de cinq vices présidents non permanents du bureau confédéral, un trésorier confédéral assisté de deux adjoints et trois commissaires ayant chacun un secteur d'activité bien déterminé.

Une grande faiblesse est visible à l'analyse profonde de ces textes à savoir l'absence du poste de secrétaire général, un des postes clés voire indispensable de toute organisation de cette nature. La réponse par rapport à ce manquement est simple. La jeune centrale syndicale a tout simplement voulu s'organiser à l'image de l'UNC qui, à cette époque, avait un président et pas de secrétaire général. Ceci illustre la volonté des syndicalistes de l'époque à accepter de jouer le second rôle vis-à-vis du parti politique qui, par conséquent ne va pas hésiter un instant à lui imposer certaines directives.

Une autre faiblesse du centralisme des pouvoirs est la concentration des pouvoirs entre les mains d'un seul individu à savoir le président confédéral. Personnalité ressource du bureau politique du parti national, il est aussi membre du Conseil Économique et Social. C'est donc une personnalité présente dans presque toutes les grandes instances de la nation. À travers les textes constitutifs, le président confédéral incarne tous les pouvoirs, bénéficie d'importants avantages par rapports aux autres membres du bureau exécutif. Il lui est de ce fait concédé un véhicule de service et un logement au quartier Bastos dont le coût par mois s'élève à 1415 454 FCFA[13]. Ces manquements ne pouvaient en aucun cas amener les autres membres du bureau exécutif et des organes de base de faire leur travail avec dévouement. Cette situation va donc susciter des remous et des querelles de leadership entre les responsables syndicaux. La conséquence la plus illustrative fut le détournement de deux millions alloués au secrétariat à l'information pour le lancement d'un journal syndical en 1975 (ONDOA, 2020, 35). L'autre faiblesse était l'omniprésence du parti politique dans toutes les grandes instances de la centrale syndicale.

3.1.2. L'omniprésence du parti politique dans toutes les grandes instances de la centrale syndicale.

La loi reconnait aux promoteurs des syndicats la liberté d'élaborer leurs propres statuts et règlements administratifs sans faire l'objet d'une approbation préalable discrétionnaire par les autorités (Tsoung, 1994, 63). L'importance de cette loi c'est qu'elle permet aux syndicats de mieux protéger les droits de leurs membres. Or, on se pose la question de savoir si les textes de l'UNTC ont été élaborés véritablement par les leaders syndicaux eux-mêmes. Les grandes décisions de l'organisation à travers ses textes ne peuvent être exécutoires qu'après l'accord préalable du parti politique. On peut à titre illustratif lire l'article 14 qui stipule que l'adhésion à l'UNTC est prononcée par le bureau confédéral après consultation du bureau politique national de l'UNC. De même, l'article 38 indique clairement que les statuts de l'UNTC ne peuvent être modifiés qu'après l'accord du bureau politique de l'UNC (Ondoa, 2020, 36). Cette dépendance du mouvement vis-à-vis du parti politique ne pouvait que handicaper

[13] Rapport du trésorier général lors de la tenue du congrès de 1979, in le journal du travailleur, p .12.

son action et favoriser l'épanouissement des travailleurs camerounais. A ces limites d'ordre juridiques s'ajoutent les limites d'ordre idéologique qui ont aussi été préjudiciables au mouvement ouvrier camerounais à qui les travailleurs avaient placé beaucoup d'espoir.

3.2. Les limites d'ordre idéologique

Il s'agit ici des faiblesses qui concernent la manière de penser de la centrale syndicale en tant que défenseur des droits des travailleurs. Comme limites ici, nous relevons l'absence d'alternative idéologique et l'interaction très accrue entre le mouvement ouvrier et le parti politique.

3.2.1. L'absence d'alternative idéologique de la centrale syndicale unifiée.

Traditionnellement, le syndicalisme s'organise en courant de pensée c'est-à dire en idéologies qui sous-tendent son action. Cette multiplicité d'opinions syndicales offre une possibilité de choix au travailleur qui s'aligne par rapport à ses aspirations et surtout à ses convenances culturelles. L'unicité idéologique peut donc devenir un poids lourd à porter autant pour certains adhérents que pour le monde du travail tout entier. Un syndicalisme modéré sans alternative révolutionnaire laisse au patronat une très grande marge de manœuvre dans l'application des instructions et négociations des conventions collectives. Bien des dispositions négociées et arrêtés en faveur des travailleurs étaient ainsi restées inappliquées parce que la centrale syndicale n'avait aucune idéologie qui sous-tendait son action. Les chefs d'entreprise profitant de cette absence d'idéologie prirent l'initiative de régner au lieu de gouverner. Conséquence, les travailleurs se retrouvaient comprimés par leurs chefs pour qui ils avaient beaucoup d'estime (Mpeumguem, 1983, 38). Ces propos d'un jeune travailleur illustrent le mauvais comportement des chefs d'entreprise vis-à-vis de leurs employés : ''les responsables portent toujours atteinte à l'amour propre des agents juste pour assouvir leur sadisme et prouver leur autorité'' (Mpeumguem, 1983, 30).

3.2.2. Interactions très accrues entre le parti politique et le mouvement ouvrier.

L'UNTC dans ses statuts s'était engagée à collaborer étroitement avec le gouvernement dans le cadre des options du parti politique pour atteindre les objectifs nationaux de développement socio-économique. La collaboration certes, n'est pas propre au Cameroun et ne date pas d'aujourd'hui. Il est même normal et d'ailleurs inévitable que les syndicats aient un rôle politique, non pour concurrencer les partis politiques, mais pour porter leurs jugements de valeur sur la politique du gouvernement voire, lui suggérer des éléments (Kamta, 1974, 64). C'est ce rôle qui a échappé au monosyndicalisme camerounais et par conséquent, a été un instrument de blocage de l'action syndicale camerounaise. Par conséquent, les leaders syndicaux préfèrent plutôt jouer un rôle politique au détriment du rôle de défenseur des droits des travailleurs. Ce discours du président confédéral Jérôme Abondo au congrès de l'UNTC de Bamenda en 1985 en est une illustration.

> Merci mille fois au président Paul Biya, merci mille fois à l'homme de la rigueur dans la gestion des hommes, des biens et de la moralisation des comportements. Merci mille fois , un million de fois merci à l'homme de la justice sociale étendue et renforcée, à l'homme de la paix, de l'unité et de la solidarité nationale ; merci mille fois merci à Dieu tout puissant qui nous l'a donné et que nous prions avec ferveur de nous le conserver très longtemps encore dans la plénitude de sa force, de sa santé, de sa sagesse et de sa générosité pour que les travailleurs du Cameroun puissent continuer à bénéficier chaque jour un peu plus de sa bienveillance…(WANG SONNE, 1994, 87).

Ce discours de tout-va-bienniste et unanimiste n'a rien de syndical. Mais, pour le comprendre, il faut se rapprocher de son auteur. En effet, le nouveau Président de la République lors d'une audience accordée au président confédéral Jérôme Abondo avait promis à ce dernier la promotion au prestigieux poste de ministre. Dans un entretien privé, il nous fit cette révélation :

> J'avais demandé une audience auprès du nouveau président … deux mois après, l'aide de camp m'appela et me dit que le Président allait me recevoir… j'entrai au palais en qualité de président confédéral, mais quand je sortais du même palais, j'étais déjà ministre (Ondoa, 2005, 39)

À l'analyse de ce discours, on peut déduire que le président confédéral de l'UNTC voulait juste rappeler au Président de la République de ne pas oublier la promesse de l'audience. C'est ce qui se réalisa le 24 août 1985 lors du remaniement ministériel. Le président Jérôme Abondo est nommé Ministre Délégué à la Présidence chargé de la Défense. Cette nomination est certes une victoire pour le mouvement syndical que le Président Biya lors du congrès avait qualifié de syndicalisme constructif (Wang Sonne, 1994, 86), mais, elle marque aussi le début du coma profond du syndicalisme camerounais. Le syndicat dès lors était devenu le béni oui-oui du gouvernement qui n'hésita pas un instant à l'affaiblir. Pour prouver son autorité sur le mouvement ouvrier, le gouvernement décida de changer le bureau confédéral de l'UNTC en 1986 pour la simple raison qu'il y eut grèves et revendications des travailleurs (Wang Sonne, 1994, 87). Si la raison d'être du mouvement syndical est de revendiquer, comment expliquer alors cette réaction du gouvernement ? Autre conséquence, les leaders syndicaux engagèrent des querelles de leadership entre eux ; chacun voulant se positionner président confédéral dans l'espoir d'être aussi nommé ministre un jour. La liste des conséquences négatives découlant de la collaboration entre syndicalisme camerounais unifié et le parti au pouvoir est loin d'être exhaustive. Nous nous résumons avec ces propos de Wang Sonne qui parle d'hibernation syndicale et d'Abel Eyinga qui voit dans la collaboration une destruction du syndicalisme camerounais (ONDOA, 2005, 40).

4. Les limites d'ordre fonctionnel

Il s'agit des faiblesses relatives au fonctionnement de la centrale syndicale. Comme limites, nous relevons le rejet de la masse ouvrière, la faible prise en compte des travailleurs des secteurs public et rural et la mauvaise gestion des ressources financières.

4.1. Le rejet de la masse ouvrière

L'avènement de la centrale syndicale unifiée camerounaise a été une grande victoire pour le monde du travail. L'on s'attendait donc à ce que tout travailleur puisse en tirer des avantages. Malheureusement tel ne fut pas le cas. Les leaders syndicaux, en l'occurrence les plus âgés écartèrent les jeunes du champ des décisions. Or, l'action des jeunes qui constituaient la masse ouvrière a été très déterminante dans l'œuvre d'unification du mouvement ouvrier camerounais. Rappelons que c'est elle qui resta à l'écart des querelles fratricides qui divisaient les chefs d'entreprise. C'est toujours elle qui a parfois manifesté son refus par le rejet de certains délégués du personnel. Malheureusement, c'est cette masse qui connut d'énormes difficultés pour son épanouissement. Les déclarations de ces trois jeunes ouvriers peuvent confirmer l'absence de l'UNTC auprès de la masse ouvrière et par conséquent démontrent que cette dernière était maltraitée. Le premier âgé de 30 ans souhaite que : ''L'UNTC puisse prendre les problèmes des ouvriers en charge. Elle ne peut pas les abandonner à eux-mêmes. L'employeur peut malmener un travailleur mais il ne saurait se plaindre'' (Mpeunguem, 1983, 45)

Le second, quant à lui, souhaite que l'UNTC se réveille car, on licencie les jeunes et elle ne fait rien (Mpeunguem, 1983, 45). Le troisième enfin suggère que les responsables de l'UNTC se révisent d'abord entre eux. Ils ne font que résoudre leurs problèmes au haut niveau et laissent le bas peuple souffrir (Mpeunguem, 1983, 45).

Ces déclarations des jeunes travailleurs laissent voir une centrale syndicale qui ne privilégie qu'une catégorie de travailleurs. Il est vrai que le syndicalisme ne s'acquiert pas à coup de diplôme. Une certaine expérience et formation sont nécessaires au préalable. C'est vrai que cette expérience faisait défaut aux jeunes de l'époque mais, il revenait donc à ceux qui étaient expérimentés d'assurer la formation des jeunes pour le grand bénéfice du monde du travail car, la collaboration entre adultes et jeunes ne pouvait que renforcer l'organisation et porter beaucoup de fruits.

4.2. La faible prise en compte des travailleurs des secteurs public et rural

Il faut rappeler que le terme « travailleur » généralement, fait allusion à toute personne se livrant à une occupation permanente et rémunérée qui lui permette de gagner sa vie. Par opposition à un employeur, le travailleur est toute personne ne possédant que sa force de travail qu'elle consacre à son activité. La plus grande faiblesse de l'UNTC c'est de n'avoir pas défini ce terme dans les textes constitutifs. Comme conséquence, elle prit l'initiative de ne protéger que les travailleurs du secteur privé. Ceux des secteurs public et rural furent laissés à eux-mêmes. Comment comprendre donc qu'une organisation qui se dit être représentative de toute la masse des travailleurs, du manœuvre ordinaire au cadre supérieur, oublie le secteur public et le monde rural ? Hodson essaye d'apporter une explication à cette question pour ce qui est du monde rural. Pour ce dernier,

> L'organisation du monde rural pose problème et d'énormes difficultés car, la disposition géographique, le niveau d'instruction dans l'ensemble et les conditions économiques et sociales de la campagne sont autant de difficultés qui rendent la création d'une organisation de travailleurs de quelque type que ce soit plus ardu en zone rurale que dans un milieu urbain[14].

Cette explication de Hodson peut être valable pour le monde rural mais, quelle réponse donnée pour ce qui est du monde urbain ? On peut donc corroborer avec Mongory que le caractère limitatif enlève au mouvement syndical non seulement son sens, mais aussi sa raison d'être. L'UNTC n'aurait donc pas dû négliger un secteur d'activité quelconque sous prétexte que ce dernier ne rapportait pas d'argent au sein de la centrale[15]. La centrale syndicale unifiée était supposée, dès sa création en 1972, représenter et défendre les droits de tous les travailleurs.

4.3. De la mauvaise gestion des ressources financières

Il serait partiel de parler d'une organisation humaine sans évoquer le problème des gestions des ressources. Celles-ci, le plus souvent à côté du degré de militantisme, déterminent aussi la force d'une organisation. L'UNTC eut certes le mérite en quelques années d'avoir accumulé d'importants capitaux mais, la collecte et la gestion de ces fonds ont suscité de nombreuses critiques. En effet, les leaders syndicaux, pour se procurer de l'argent, se sont comportés en démagogues en imposant le principe du check-off à tous les travailleurs (Ondoa, 2005,). Ce principe consistait à retenir 1% sur le salaire du travailleur. Cette pratique fut sérieusement critiquée par certains travailleurs de la base qui estimaient que leurs fonds étaient gérés de façon catastrophique. Le principe du check-off imposait aussi aux travailleurs de se syndiquer sans leur consentement. C'était donc pour reprendre André Mousseni un principe qui violait la convention n°87 de l'OIT qui, il faut le rappeler, donne la possibilité à tout travailleur de se syndiquer librement (Ondoa, 2005).

[14] Hodson cité par Mpeunguem in l'UNTC et le travailleur camerounais, p. 44.
[15] Mongory cité par Mpeunguem in l'UNTC et le travailleur camerounais, p. 45.

Concernant la mauvaise gestion des ressources financières proprement dite, il faut sans état d'âme la décrier. À l'analyse du budget de l'année fiscale 1975/ 1976 dont le montant s'élevait à 46.231.581, nous pouvons à travers les tableaux 1 et 2 l'illustrer.

Tableau 1 : Recettes fiscales de l'année 1975/ 1976

Recettes	Montants (FCFA)
Équilibre bancaire	3.676.030
Cotisation syndicale	25 473 280
Dispositions diverses	1.190.280
Cotisation de la convention collective	844 221
Intérêt bancaire	47.404
Subvention spéciale	15 000 000
Total	**46 231 581**

Tableau 2 : Dépenses fiscales de l'année 1975/ 1976

Dépenses	Montants (FCFA)
Frais administratifs	24030 000
Autres frais sur le personnel	1 113 147
Gestion de service	1 849 810
Autres fonctions	10 493 633
Frais principaux	4 099 624
Anciennes dettes	9 719 521
Dispositions diverses	568 463
Total	**53 894 234**

Source : journal le travailleur édition spéciale de 1978.

La première observation à l'analyse de ces deux tableaux nous laisse voir une organisation déficitaire. Ce déficit est évalué à 7 662 653 FCFA. Nous pouvons aussi voir dans le tableau des dépenses une organisation non seulement très endettée mais, aussi une absence de précision dans ses dépenses. Nous nous posons par exemple la question de savoir ce que la centrale syndicale entend par autres frais sur le personnel, frais principaux et autres fonctions. Toutes ces expressions vagues peuvent illustrer à suffisance une mauvaise gestion des ressources financières des membres du bureau exécutif et tous ces manquements ne pouvaient en aucun cas favoriser l'épanouissement de tous les travailleurs.

Conclusion

Au terme de cette réflexion, il faut rappeler que notre objectif était d'analyser les limites ou alors les insuffisances de la collaboration étroite entre le parti camerounais né en 1966 et la centrale syndicale camerounaise unifiée née en 1972. Pour atteindre cet objectif, trois principales parties ont marqué notre étude. Primo nous avons revisité les origines de l'unification des syndicats camerounais, secundo, nous avons analysé les fondements de cette unité syndicale et tertio nous avons de manière critique, analysé les limites de la collaboration entre les deux forces vives de la nation de l'époque. Il ressort donc de cette étude que le mouvement ouvrier qui avait joué un très grand rôle dans le processus de lutte pour l'émancipation politique du Cameroun s'est retrouvé sous les bottes du parti politique qui, désormais, lui dicte des directives. La collaboration aurait été bénéfique pour le travailleur camerounais mais, malheureusement celle-ci a plutôt été un handicap pour ce dernier. Du syndicalisme constructif et grand défenseur des intérêts des ouvriers pendant la période coloniale, on est passé à un syndicalisme destructif, marginalisé et inféodé par le parti politique au pouvoir. Il nous revient au terme de ce travail de se poser la question de savoir si le président Ahidjo en s'activant sur la réalisation de l'unité syndicale voulait vraiment assurer l'épanouissement du travailleur camerounais. En réalisant l'unité syndicale, son souci n'était-il pas d'affaiblir ce mouvement, une deuxième force vive de la nation et mieux faire asseoir son autorité afin de tout contrôler pour ses propres intérêts ?

Sources et références bibliographiques

1. Documents d'archives

- ANY, Amadou Ahidjo, Discours au congrès de Garoua, mars 1963, journal officiel du Cameroun, 3 pages.
- ANY, Cameroun Tribune n° 1412 du jeudi 1er mars 1979.
- ANY, Cameroun Tribune n° 1413 du vendredi 2 mars 1979.
- Rapport du premier conseil national de l'UNTC tenu les 1er et 2 août 1975 à Yaoundé.

- Rapport du 3ème conseil de l'UNTC tenu les 15 et 17 janvier 1977 à Yaoundé.
- Rapport du 4ème conseil de l'UNTC tenu les 12 et 13 août 1977 à Yaoundé.
- Rapport du 2ème conseil de l'UNTC tenu en novembre 1979 à Yaoundé.

2. Ouvrages généraux et spécialisés.

- Bayart, J, (1979). *L'Etat au Cameroun*, Paris, Cedex.
- Fisher, G. (1960), *Syndicats et Décolonisation*, Paris, Présence africaine.
- November, A. (1965), *L'évolution du mouvement syndical en Afrique*, Institut africain de Genève.
- Ekwalla, E. (2002), *Les syndicats au Cameroun*, Les cahiers de l'Estuaire.
- Eyinga, A. (1986). *Démocratie de Yaoundé : syndicalisme d'abord 1944-1945*, Paris, Harmattan.
- Kaptué, L. (1986), *Travail et main-d'œuvre au Cameroun sous régime français : 1916-1952*, Paris, Harmattan.

3. Mémoires et articles.

- Bilogue, A. (1997), « Du processus d'unification des partis politiques à la naissance de l'Etat unitaire », mémoire de DIPES 2 en Histoire, ENS de Yaoundé.
- Eyinga, A. (1994), « Historique du mouvement syndical au Cameroun : de l'indépendance à la naissance du multipartisme », Fondation Friedrich Erbert Stiffung, Yaoundé.
- Fosso, L. (1979), « Historique du mouvement syndical au Cameroun », congrès de l'UNTC de mars 1979.
- Kamta, J.P. (1974), « Le syndicalisme ouvrier dans la stratégie de la construction nationale : l'UNTC », mémoire de licence en Droit, Université de Yaoundé.
- Mbouenden J. (1994), *Syndicalisme et législation camerounaise : perspectives*, Fondation Friedrich ErbertStifzung, Yaoundé.

- Nsoé M. (1995), « Le mouvement syndical camerounais et le pouvoir colonial : 1944-1956 », mémoire de DIPES 2 en Histoire, ENS de Yaoundé.
- Missé, H. (1994), « Histoire du mouvement syndical au Cameroun, de la période coloniale au lendemain des indépendances », Fondation Friedrich ErbertStiffung, Yaoundé.
- Moumié, E. (1994), « Les débuts du syndicalisme camerounais », Fondation Friedrich ErbertStifzung, Yaoundé.
- Okalla, O. (1996), « Le syndicalisme cégétiste au Cameroun sous administration française : 1944-1948 », mémoire de DIPES 2 en Histoire, ENS de Yaoundé.
- Ondoa, Z, (2005), « Forces et faiblesses du syndicalisme camerounais de février 1972 à 2000 : Analyse historique ». Mémoire de maitrise en Histoire, Université de Yaoundé I.
- Ta Ngwa, E. (1975), « Coup d'œil sur le syndicalisme au Cameroun des origines à nos jours, mémoire de fin d'étude de journalisme », Yaoundé, ESIJY.
- Tiencheu, N. (1973), « La problématique des syndicats au Cameroun » ; mémoire de licence en Droit, Université de Yaoundé.
- Youbi, J. (1974), « La camerounisation des cadres », mémoire de licence en Droit public, université de Yaoundé.
- -Wang S. (1994), « Rôle des syndicats dans le processus démocratique », Fondation Friedrich ErbertStifzung, Yaoundé.

Le secteur informel et le retour du pluralisme syndical en Afrique francophone : le cas du Cameroun (1990-2019)

Dr William Joël DONGMO,
Université de Yaoundé 1

Résumé

Dans de nombreux pays d'Afrique subsaharienne, le déclin des emplois formels, dans les secteurs publics et privés, a atteint un point critique au début des années 1990. Avec la libéralisation économique induite par les Programmes d'Ajustement Structurel, il va s'ensuivre une sévère récession matérialisée par de vastes programmes de privatisation conduisant à des licenciements massifs et à l'extension du marché du travail dans le secteur informel. Les syndicats ayant peu d'emprise sur le secteur informel, ne sont pas en mesure de représenter de manière significative les travailleurs face aux employeurs ou au gouvernement, ou bien se retrouvent même confrontés à un effondrement total. Le recrutement d'un grand nombre de travailleurs informels devient essentiel à leur survie. C'est ainsi que le pluralisme syndical refait surface, obligeant plusieurs anciennes centrales syndicales uniques à se populariser et à prendre leurs distances de l'Etat ou du parti au pouvoir. La présente contribution a pour objectif de voir à travers une analyse des faits historiques, en quoi l'explosion du secteur informel a-t-il impacté sur le retour du pluralisme syndical au Cameroun. Par ailleurs, il est question dans cette étude de démontrer que le secteur informel de par son immense espace insaisissable, a permis le développement d'une nouvelle conception du syndicalisme aussi bien à l'échelle nationale qu'internationale à partir des années 1990.

Mots-clés : Secteur informel, pluralisme syndical, Afrique Francophone, Cameroun.

Abstract

In many countries of sub-Saharan Africa, the decline in formal employment, in both the public and private sectors, reached a critical point in the early 1990s. With the economic liberalization induced by Structural Adjustment Programs, it will continue to grow, followed by a severe recession materialized by vast privatization programs leading to massive layoffs and the extension of the labor market in the informal sector. Unions with little control over the informal sector are unable to meaningfully represent workers to employers or the government, or even face total collapse. Recruiting large numbers of informal workers is becoming essential for their survival. This is how trade union pluralism resurfaces, forcing several former single trade union centers to popularize and distance themselves from the state or ruling party. This contribution consists of seeing through an analysis of historical facts, how the explosion of the informal sector has impacted on the return of trade union pluralism in Cameroon. In addition, this study aims to demonstrate that the informal sector, by virtue of its immense elusive space, has allowed the development of a new conception of trade unionism both nationally and internationally from the 1990s.

Keywords: Informal sector, trade union pluralism, french speaking Africa, Cameroon

Introduction

Pouvant s'appréhender comme une association de personnes ou organisation de travailleurs dont l'objectif est la défense d'intérêts professionnels communs, les syndicats et leur culture ont été dans une large mesure déterminés par leur passé colonial dans les pays d'Afrique noire d'obédience coloniale française (BIT, 2010 :5). Ceci s'explique par le fait que la création des mouvements de travailleurs en Afrique noire fut l'œuvre des grandes organisations syndicales métropolitaines dont les premières filiales s'établirent en Afrique afin de défendre exclusivement les intérêts des travailleurs occidentaux employés dans les colonies.

Le secteur informel quant à lui, désigne de manière générale, l'ensemble des activités plus ou moins légales ou totalement illicites, fondées essentiellement sur l'initiative individuelle et qui échappent le plus souvent aux comptes statistiques officiels. En d'autres termes, il désigne les entreprises individuelles ne possédant pas de numéro d'identification fiscale et/ou n'élaborant pas de comptabilité formelle (au sens du plan comptable OHADA (INS, 2011 :89).

Sur le plan empirique, l'évolution des politiques syndicales nationales et internationales à l'intention des travailleurs informels, les enjeux syndicaux de l'économie informelle, le pluralisme syndical et la prolifération des syndicats en Afrique francophone, sont des sujets qui ont fait l'objet de plusieurs études de la part des chercheurs et ont permis d'aboutir à des résultats complexes. En effet, tandis que certains se concentrent sur comment rendre réalisable les organisations syndicales des travailleurs du secteur informel (D. Spooner et J.M. Mwanika, 2019), d'autres s'attardent à analyser les causes et les origines du phénomène de prolifération des syndicats en Afrique francophone (BIT, 2010 et CGSLB, 2012), sans toutefois pour autant mentionner le rôle joué par le secteur informel. S'il est donc vrai que de nombreux travaux ont permis de mettre en évidence un consensus sur le contexte de création et la situation des syndicats dans le secteur informel, aucune recherche n'a jusqu'à présent essayé de montrer la corrélation entre le secteur informel et le retour du pluralisme syndical en Afrique francophone en général et singulièrement au Cameroun.

En conséquence, l'objectif de cette contribution est d'éclairer et de démontrer sur la base des faits historiques que le retour du pluralisme syndical en Afrique noire francophone et au Cameroun en particulier au début de la décennie 1990, s'est fait dans une certaine mesure sous l'effet du développement de l'économie informelle. Il s'agit par ailleurs, de comprendre ce changement de paradigme qui s'explique par le fait que la position des syndicats africains au cours de la décennie 1980, qui consistait surtout à condamner le développement de l'économie informelle, parce que source d'exploitation de sa main-d'œuvre (Velasco,2002 :56), change vers la fin des années 1990, à travers leur intervention dans l'organisation des travailleurs du secteur informel, au point où dans un pays comme le Cameroun, le taux de syndicalisation dans le secteur informel a atteint 20% en 2017 (BIT,2017 :9).

Sur le plan méthodologique, l'on a eu recours aux sources non seulement orales, mais aussi écrites. Elles sont à la fois multiples, diversifiées et pluridisciplinaires. Suivant une approche d'analyse diachronique et adossée sur des données statistiques appropriées, l'évaluation et l'organisation de l'ensemble des informations collectées et recueillies ont abouti à un plan de travail structuré en cinq sections. La première est consacrée à un bref aperçu historique du mouvement syndical au Cameroun. La deuxième met en exergue la cause institutionnelle de l'explosion du secteur informel. La troisième section s'intéresse à l'attitude de l'Etat vis-à-vis du secteur informel. La quatrième section se penche sur la croissance du secteur informel comme un catalyseur du pluralisme syndical au Cameroun et la cinquième section quant à elle, présente la libéralisation politique et socio-économique comme facteur ayant contribué à l'extension du mouvement syndical dans le secteur informel.

1. Bref aperçu historique de l'évolution du mouvement syndical au Cameroun

Sous l'impulsion de la conférence de Brazzaville et du décret du 07 août 1944, qui reconnut la constitution des syndicats professionnels en Afrique, plusieurs centrales syndicales rattachées aux confédérations syndicales de la métropole vont voir le jour. Il s'agit notamment de la Confédération Générale des travailleurs (CGT), la Force Ouvrière (FO), la Confédération Française des Travailleurs Chrétiens (CFTC) et l'Union Camerounaise des Travailleurs Croyants (UCTC), (Ngoh, 1990 :119).

Au Cameroun, l'évolution du mouvement syndical s'est traduite par des regroupements et les dislocations des organisations syndicales en fonction de l'évolution politique du pays et de divers intérêts en jeu[1]. C'est à la suite de la formation syndicale dispensée aux jeunes par le Français Gaston Donnat d'obédience communiste marxiste que la première centrale syndicale camerounaise dénommée Union des Syndicats Confédérés du Cameroun (USCC) ouvrit une branche locale au Cameroun sous administration française en 1944 (Ngoh, 1990 :119). À partir de 1952, le mouvement syndical connait une évolution remarquable avec la promulgation par le gouvernement français d'un code du travail révisé, le ''Code Moutet'' comme on l'appelait, qui autorisait l'existence de syndicats africains autonomes, indépendamment des organisations mères françaises. Elle permit

[1] https://wwwafricaefuture.org, consultée le 10/5/2021.

l'éclatement de l'USCC affiliée à la CGT française et la création de nouvelles centrales syndicales au Cameroun.

Le 11 mars 1969, le Chef de l'Etat Ahmadou Ahidjo lança au congrès de l'UNC (Union Nationale Camerounaise) un appel à la réunion de tous les regroupements syndicaux du pays dans une seule centrale syndicale, dans le cadre du parti unique. À la suite de cet appel, une succession de dissolutions va s'en suivre au sein de toutes les centrales syndicales du pays. C'est ainsi qu'on assiste, outre à la dissolution de l'Union Générale des Travailleurs du Cameroun (UGTC) et de la Confédération Camerounaise des Syndicats Croyants (CCSC), les 30 et 31 octobre 1971 au congrès de dissolution de l'USCC ; les 6 et 7 novembre 1971 au congrès de dissolution de la Fédération Syndicale du Cameroun (FSC) ; et les 13 et 14 novembre 1971 au congrès de dissolution de la *The West Cameroon Trade Union Congress* (WCTUC) (Tsafack Nanfosso,2011 :3).

C'est donc de la fusion de ces différentes centrales syndicales que naîtra le 10 février 1972, l'Union Nationale des Travailleurs du Cameroun (UNTC) avec comme Président Confédéral Moïse Satougle Defith (Tsafack Nanfosso, 2011 : 3). L'UNTC deviendra dans ce cadre un organe spécialisé de l'unique parti politique au pouvoir, à savoir l'UNC. C'est l'ère du monopartisme et du mono syndicalisme au Cameroun. Le 7 décembre 1985, l'UNTC est rebaptisée à la suite de la naissance de la deuxième République en Organisation Syndicale des Travailleurs du Cameroun (OSTC), organe annexe du parti politique Rassemblement Démocratique du Peuple Camerounais (RDPC).

À partir des années 1990, après une période de grande révolte populaire et syndicale, une vague de libéralisation a balayé le continent. Le pluralisme politique et syndical a alors été rétabli, créant de nouvelles perspectives pour les libertés individuelles et les réformes institutionnelles. Le mouvement syndical va connaitre de nombreuses mutations qui vont aboutir au retour du pluralisme syndical. Par ailleurs, avec la libéralisation économique induite par les Programmes d'Ajustement Structurel, il va s'ensuivre une sévère récession économique matérialisée par de vastes programmes de privatisation conduisant à des licenciements massifs et à l'extension du marché du travail dans le secteur informel. Les syndicats ayant peu d'emprise sur le secteur informel, ne sont pas en mesure de représenter de manière significative les travailleurs face aux employeurs ou au gouvernement, ou bien se retrouvent même confrontés à un effondrement total. Le recrutement d'un grand nombre de travailleurs informels devient essentiel à leur survie. C'est ainsi qu'à la suite de la promulgation de la loi sur les libertés d'association en 1990 et de la ''Déclaration de neutralité'' de l'organisation syndicale en 1991, plusieurs anciennes centrales syndicales uniques sont contraintes à se populariser et à prendre leurs distances de l'Etat ou du parti au pouvoir. En outre, de nouvelles pratiques d'organisation des travailleurs de l'économie informelle sont apparues (Delvaux, 2001 : 18) et un nouveau type de syndicalisme de transformation sociale est en émergence.

2. L'effondrement de l'emploi formel et l'explosion du secteur informel

Apparu au début des années 1970, le secteur informel ne constituait aucunement la priorité de l'Etat qui ne l'avait d'ailleurs jamais intégré dans ses stratégies de développement et qui voyait en ces activités un moindre mal dans la mesure où elles avaient au moins le mérite d'éviter un chômage ouvert trop important. Les pouvoirs publics présentaient le secteur informel comme un pis-aller ou un anachronisme et accusaient ses acteurs d'être des ''escrocs'', des ''esprits malhonnêtes'' et des ''exploiteurs du peuple'' (Kengne Fodouop, 1996 : 4). Dans l'optique de limiter son action, l'Etat du Cameroun adopte au début des années 1980, des lois interdisant la prostitution, la vente des alcools traditionnels, le jeu de poker, le trafic des stupéfiants, l'usure ainsi que tous les petits métiers implantés dans les rues et leurs abords immédiats, et dans les aires de stationnement (Kengne Fodouop, 1996 : 4)

À partir de 1986, l'avènement de la crise économique, l'effondrement du revenu global qui s'en est suivi et l'urgence d'un retour à la stabilité macroéconomique, obligent l'Etat à mettre entre parenthèse les Plans Quinquennaux au profit des Programmes d'Ajustement Structurel avec l'appui de la communauté financière internationale. C'est alors dans ces circonstances qu'il s'opère un changement de posture de l'Etat. On passe de l'Etat providence ou interventionniste qui détenait la prédominance de l'emploi à travers un secteur public productif avec l'émergence et le développement d'un tissu national de petites, moyennes et grandes entreprises majoritairement dans les grandes villes (Essomba et Ela Ela, 2007 : 7), à un Etat régulateur. L'Etat limite désormais ses interventions économiques à la régulation et confie le rôle moteur de la croissance au secteur privé.

Dans les conceptions d'alors, le secteur informel avait simplement remplacé le secteur traditionnel (Charmes, 1992 : 65). Et ce secteur était voué à disparaître puisque les théories et politiques de développement économique prévoyaient son absorption progressive par une industrialisation et un secteur moderne en pleine expansion (Charmes, 1998 : 3). Durant toute cette période, l'Etat accepte donc l'existence d'un secteur informel appelé à se dissoudre dans l'économie formelle. Il est à noter que jusqu'au début de l'année 1990, l'Etat du Cameroun dans sa posture d'entrepreneur, marchand, organisateur et régulateur, était toujours hostile à la pratique de certaines activités informelles. Concernant la vente à la sauvette par exemple, l'Etat s'est montré hostile à l'existence de ce commerce. Kengne Fodouop décrit cette attitude en ces termes :

> En effet, dans les principales villes du pays, Douala, Yaoundé, Maroua, Bafoussam, Bamenda, Garoua, Kumba, Nkongsamba, Limbé et Bertoua, l'Etat a, à plusieurs reprises, tenté de chasser les vendeurs à la sauvette hors des rues et des parkings du centre des affaires. De la bastonnade des vendeurs à leur détention momentanée dans les commissariats de police, en passant par la confiscation, voire la destruction de leurs marchandises et de leur matériel de travail, l'Etat a tout essayé. Certes, il n'a jamais réussi à nettoyer les rues et les places publiques des individus qui témoignent par leur présence massive, de l'incapacité du secteur moderne à satisfaire tous les demandeurs d'emploi ; mais, il les a contraints à travailler dans la clandestinité et dans la crainte permanente des rafles et autres exactions des forces de police.

La transition s'est ainsi faite par le biais des activités informelles qui, bien loin de régresser, en sont venues à représenter une part majeure et croissante de l'emploi au Cameroun. Dès lors, il ne pouvait plus être question, pour l'État qui commençait à être épuisé et désorienté, de se contenter de tolérer (au mieux) ou de continuer à ignorer (au pire) une économie qui fait vivre la plus grande partie de la population. L'Etat, dans sa position interventionniste qui consistait à définir des politiques, créer des obligations, imaginer des incitations et fixer les règles du jeu devant s'imposer à l'ensemble des agents économiques, avait compris que ces règles édictées étaient complexes et inadaptées au contexte, dès lors qu' elles mettaient hors-jeu la plus grande partie de ces agents. C'est ainsi que l'Etat régulateur ou arbitre prend en compte cette situation en se fixant pour objectif de faire entrer progressivement dans le jeu économique formel, le plus grand nombre possible d'acteurs informels. Ceci fait partie d'un des objectifs principaux des programmes d'ajustement structurel.

Au lieu d'adopter une politique de promotion à long terme, à l'égard de ce secteur d'activité économique, ou même de lui octroyer les crédits et la technologie nécessaire, l'Etat voit de plus en plus dans le secteur informel, le moyen de pallier à la baisse de ses revenus. C'est alors qu'à la fin des années 1990, le Cameroun porte un intérêt soutenu au secteur informel, non pas dans le sens de le structurer afin qu'il renforce les capacités du secteur privé comme prévu dans le Programme d'Ajustement Structurel, mais de fiscaliser ses différentes composantes pour accroître ses revenus, face à la défaillance des performances de l'économie formelle. C'est également à partir de cette période que l'Etat, n'ayant plus les moyens de sa politique, affaibli par les effets de la crise et confronté à une menace d'insolvabilité générale (Mbembe , 2004 :162), se désengage de son rôle d'organisateur et régulateur pour laisser faire le marché en lançant un appel incantatoire au secteur informel comme un antidote contre la crise économique, comme une solution de sauvetage (Kengne Fodouop, 1996 :1).

3. L'État laisse le marché faire (1990-2004)

La crise socioéconomique enregistrée au Cameroun au milieu des années 1980, l'échec dans une certaine mesure des Programmes d'Ajustement Structurel[2] et la dévaluation du Franc CFA ont entraîné l'émergence de nouvelles dynamiques sociales. Cette situation de crise ayant causé le désengagement de l'Etat de la plupart des entreprises des secteurs de production et de commercialisation et la chute des mouvements syndicaux qui étaient pour la plupart rattachés

---

[2] La politique d'ajustement structurel n'a pas atteint les résultats escomptés malgré l'atteinte du point d'achèvement de l'initiative PPTE et le succès du 5eme programme (1997-2000) au cours duquel le Cameroun a atteint le point de décision de l'initiative PPTE en octobre 2000. Il convient d'ailleurs de rappeler, en guise de bilan des PAS au Cameroun, que les indicateurs du développement humain ne montrent pas une amélioration des conditions de vie des populations entre 1988 et 2004. Non seulement le pays n'améliore pas son rang au niveau mondial, 144e sur 177 en 2004, avec un IDH de 0,506 ; mais aussi on assiste à la diminution de son espérance de vie qui est passée de 56,3 ans en 1993 à 45,7 ans en 2004.

au pouvoir central, a conduit à la précarisation des emplois et à l'explosion du secteur informel. Les raisons du désengagement de l'Etat s'expliquent principalement par la montée en puissance du chômage des jeunes, le nouveau libéralisme politique et économique adopté par l'Etat

a. La montée en puissance du chômage des jeunes

La récession économique et l'adoption de mesures d'ajustement ont augmenté de façon sensible la situation de chômage au Cameroun[3]. Ceci s'explique par l'important délitement du marché de l'emploi. L'arrêt des grands projets d'investissement publics, le gel des recrutements dans la fonction publique, la privatisation des entreprises publiques[4] et la mise en œuvre des Plans d'Ajustement Structurel qui entrainent la suppression de près de 30 000 emplois sur un effectif global d'environ 75 000 salariés du secteur public productif (*J'Observe*, 2010 :7). En une décennie, on assiste à l'augmentation du chômage qui frappe davantage les diplômés de l'enseignement supérieur[5] . Face à une telle flambée du chômage chez les jeunes particulièrement, l'Etat ne pouvait continuer à ignorer une des rares activités susceptibles d'offrir des opportunités d'emploi. La croissance rapide du chômage constituait une menace sérieuse capable d'affecter la stabilité sociale.

b. Le nouveau libéralisme politique et économique

Les troubles des années 1990 constituent également des évènements ayant poussé l'Etat à accorder un certain intérêt au secteur informel. En effet, ces années marquent l'avènement du multipartisme au Cameroun. Dans ce contexte de pluralisme politique ou de

[3] Celui-ci a surtout touché les jeunes à la recherche de leur premier emploi. Depuis 1986, sur 100 jeunes qui arrivaient sur le marché du travail moderne urbain, deux seulement trouvaient un emploi. Les autres allaient grossir les rangs des chômeurs.

[4] Entre 1989-1990 le cadre législatif et réglementaire y afférant a été clairement défini à travers la loi n° 89/030 du 29 décembre 1989, autorisant le Président de la République à définir par ordonnance le régime de la privatisation et tous les décrets y relatifs. L'intention devient réalité avec surtout la publication du décret de 1990 admettant 15 entreprises à la privatisation.

[5] Le chômage augmente de 57,7% et l'emploi salarié diminue de 19,2%. L'emploi public représente alors 4,2% de l'emploi total. L'emploi privé qui occupe 95,8% ne comprend que 6,7% de travailleurs exerçant dans le secteur structuré. Pour le plus grand nombre qui exerce dans le secteur informel, 60% sont installés à leur propre compte.

démocratisation qui a coïncidé avec la grande crise économique, le Cameroun a connu des troubles et des émeutes sociopolitiques (Djouda Feudjlo, 2014 :100). En 1991, exigeant l'organisation d'une conférence nationale souveraine, les partis d'opposition, notamment le Social Democratic Front (SDF), ont opté pour une stratégie de paralysie de l'économie. Le concept de ''villes mortes'' a ainsi été lancé par des leaders qui invitaient le peuple à une cessation générale des activités, renforcée par une désobéissance civile et fiscale (Bitée, 2008 :62). À partir de juin 1991, les ''villes mortes'', accompagnées de violences ouvertes et sanglantes vont paralyser l'économie nationale pendant six mois. Parmi les acteurs les plus mobilisés dans ces émeutes, on comptait les chauffeurs de taxi, les étudiants, les enseignants et les commerçants (Bitée, 2008 :62). Ces derniers prennent la défense des acteurs du secteur informel par le biais de déclarations dans la presse, à la radio et à la télévision (Kengne Fodouop, 1993 :8).

Sur le plan économique, depuis 1990, le gouvernement camerounais avait opté pour une stratégie de croissance économique faisant une place prépondérante à l'initiative privée, compte tenu des mauvaises performances de l'économie formelle et fidèle en cela aux mesures comprises dans les Programmes d'Ajustement Structurel. Cette stratégie prévoyait alors libéraliser l'exercice des activités économiques et simplifier les procédures administratives relatives à leur mise en marche. Des aides sont accordées aux petits entrepreneurs indépendants par le biais des organismes publics tel que le Centre d'Assistance aux Petites et Moyennes Entreprises (CAPME) (Kengne Fodouop, 1996 :5). Dans ce contexte, le secteur informel était apparu aux yeux des pouvoirs publics comme un remède miracle dont on voudrait multiplier et étendre les effets bénéfiques.

Au vue et au regard des faits sus-évoqués, l'Etat commence à considérer le secteur informel sous un angle positif ; d'où son attitude tolérante et bienveillante à l'égard des activités informelles. Les mesures les plus significatives, exprimant la détermination de l'Etat sont :

- La loi n° 90/031 du 10 août 1990 régissant l'activité commerciale au Cameroun ;

- L'arrêté du 15 novembre 1991, signé par le ministre du développement industriel et commercial, légalisant la vente à la sauvette au Cameroun ;
- le décret n° 93/720/PM du 22 novembre 1993, fixant les modalités d'application de la loi n° 90/031 du 10 août 1990 régissant l'activité commerciale au Cameroun[6].

Cette reconnaissance du secteur informel s'est accompagnée de nombreuses modifications tant au plan social qu'économique.

4. La croissance du secteur informel : un catalyseur du pluralisme syndical au Cameroun

La libéralisation économique induite par les PAS conduit à une dérèglementation des rapports de travail. Les lois du travail sont revues afin de limiter les protections syndicales et la sécurité d'emploi. De vastes programmes de privatisation conduisent à des licenciements massifs dans les entreprises et ministères publics, à la hausse du chômage, à l'accroissement du marché du travail dans l'économie informelle et à la détérioration de la condition sociale et économique des populations.

Dans ce contexte, les syndicats voient leur situation se transformer et se sentent contraints de procéder à de nouvelles réformes structurelles, entre autres en travaillant de nouvelles articulations entre l'économique et le social, et entre le local et le global. Les syndicats ayant peu d'emprise sur l'économie informelle, pourtant dominante dans plusieurs pays africains, voient leur situation généralement dégradée (Munck ,2002 :106), accusant une perte de membres et de ressources, et réduisant leur capacité à obtenir des gains pour leurs membres.

Avant les années 1990, les travailleurs informels n'étaient pas de ''véritables'' travailleurs disposant de droits syndicaux (puisqu'ils n'avaient pas de relation de négociation collective reconnue avec les employeurs), il était impossible de les organiser. L'économie informelle était un ''problème du tiers-monde'' qui reculerait et disparaîtrait inéluctablement au fur et à mesure de la diffusion de

---

[6] Les différents textes sont téléchargeables via ce lien : https://www.a-mla.org, consulté le 06/04/2020.

l'industrialisation dans le monde entier, ou encore les travailleurs informels constituaient une menace pour le travail organisé en minant des avancées durement obtenues dans les normes du travail. C'est d'ailleurs pour cette raison qu'entre la décennie 1980 et le début des années 1990, la position des syndicats en Afrique noire francophone consistait à condamner le développement de l'économie informelle, parce que source d'exploitation de sa main d'œuvre (Velasco. 2002 : 45). De plus, ils considèrent que dans plusieurs cas, elle constitue une stratégie par l'État de se dérober de l'une de ses missions régaliennes qui consiste à assurer le bon fonctionnement des services publics (santé et éducation entre autres) et des entreprises publiques, lesquelles offrent la plus grande part des emplois dans l'économie formelle.

Cependant, du fait des crises multiformes, la croissance effrénée du secteur informel depuis le milieu des années 1980, fait de lui le principal pourvoyeur d'emploi en Afrique et au Cameroun en particulier au début de l'année 1990 (Dongmo, 2021 :144). Cette situation conduit les syndicats à un changement de paradigme vers la fin des années 1990. Au lieu de poursuivre la lutte contre le développement des activités informelles, les syndicats sont contraints d'étendre leur action dans ce secteur de l'économie non seulement pour faire face à la crise, mais également profiter des effets de la libéralisation politique, économique et sociale pour impliquer les acteurs informels, devenus l'ultime recours pouvant assurer leur survie. À cet effet, plusieurs organisations informelles ont officialisé leur existence, renforçant ainsi l'univers du pluralisme syndical à travers d'une part, la fragmentation des anciennes centrales syndicales et d'autre part, la création de nouvelles centrales syndicales.

Dans le secteur des transports par exemple, la Société des Transports Urbain du Cameroun (SOTUC) qui jouissait du monopole de transport urbain par autobus dans les villes de Douala et Yaoundé, tomba en faillite après 25 années d'activités et est mise en liquidation le 23 février 1995. Elle avait cependant englouti au moins quinze fois son capital, avec une perte de 47 milliards de FCFA, et une dette évaluée à plus de 60 milliards de FCFA (Dipanda, 2006 : 8). Soulignons ici que, la fédération des transports était le premier secteur d'activité que l'Union des Syndicats Libre du Cameroun (USLC) comptait en son sein durant cette période ; c'est dire donc que cette chute impactait inéluctable tous les syndicats de ce secteur d'activité dont l'effondrement entraîna un désordre indescriptible et un dysfonctionnement total des organes de l'USLC (USLC, 2011, 3).

La liquidation et la disparition de la SOTUC font des minibus informels (taxis) et moto taxis, l'épine dorsale des transports publics au Cameroun. Cette situation contraint les syndiqués du secteur des transports à innover dans leurs pratiques et idéologies syndicales en travaillant de nouvelles articulations se structurant autour de l'économie informelle. Ainsi, l'on recense depuis cette période une multitude de syndicats dans le secteur des transports au Cameroun. À titre illustratif, la communauté urbaine de Douala et les syndicats des mototaxis, lors de la restitution du plan d'action de professionnalisation du secteur des mototaxis par la communauté urbaine et ses partenaires, communiquaient que la ville de Douala à elle seule compte 14 syndicats de mototaxis et 70 000 moto-taximen depuis le début des années 2019 (*cameroon-tribune*,2021 :16). Des exemples pareils peuvent s'illustrer également dans les secteurs du commerce, de l'artisanat et des services où, l'on dénombre une kyrielle de syndicats dont la libéralisation politique et socio-économique et la croissance de l'économie informelle ont permis l'existence.

5. De la libéralisation politique et socio-économique à l'extension du mouvement syndical dans le secteur informel au Cameroun

La promulgation des lois sur les libertés publiques des années 1990 notamment les lois n° 90/052 du 19 décembre 1990 relative à la liberté de communication sociale, n° 90/053 du 19 décembre 1990 relative à la liberté d'association, n° 90/055 du 19 décembre 1990 portant régime des réunions et des manifestations publiques et la loi n°92-007 du 14 août 1992 portant code du travail, matérialise l'instauration du nouveau cadre juridique sur la création des organisations économiques et sociales au Cameroun.

Au niveau international, le Cameroun a ratifié une cinquantaine de Conventions de l'OIT. Parmi celles-ci, l'on retrouve les conventions n° 87 sur la liberté syndicale et la protection du droit syndical et n° 98 relative à l'application des principes du droit d'organisation et de négociation collective. Ces deux conventions ont été ratifiées respectivement en juin 1960 et en septembre 1962. Dans le cadre de la législation camerounaise de 1992, la loi reconnait aux travailleurs et aux employeurs, sans restriction d'aucune sorte et sans autorisation préalable, le droit de créer librement des syndicats professionnels (code du travail, 1992 : Art3).

Ce nouveau cadre juridique permit à plusieurs organisations informelles d'officialiser leur existence en adoptant le statut juridique de leur choix. D'après les résultats de l'étude technique sur les filières et métiers de l'économie informelle en milieu urbain et rural, pour la détermination des mécanismes adaptés d'affiliation au système de protection sociale et des mesures incitatives au Cameroun, réalisée par le BIT en 2017, les plus couramment adoptés sont: les coopératives, les Groupes d'Initiative Commune (GIC), les associations professionnelles et les syndicats. En ce qui concerne précisément les syndicats, des avancées remarquables ont été observées dans le secteur informel comme l'illustre le tableau n°1.

Tableau 1 : pourcentage de déclaration de quelques branches d'activité des syndicats de l'économie informelle au Cameroun en 2017

Branche d'activité	Milieu de résidence		Ensemble (%)
	Rural (%)	Urbain (%)	
Élevage, agriculture, pêche et sylviculture	/	52, 9	16, 6
Industrie	0	2, 4	1,7
Transport	50	52, 9	51, 9
Commerce	/	/	21, 6*
Restauration	/	/	16, 7*[7]
Ensemble	**9**	**32**	**20**

Source : compilation de données à partir de l'étude technique sur les filières et métiers de l'économie informelle en milieu urbain et rural, pour la détermination des mécanismes adaptés d'affiliation au système de protection sociale et des mesures incitatives au Cameroun (2017) et diagnostic sur la formalisation des entreprises et leurs travailleurs au Cameroun (2017).

Au regard du tableau 1, l'on constate que les syndicats de l'économie informelle représentent 20% des déclarations en 2017 au Cameroun. Ils sont beaucoup plus concentrés dans les branches de

[7] syndicats et associations professionnelles.

transports (taxis et mototaxis), du commerce (21, 6%), de la restauration (16, 7) et de l'industrie (1, 7%) en zone urbaine et dans les branches de l'élevage, l'agriculture, des pêches et de la sylviculture en zone rurale. Les enquêtes auprès de certains acteurs du secteur informel révèlent aussi l'existence des syndicats dans les branches d'activités du commerce de détail notamment des vendeurs à la sauvette, *bayam sellam*, syndicat des commerçants détaillants du Wouri, etc. Ces données statistiques permettent d'observer et de comprendre la dynamique du pluralisme syndical dans le secteur informel. Bien qu'étant peu ou pas assez structurée, bon nombre de mouvements syndicaux sont identifiés dans les différents secteurs d'activités de l'économie informelle depuis la fin des années 1990 ; ce qui a permis de renforcer et de maintenir l'univers du pluralisme syndical au Cameroun. Il convient toutefois de relever que jusqu'à présent, les travailleurs du secteur informel ne sont généralement pas reconnus comme tels au sens de la législation du travail au Cameroun. De plus, nombre de groupements syndicaux des travailleurs perpétuent ce fait en refusant de les intégrer, sous prétexte qu'ils ne peuvent organiser que des travailleurs qui sont définis comme tels dans le Code du travail.

Par ailleurs, l'un des problèmes majeurs les plus nocifs que la prolifération des syndicats au Cameroun a entrainé est le rôle qu'elle joue dans l'effondrement du processus de négociation collective dans de nombreuses entreprises et secteurs économiques. Les syndicats concurrents se retrouvent en position de faiblesse pour négocier et se font la guerre par négociation interposée. Par ailleurs, la notion de négociation collective est difficile à appliquer dans le secteur informel dans la mesure où, dans la plupart des cas, il n'existe pas d'employeur avec qui négocier, soit parce que ce dernier se confond au travailleur, soit parce que c'est une affaire de famille, soit parce que l'employeur est séparé des travailleurs par une longue chaîne d'intermédiaires. Voilà autant de difficultés qui ne permettent pas une implémentation rapide du syndicalisme dans l'économie informelle au Cameroun.

Conclusion

Cette étude sur le secteur informel et le retour du pluralisme syndical en Afrique francophone, singulièrement au Cameroun avait pour objet de voir en quoi la croissance du secteur informel a impacté sur le retour du pluralisme syndical en Afrique francophone et au Cameroun en particulier. La démarche exploratoire des sources et des enquêtes auprès des acteurs ont permis de comprendre que sous l'effet des crises multiformes, la croissance du secteur informel depuis le milieu des années 1980, a fait de lui le principal pourvoyeur d'emploi au début de la décennie 1990 au Cameroun. Les syndicats dans une situation d'effondrement, ont été contraints d'étendre leur action dans ce secteur de l'économie, dans l'optique de maintenir leur survie. La libéralisation politique et socio-économique et ses corollaires ont permis, par la suite, au mouvement syndical de s'intensifier aussi bien dans le secteur formel qu'informel. En outre, plusieurs organisations informelles ont officialisé leur existence, renforçant ainsi l'univers du pluralisme syndical à travers d'une part, la fragmentation des anciennes centrales syndicales et d'autre part, la création de nouvelles centrales syndicales. Cependant, pour une meilleure implémentation de la politique nationale de l'emploi au Cameroun, qui consiste à une migration progressive des activités informelles vers le formel, l'action des syndicats devrait être non négligeable car, elle devrait davantage s'intensifier dans le secteur informel en facilitant le processus de formalisation du secteur informel.

Bibliographie

- BIT, 2014, ''La transition de l'économie informelle vers l'économie formelle'', Conférence Internationale du Travail, 103e session.
- ______, 2017, "Cadre normatif, réglementaire et politique de mise en œuvre de la transition vers l'économie formelle au Cameroun".
- ______, 2017, "Enquête auprès des entreprises informelles du Cameroun", Genève, première édition.
- _______, 2017, ''Étude technique sur les filières et métiers de l'économie informelle en milieu urbain et rural, pour la détermination des mécanismes adaptés d'affiliation au système de protection sociale et des mesures incitatives au Cameroun''.
- _______, 2016, ''Organiser les travailleurs de l'économie informelle''.

- _______,2010, ‘‘pluralisme syndical et prolifération des syndicats en Afrique francophone’’.
- Bitée, F., 2008, *La Transition démocratique au Cameroun de 1990 à 2004*, Paris, L'Harmattan.
- Charmes, J., 1992, “Le secteur informel, nouvel enjeu des politiques de développement ?”, *L'Homme et la société*, n°105-106, pp. 63-77.
- Delvaux, E., 2001, ‘‘Le défi de l'économie informelle, L'Afrique face à la mondialisation : le point de vue syndical’’, Genève, Éducation ouvrière, Bureau international du travail, n° 123.
- Dipanda, E, 2006, transport urbain : ‘‘le bus’’ accélère son installation, *Mutations*, 8 février, p.6.
- Djouda Feudjio, Y. D, 2014, “Les jeunes *benskineurs* au Cameroun : entre stratégie de survie et violence de l'État”, *Presses de Sciences Politiques*, n° 71, pp. 97 -117.
- Dongmo, W.J., 2021, ‘‘L'Etat et le secteur informel au Cameroun : démarches de structuration (1986-2017)’’, Thèse de Doctorat en Histoire, Université de Yaoundé I.
- Ekwalla Epee, J., 2009, *Les syndicats au Cameroun : genèse, crise et mutations*, L'Harmattan.
- Essomba, D et Ela Ela, A., 2007, ‘‘L'emploi au Cameroun rétrospective et état des lieux’’, *J'OBSERVE*, Bulletin semestriel d'information de l'Observatoire National de l'Emploi et de la Formation Professionnelle, n° 000.
- Kengne Fodouop et Metton, A., 2000, *Économie informelle et développement dans les pays du sud à l'ère de la mondialisation*, Yaoundé, Presse Universitaire de Yaoundé.
- Kengne Fodouop, 1993, “Le secteur informel dans le contexte des ajustements au Cameroun : l'exemple de la ‘‘vente à la sauvette”, *in Labour, capital and society*, Vol. 26, n° 1, pp. 42-61.
- _______, 1996, “Le secteur informel : un antidote contre la crise économique en Afrique Subsaharienne ?”, *Revue de géographie du Cameroun*, Vol. XII, n° 2.
- _______, 2005, *Le marché de la friperie vestimentaire au Cameroun*, Paris, L'Harmattan.

- _______,2015, *Le Cameroun jardin sacré de la débrouillardise*, Paris, L'Harmattan, 2015.
- Mbembe, A, 2004, "Essai sur le politique en tant que forme de la dépense", *Cahiers d'études africaines,* Vol. 44, n° 173/174, pp.151-192.
- Ngoh, V.J., 1990, *Cameroun 1884-1985 : cent ans d'histoire,* CEPER.
- Sid Ahmed, S. Bellemare, G. et Verret, S., 2005, ''les syndicalismes africains à la croisée des chemins'', Série *: Comparaisons internationales,* n° 23.
- Tagum-Fombeno, H.J., 2006, *L'action des syndicats professionnels en Afrique noire francophone.*
- Tsafack Nanfosso, R., 2011, ''Relations professionnelles et négociation collective au Cameroun'', BIT, Document de travail n^0 27.
- Van Doorn, J. et Tall, A., 2017, ''Diagnostic sur la formalisation des entreprises et de leurs travailleurs au Cameroun : contribution à la préparation d'une feuille de route de transition vers la formalité'', BIT.
- Velasco, M.S., 2002, "Unprotected Labour: What Role for Unions in the Informal Economy?", *Labour Education 2002/2,* Genève, ILO Bureau for Workers' Activities, n° 127.

Trade Unions and political engagement in Cameroon 1944-2015

JABIRU MUHAMMADOU AMADOU

Abstract

Trade Unions in Cameroon have a long tradition of Political engagement, beginning with their involvement in the anti-colonial movements through to present day struggles for democracy. Their historical engagement in the Politics can be divided into three phases. The first phase was marked by a common struggle against Colonialism where close ties were developed between Trade Unions and the National Liberation Movements. The second phase began with independence, collaboration with the state, especially during the Ahidjo's One Party System, and the introduction of state-led projects which rapidly expanded jobs in the Public Sector. The third phase, the phase of market regulation, began in the 1990s. This period witnessed a dramatic growth in the number of Trade Unions in Cameroun. Social unrest mounted with widespread protest against the state. The three important phases enumerated above constitute the focus, aims or better still objectives of this article. The period of Political Liberalization in the 1990s called for political disengagement from the state, clamouring for political freedom, better working conditions and greater autonomy for Trade Unions. The main question we are tempted to ask is how far or to what extent did trade unionism contributed to the decolonization process, democracy and alternative development strategies in Cameroon? Using thematic and chronological approaches and with the help of primary and secondary sources, we arrived at the results that Trade Unions have been major actors in the decolonization process, democratic transformation and improvement in the working condition of workers in Cameroon.

Keywords: Political engagement/disengagement, Trade Unions, Political Liberalization, Market Regulation, Social Unrest, Greater Autonomy.

Résumé

Les syndicats camerounais ont une longue tradition d'engagement politique, depuis leur implication dans les mouvements anticoloniaux jusqu'aux luttes actuelles pour la démocratie. Leur engagement historique dans la politique peut être résumé en trois grandes périodes. La première période concerne la lutte contre le colonialisme, au cours de laquelle des liens étroits se sont établis entre les syndicats et les mouvements de libération nationale. La seconde période débute avec l'indépendance, sous le prisme de la collaboration avec l'État et spécifiquement le système de parti unique institué par le président Ahidjo, mais aussi du foisonnement des sociétés de développement étatiques et par ricochet des emplois dans le secteur public. La troisième période est celle de la régulation du marché, au début des années 90. Elle est marquée par une augmentation spectaculaire du nombre de syndicats au Cameroun, une généralisation des protestations et des troubles sociaux. L'analyse des trois périodes ainsi présentées constitue l'objectif principal de cet article. La libéralisation de la vie politique dans les années 1990 a appelé la réclamation de la liberté politique, de meilleures conditions de travail et d'une plus grande autonomie pour les syndicats. La principale question que l'on est tenté de se poser est de savoir dans quelle mesure le syndicalisme a-t-il contribué au processus de décolonisation, à la démocratie et aux stratégies alternatives de développement au Cameroun. En utilisant une approche thématique et chronologique, et sur la base de sources primaires et secondaires, nous montrons que les syndicats ont été des acteurs majeurs dans le processus de décolonisation, de transformation démocratique et d'amélioration des conditions de travail des travailleurs au Cameroun.

Mots-clés : engagement/désengagement politique, syndicats, libéralisation politique, régulation du marché, troubles sociaux, autonomie.

Introduction

Trade Unionism or Labour Movement in Cameroon has a very rich and telling history especially as regard political engagement. The formation of Trade Unions in Cameroon contributed greatly in the growth of Nationalism and improvement of the working conditions of workers. In pre and post independent Cameroon, Trade Unions clamoured for increased wages for workers, mass awareness and demanded the creation of schools, health facilities, workers' canteens and improved lodging facilities. This was the case of the Cameroon Development Corporation Workers' Unions (CDCWU) in the then Southern Cameroons, and the *Union des Syndicats Confédéres du Cameroun* (USCC) in French Cameroon. Most of the Trade Unions created in Southern Cameroons and French Cameroon later transformed themselves into political parties (V. J. Ngoh, 1996).

After the independence and Reunification of the two Cameroons; that is East and West Cameroons on October 1st 1961, the post independent state of Cameroon faced with the eagerness of Trade Union groups to occupy political space, thereby exceeding their original claims and objectives, adopted an attitude of repression through the emasculation of individual and group rights. This drive was prompted by the project of national unity and integration propounded by the Ahidjo and Biya Regimes respectively (V. J. Ngoh, 1996). Most of the Trade Unions in immediate post independent Cameroon, who became so critical of the state in their quest for development, were proscribed. Some of those major early Trade Unions created in Cameroon in the 1960s and 70s were the National Union of Cameroon Workers (NUCW), the Cameroon National Union (CNU) and later the Cameroon Trade Union Congress (CTUC) (T. Tajoche, 2008, pp. 40-150).

Beginning from the early 1990s with the liberty laws and the emergence of multipartism, several other Trade Unions were created in Cameroon. These new Trade Unions became so vibrant and brought about positive changes in the working conditions of Cameroonian workers, albeit some difficulties. The purpose of this study is to examine or explore the advent and activities as well as political engagement of trade Unions in pre and post independent Cameroon. We will trace the creation, history and political participation of Trade Unions in the evolution of Cameroon. This history of Trade Unions should be noted is closely tied to the political history of the country.

1. TheAdvent/creation and activities of Trade Unions in Pre-independence Cameroon.

1.1. Trade Unions and their activities in French Cameroon

To begin with, it should be noted that most of the leaders of Trade Unions in Pre-independent Cameroon were formerly members of local traditional associations and pressure groups. In French Cameroon, Nationalists regrouped themselves in the late1930s into pressure groups under the canopy of the *Jeunesse Camerounaise Française* (JEUCAFRA) founded in 1938. JEUCAFRA later evolved to become *Union Camerounaise Française* (UNICAFRA) by 1943. The nationalists and pressure groups demanded the suppression of the Mandate System and the right of Cameroonians to elect their own representatives. When Trade Union activities were authorized in 1944, the *Union des Syndicats Confédérés du Cameroun* (USCC), protested against the French in 1945 in Douala. The following year, in 1946, the *Assemblée Representative du Cameroun* (ARCAM) was created and representations were voted into the Assembly (Ngoh, 1996; V.G. Fanso, 134-136). This was an important step toward self–government or autonomy.

Other Trade Unions were created in French Cameroun among which were; the *Force Ouvrière* of Charles Assale; *Confédération Française des Travailleurs Croyants* (CFFC) of Louis Paul Aujoulat, *Confédération Camerounaise des Syndicats croyants* (CCSC), *the Union Camerounaise de Travailleurs Croyants* (UCTC) and the *Union des Syndicats Autonomes du Cameroun* (USAC). Ngoh and Fanso are of the opinion that these Trade Unions were base mostly in either Yaoundé or Douala. Apart from the economic grievances they had, they were also anti-colonial and strongly political in their actions.

1.2. Trade Unions and their activities in British Southern Cameroons

In the Southern Cameroons, the numbers of Trade Unions existing before independence were not as much as in French Cameroon. However, we had some influencial Trade Unions like the Cameroon Development Corporation Workers' Union (CDCWU) which was a very important Trade Union in Southern Cameroons. Just like in French Cameroon, most of the leaders of trade unions in the

Southern Cameroons were earlier active members of pressure groups movements. We can cite the cases of EML Endeley, J.N. Foncha S. T. Muna, P.M. Kale, N. N. Mbile, Augustine Ngom Jua among others. It should also be noted that most of the Trade Unions and Pressure groups in Southern Cameroons later transformed into Political Parties (Ngoh, 1996; V.G. Fanso, 134-136).

In the Mid 1940s, workers in the plantations in Southern Cameroons who were hard-hit by the severe war conditions, high inflation and shortages of local foodstuffs began forming Trade Unions. Although a cost of Living allowance was instituted during the Second World War, it did not completely alleviate the plight of workers. The result was that there were sporadic strikes from July to August 1945. Victor Le Vine (1964, pp. 202-203) makes us understand that, when the CDC was formed in1946, and went into operation in January 1947, the workers formed the CDC workers Union (CDCWU).

The newly created Cameroons Development Corporation workers' Union gave a lot of hopes to workers in the plantations in the Southern Cameroons. EML Endeley was it first Secretary General. Endeley did everything to build the CDCWU to an effective and influencial trade Union. He headed the trade Union until 1950. The CDCWU encouraged mass awareness, demanded the creation of schools and health facilities, workers' canteens and increase wages of almost 40%. Victor Le Vine (1964, pp. 202-203) further tell us that when demands were not met, they called for a general strike. This made the CDCWU to be conscious of their rights and taught them to act in unity.

In May 1949, a conference of 17 Cameroons group (including the CDCWU and one group from French Cameroun) met at Kumba to discuss common problems and plan submission to the first UN Mission, Schedule to visit the two territories in October of that year. One of the outcome was the creation of the Cameroon National Federation (CNF), which was a pressure group headed by EML Endeley. Other pressure groups in the Southern Cameroons included; the Cameroon Welfare Union (CWU) and the Cameroon Youth league (CYL). The CDCWU presented a petition to the UN urging the return of Bakweri lands confiscated by the Germans for the plantation (Victor Le Vine, 1964, pp. 202-203).

2. Trade Unions Political Activities in Post Independent Cameroon

2.1. Political activities of Trade Unions in East Cameroon

In immediate post-independent Cameroon, most of the Trade Unions were directly linked to the state or ruling party. However, the Trade Unions retained some autonomy and influence. This was experience from 1961 to1966 when the Federal Republic of Cameroon became more of a one party state under the Ahidjo Regime. Beginning from 1966, under the one party system, most of the Trade Unions in Cameroon lost their right for autonomy and influence. They were force in association or collaboration with the state (Tajoche, 2008, pp.50-160). The Trade Unions were asked by the Ahidjo government to accompany the state toward development and growth. The trade unions were also re-model Trade Unions destined to serve the Cameroon National Union (CNU) lone party.

Victor Le Vine is of the opinion that, the post independent period in Cameroon was also characterized by instability, insecurity, terrorism and internal wrangling. Some of the Trade Unions refused following Ahidjo's one party system. This was the case of the *Conseil National des Syndicats du Cameroun* (CNSC) which was pro-Marxist. Two camps of Trade Unions emerge in the late 1960s and early 1970s; those who supported the one party system of president Ahidjo and those who were against it. This eventually led to a split within the council that the Trade Unions were meeting. The *Union Camerounaise* (UC) party of Ahmadou Ahidjo took advantage of the conflict to intervene in its activities and launch an appeal for national Trade Union Unity (Temngah Joseph Nyambo, 2008, 61-71).

In 1962, the UC party held a congress in Ebolowa. During that congress, the party leaders or authorities appealed to all Trade Unions to fuse into one organization. This appeal as Temngah Joseph Nyambo puts it, affected Trade Union activities nationwide. Temngah goes further to say that, in 1963, the FSC Trade Union headed by Joseph Amougou and Jacques Ngom as Secretary General was created and expressed the desire to cooperate with the party in government. This felt in line with the initial call for Trade Unions to come together under one umbrella. It should be noted that, most of these calls for union of Trade Unions was coming from French or better still East Cameroon.

2.2. Political activities of Trade Unions in West Cameroon

Meanwhile in West Cameroon, with the persistent split or division in East Cameron, the CDCWU remained autonomous, free and responsible. The West Cameroonians (Anglophone Cameroon) remained so attached to their British cultural heritage. The KNDP party of J.N. Foncha wanted to subject Trade Unions in West Cameroon to the recent ideals of Trade Unions in East Cameron of uniting together to become one. After a long period of tension, then heated debates, Union leaders in West or Anglophone Cameroon finally accepted the idea of J.N. Foncha to come together on condition that government would not interfere or infringe on union autonomy (Temngah Joseph Nyambo, 2008, 61-71). By then, G.B. Fogam has become the Secretary General of the CDCWU. G.B. Fogam should be noted had a lot of experience on Trade Union freedom or in Trade Union activities because he had occupied important positions in some international organizations like the International Labour Organization (ILO) (Temngah Joseph Nyambo, 2008, 61-71).

What was even more interesting in West Cameroon was the fact that the KNDP government of J.N. Foncha did not interfered in Trade Union activities. Ngoh and Temngah are unanimous that, the government authorities in that part of the country only supported the idea of the creation of a Central Labour Trade Union Congress (WCTUC), independent of government actions and decisions. This culminated in the formation of the West Cameroon Trade Union Congress (WCTUC). What is interesting to note here is the fact that while Trade Unions in West Cameroon tried as much as possible to maintain their autonomy, Trade Unions in East Cameroon were ready to submit themselves to state control thereby, sacrificing their autonomy.

3. The creation of the National Union of Cameroon Workers (NUCW)

The government of President Ahidjo was very determined to merge all the Trade Unions, most especially in East Cameroon into one. This appeal was repeated in Garoua in 1969 during the CNU congress, with the major aim of achieving unity and the one party system. During the Garoua CNU congress, President Ahidjo spelt out the role of Trade Unions in the new Republic (United Republic of

Cameroon) that was gradually put in place. He went further to tell Trade Union leaders that if they wanted to freely and normally carry out their activities under the new Republic, they needed to iron out their differences. Still in the Garoua Congress, Victor Le Vine makes it clear that three Trade Unions namely: the FSC and the USCC in East Cameroon and the WCTUC in West Cameroon were in favour of Trade Unions Unity than integrating into the ruling party. By 1971, all of the Trade Unions had dissolved, giving rise to a newly dominant single union called the National Union of Cameroon workers (NUCW). It should be recalled that before the creation of the NUCW, the Secretary General of the WCTUC, who was invited to the Garoua Congress refused to sign a document accepting the appeal for unity on behalf of his union (Temngah Joseph Nyambo, 2008:65). The NUCW new leadership was immediately co-opted into the ruling party. As such, its first President, Moïse Défith Satougle, became a central committee member of the ruling CNU party. This merger was not without some incident as opponent of the union organized strikes to contest the single union put in place under the Ahidjo one party system. Those who were against the union continued their strikes and the government finally understood that it could not smoothly collaborate and work effectively with the NUCW. As a result, the NUCW was dissolved in August 1975 (Temngah Joseph Nyambo, 2008, 61-71).

Members of the NUCW were so divided and supporting opposite camp. The President was against most government decision. He kept on defending the right of workers and not the government. Other members of the NUCW supported all decisions taken by government. Up to 1990, some of the pro-government sides were seen marching alongside party men and women to warn against the dangers of a precipitated multi-partyism. This cohabitation led to the loss of right to work. Almost all workers were compelled to be members of the NUCW and the ruling party. The Biya government continued with the one party system up till 1990-1991, when he promulgated the liberty laws on freedom of expression and association. That was the beginning of the period of liberalization, freedom of expression and political freedom for Trade Unions.

Collaboration between post-independent trade unions and the government prove fruitless, most especially due to the fact that it was the era of the single party system. Beginning from the early 1990s with the liberty laws, things started taking a different turn. Some prominent Trade Union leaders like Louis Sombes in the1990s called for a nationwide strike. The strike was schedule to begin on the 28 of November 1993. However, due to division among Trade Union leaders, the strike action was finally called off on the 10th of May 1994. Worth noting is the fact that, the government was accused by some Trade Union leaders for instigating those divisions among the different Trade Unions. The1990 law on Associations and 1992 labour code paved the way for the revitalization of Trade Union activities (Temngah Joseph Nyambo, 2008, 61-71).

3.1. The creation of other Trade Unions in the early 1990s

In the early 1990s, we experience the emergence or creation of several Trade Unions in Cameroon. By early1994, many other Trade Unions in the field of education, public service and the private sector saw the light of day. Nonetheless, the Trade Unions faced a lot of difficulties, threat and pressure to carry out their activities. For example in 1994, the CCTU Secretary General was sacked and jailed. More to that in the educational milieu, most especially the higher education and research level, the pioneer President of SYNES, Jongwane Dipoko was attacked and constantly put under pressure. As if that was not enough, Jongwane Dipoko and his secretary general were tried and some sanctions meted on them. At the same time, Anglophone parents express their grievances as far as the organization of the GCE examination was concerned. By this time, the Anglophone people were experiencing some crisis in the GCE exams. Added to that was the salary cuts in 1993. Most of the Trade Unions wanted to be free in order to normally carry out their labour movement activities (Temngah Joseph Nyambo, 2008, 61-71).

Still in that 1994, teachers' syndicate in Anglophone Cameroon express some problems. The Cameroon Teachers' Trade Union (CATTU) led by Simon Nkwenti, express their salary problems, especially the cut in salary after the devaluation of the CFA in 1994. Other Trade Unions who voice out their grievances in the 1990s were the *Syndicat National Autonome de l'Enseignement Secondaire* (SNAES), the Teachers' Association of Cameroon (TAC), the Cameroon Public Service Union (CAPSU) and *L'Association Nationale Autonome des Chaufeurs d'Autobus, des Taxis et des cars du Cameroun.* According to Le Vine, all of these Trade Unions called for greater freedom of expression, better wages and good working conditions of workers both in the public and the private sector. The Teachers' Association of Cameroon, the Confederation of Anglophone Parent-Teachers Associations (CAPTAC) fought very hard to have an independent General Certificate of Education Examination Board granted in 1993.

3.2. Trade Union and the Informal sector

Beginning from the late 1990s, most of the Trade Unions in Cameroon discovered that to effectively carry out their activities and help improve the working conditions of workers in Cameroon, they had to work in collaboration with the informal sector. Most especially taking into consideration that majority of Cameroonian workers were base in the informal sector. According to Roger Tsafack Nanfosso, majority of the Cameroon labour force are found in the informal sector. It is estimated that as many as nine over ten rural and urban workers have informal jobs. In most developing countries, the informal sector is expanding rapidly, and is vast, heterogeneous in terms of activities and occupations. At times, one qualifies it as innovative, dynamic and a provider of opportunities for those with entrepreneurship skills (Roger Tsafack Nanfosso, 2006, 1-20). Yet, working conditions in this sector are too oppressive, and often unsafe; incomes of unregulated wage earners and the self-employed are usually at or below the poverty line; access to state-provided social protection, training, and social services are severely restricted; exploitation and infringement of workers' rights are common (Roger Tsafack Nanfosso, 2006, 3-20).

For the vast majority of dependent and own account workers, the informal sector is not a stepping stone to improvement, but a strategy for survival. Therefore, the informal sector is becoming not only a reality in the context of globalization, but also a holder of great promises as far its potential role for economic development is concerned. The importance of the informal economy and informal workers is so huge that it becomes simply impossible to be neglected in Africa in general and Cameroon in Particular. Most of the trade Unions in Cameroon, especially from the early 2000s began adding the grievances of the informal sector into their demands. This was the case of the General Trade Union of Cameroon Workers (UGTC) and the public sector Workers Central Union (CSP). Temngah and Roger Nanfosso are of the opinion that the newly elected bureau of the Confederation of Autonomous Trade Unions of Cameroon in 2014, added their voice also in favour of the right of the informal sector.

According to Roger Tsafack Nanfosso again, among the informal workers, two categories of people need some specific attention, either because of their number and their social role inside the households (Women), or due to the fact that they should normally be involved in some other activities, because of their school age (children). Some of those Trade Unions who fight for the protection of members of the informal sector are; the National Federation of Trade Unions of Regional and Local Authorities of Cameroon (FENTEDCAM), the National Association of Street Children (ANER), the Association of Former Street Children (AAER), Association of Working Children and Youth of Cameroon (AEJT-CAM), the Association of Traders and Street Vendors of Cameroon (ACSCAM), the General Confederation of Transportation Trade Unions of Cameroon (CGSTC), Group of Associations and Unions of Motorcycles Taxis (GRASMOTA), Federation of Unions and Common Initiatives Groups of Producers and Consumers Association of Cameroon (FEUGICPROCA), the Association of Merchants and Street Vendors of Cameroon (ACAM), the Numerous Associations of Merchants and Sellers (ACV) and the National Association of Street Vendors of Cameroon (ANESCAM) (Roger Tsafack Nanfosso, 2006, 1-20).

4. Cameroon Trade Unions Explicitly Disengaged From Polities

It should be noted that in Cameroon, Trade Unions beginning from the early 1990s had the objective of explicitly disengaged from party politics. They took the lead in civil society and succeeded in stopping the privatization of some leading state companies. By not aligning with the CPDM ruling party or any other opposition party, Trade Unions were able to win Public space as well as express their grievances freely. In the era of market regulation, it was necessary and important to rethink the historic alliances that have existed between Trade Unions and Political Parties (Tajoche, 2008, 50-150).

Trade Unions in Post Independent Cameroon have, until recently tended to rely on their alliances with ruling parties in trying to influence public policy. This preoccupation with political parties led to division among the different Trade Unions found in Cameroon. At times, the state turned to ally with some of the Trade Unions favourable to them, to counteract strike actions call by Trade Unions opposing government poor administration or day today running of the state. This close identification of Union leaders with Specific camps split unions. Many affiliates were divided into two camps and were unable to get on with the core activities of a union because of a breakdown of trust between union leaders (Edward Webster, 2007, 1-15).

The evidence from the country studies is that Unions in Cameroon are rethinking their approach to politics, a rethink in which Unions rely less on their alliance with the ruling party-what could be called a political alliance; to a focus on building coalitions with other organizations in civil society, such as women's organizations, organization of the self-employed, NGOs and informal economy organizations. By so doing, we can say that political engagement is not reducible to party political affiliation. Indeed, if Trade Union's authority with respect to political parties is a concern, then alliances with civil society organizations can provide an alternative way of engaging in political activity (Edward Webster, 2007, 1-15).

4.1. The Way Forward

Taking into consideration of the strength that capital now wields in the global economy, it makes sense to develop a multi-pronged approach, to the sources of power that Trade Unions can draw on. In addition to traditional sources of power-work place bargaining and social dialogue; there is a need to identify the new sources of power that have emerged in the global economy. According to Edward Webster, this involves an extension of links in a horizontal direction to the community as well as drawing on international pressure such as codes of conduct to promote fair labour standards or more centrally, on the commodity chains that link Cameroon and why not Africa to the global world economy.

Our fervent wish is that Trade Unions continue to play central roles in the struggle for democracy in Cameroon. Unlike established democracies, post-colonial African Countries including Cameroon are engaged in the complex task of nation-building and economic reconstruction. As a result, a very distinct culture of "us" and "them" develops, whereby people are accepted as "one of us" (a comrade) on the basis of their commitment, to certain Trade Unions or most especially the ruling party. Those who oppose the government become "the enemy" or even counter revolutionaries. In other words, the margins of tolerance are much lower in such situations as democracy has not been consolidated. The result at times is open and violent confrontation with a union-backed opposition.

Conclusion

Political engagement of syndicates or Trade Unions began in Cameroon in the early 1940s. This was when the first Trade Unions saw the light of day in French Cameroon and the Southern Cameroons. Since then, the political activities of Trade Unions in post-independence Cameroon were three fold; the first one being that of the fight or struggle against colonialism. The second one came immediately after independence and reunification of the two Cameroons, marked by Trade Union's Collaboration with the state under the one party regime. The third phase was the period of political liberalization in the early 1990s. Trade Union leaders during this time called for political disengagement from the state, more political freedom and autonomy of Cameroonian Trade Unions.

The existence of strong Trade Unions has historically been central to the creation of a democratic order. In Cameroon in particular and Africa at large, Trade Unions were at the forefront of the struggle to maintain democratic institutions and democratic rule. Vibrant militant independent Trade Unions, it can be argued, were the most important bulwark against authoritarianism. In Cameroon, Trade Unionism during the post-one-party era has dwindled and the unemployment crisis and structural adjustment programme have weakened the Unions. The existence of independent Trade Unions on paper is only a token sign that associational life is flourishing in the country since the 1990s. Unfortunately, the practice regarding Trade Union matters is far from being liberal. The laws on freedom of association and on Trade Unions still contain Clauses that undermine real Trade Union autonomy. In Trade Union matters, much has to be done and only proper consultation between the various stakeholders with a view to producing truly and genuinely acceptable liberal laws on the matter seems a viable solution. Under the colonial governments, restrictions were not placed on Trade Unions, but today, ambiguous laws and the personal ambitions of Union leaders seeking lucrative appointments override general interests, leading to continuing Trade Union weaknesses in Cameroon.

It should be recalled that the power of Trade Union does not only lie in its strategic location in the workplace and its capacity to mobilize and organize, but also in the power of ideas and its capacity to present ideas that challenge market-driven development and provide alternatives that point toward a more labour friendly global order. Trade Unions need to develop new partnership with research entities and universities to engage and contest the neo-liberal-idea that have become the dominant paradigm in the International Financial Institutions.

Bibliography

- Fanso, V. G., 1989, *Cameroon History for Secondary Schools and Colleges*, Vol.2, Macmillan Publisher, London.
- Kahn Freund, O., 1972, *Labour and the Law*, Stevens and Sons, London.
- Kaptue, L., 1990, "De La Clandestinité à la Légalite. Protosyndicats et Syndicalisme Institutionnel au Cameroun de 1919 à 1944", *Annals of the Faculty of Arts, Letters and Social Sciences*, Vol. VI, N°1 and 2, January-July, University of Yaounde.
- Kaptue, L., 1994, "Droit et Syndicalisme au Cameroun", *Revue Juridique Africaine*, N°. 4.
- Konings, P., 1993, "Labour Resistance in Cameroon: Managerial Strategies of Labour Resistance in the Agro-Industrial Plantations of the Cameroon Development Corporation", Leiden, ASC.
- Konings, P., 2003, "Organized Labour and Neo-Liberal Economic and Political Reforms in West and Central Africa," *Journal of Contemporary African Studies*, 21, 3.
- Nanfosso, T.R., 2016, "Trade Union and the Informal Sector in Africa: Cameroon", *Journal of Modern Economy*, Vol. 7, N°11s, October.

- Ngoh, V. J., 1996, *History of Cameroon since 1800*, Pressbook Limited, Limbe.
- Tajoche T., 2008, *Cameroon History in the 19th and 20th Centuries*, Education Book Centre, Buea.
- Temngah, J.N., 2008, "The Evolution of Trade Unionism and the prospects for Alternatives to the Labour Question", In *Classical Social Movements*, Chapter 3, 12:29.
- Temngah, J.N., 1995, "The Protection of the Right to work under Cameroonian Law", University of Yaounde II, Unpublished Doctorat de 3eme Cycle in Law, Yaounde.
- Victor T. Le Vine, 1964, *The Cameroons From Mandate to Independence*, University of California Press, Berkeley and Los Angeles.

Coopération intersyndicale en contexte de crise sociopolitique: l'appui des syndicalistes français à leurs camarades camerounais (1955-1960)

Emmanuel TCHUMTCHOUA
Professeur titulaire
Université de Douala

Résumé

Dans un contexte de grave crise sociopolitique marquée par la volonté du gouvernement français de mettre « hors d'état de nuire » l'UPC et tous ceux qui luttaient pour la fin de la domination coloniale, les syndicats surtout ceux qui étaient affiliés à l'USCC et qui étaient largement majoritaires, furent malgré eux entrainés dans la spirale de la répression. Dans ces moments de grandes incertitudes et de lutte, les syndicalistes camerounais reçurent un soutien multiforme de leurs collègues français. Cet article étudie les origines, les formes et les conséquences de ce soutien.

Summary

Within the context of serious socio-political crisis caused by the will of the French government to dissolve the UPC party and all those who fought for the end of colonial domination, the trade unions especially those who were affiliated to the USCC and who were in the majority, were in spite of themselves drawn into the spiral of repression. In these moments of great uncertainty and struggle, Cameroonian trade unionists received multifaceted support from their French colleagues. This paper studies the origins, forms and consequences of this support.

Introduction

Les liens entre les syndicats camerounais et leurs homologues français particulièrement la CGT sont très anciens. Des syndicalistes français, membres de la CGT comme Maurice Soulier, Pierre Étienne Lalaurie, Lapeyère, Bonnecaze ou Gaston Donnat contribuèrent, bien avant la promulgation de la loi de 1944 autorisant les syndicats indigènes au Cameroun, à l'émergence du syndicalisme dans le pays (Sur la naissance des syndicats, au Cameroun lire : Deltombe, Domergue et Tatsitsa (2011) ; Donnat (1986) ; Eyinga (1985) ; Joseph Richard (1986) ; Mbembe (1996) ; Moumé Etia (1991) ; Tchumtchoua (2006) ; Dikoumé ; (2006), Kaptué (1988) ; Moussa Gouane (2004). Malgré les enjeux nouveaux auxquels étaient confrontés tous ceux qui vivaient dans l'empire (pour parler le langage du temps) et surtout la vive opposition de l'administration coloniale, ces liens tinrent la route et prirent une autre tournure à partir de 1955 avec les évènements de mai de cette année-là qui débouchèrent sur une tentative du pouvoir colonial de faire main basse sur les syndicats afin de les mettre au service de sa politique.

Cet article retrace le long combat des syndicalistes camerounais, aidés en cela par leurs collègues français, membres de la CGT afin de sortir des griffes d'un pouvoir colonial, décidé sur le plan idéologique, de débloquer par tous les moyens les verrous qui selon lui, maintenaient certains partis politiques et syndicats africains dans le giron de la CGT et du parti communiste français, faisant d'eux les adversaires résolus de la politique coloniale française en Afrique noire.

1. La nuit s'étend sur le « Vietnam… des autres »[1]

Dès le début des années 1950, et ce pour des considérations géopolitiques (défaite au Vietnam, début de la guerre d'Algérie, lutte contre le communisme) et de politique interne française (lutte contre les idées indépendantistes, découverte et forage des puits de pétrole au Cameroun), la France décida d'empêcher par tous les moyens l'émergence d'un autre front de troubles socio-politiques au Cameroun. Une telle politique devait se traduire selon Roland Pré, Haut-Commissaire de la République française au Cameroun, par une démarche en deux temps : il fallait d'abord « provoquer la disparition de l'UPC », principal porte-flambeau des revendications nationalistes au Cameroun ; ensuite « faciliter la mise en place de nouvelles

[1] Nous empruntons cette expression à Mongo Beti comme un clin d'œil à l'un des adversaires résolus de la domination coloniale et postcoloniale. Voir *Main basse sur le Cameroun, autopsie d'une décolonisation* (1977), Rouen, Editions des peuples noirs, p.339.

structures »[2] ou organisations sociales favorables à la France et au maintien du Cameroun dans le giron français. Il ne s'agissait pas de la démarche individuelle mais comme l'atteste la lettre de félicitation du ministre de la France d'Outre-mer Pierre-Henri Teitgen adressée à Roland Pré, d'une politique globale pensée depuis Paris.[3]

La politique française de répression et de remplacement des organisations sociales et politiques a connu son point culminant avec les évènements de mai 1955 au Cameroun et l'interdiction de l'UPC ainsi que ses organes annexes que sont la JDC (Jeunesse Démocratique Camerounaise) et l'UDEFEC (Union Démocratique des Femmes Camerounaises).[4] L'article 2 de ce décret du 15 juillet 1955 portant dissolution de l'UPC dispose que : « Sera puni d'un emprisonnement de six mois à deux ans et d'une amende de 4000 à 1200000 francs quiconque aura participé au maintien ou à la reconstitution directe ou indirecte de l'association ou groupement visé à l'article 1er », (Fotso, et al, 2011 :151).

Ce texte servit de support juridique à une véritable entreprise de démolition de l'UPC et de chasse aux sorcières sur l'étendue du territoire. Des mandats d'arrêt furent émis contre tous les responsables de l'UPC. Ceux qui n'étaient pas en fuite étaient arrêtés et jetés en prison Eyinga, 1991 :83). Alors que cette loi en son article 3 demandait seulement la confiscation des « uniformes, insignes et emblèmes » de l'association ainsi interdite, l'administration criminalisa la possession de ces objets. Toute personne arrêtée en possession d'un document ou d'un objet ayant un lien plus ou moins direct avec l'UPC était jetée en prison sous le fallacieux prétexte de « tentative de reconstitution de ligue dissoute ». À titre purement illustratif, en mai 1957, Aaron Boum, arrêté au poste de contrôle de la gendarmerie sur le Nkam dans la subdivision de Bafang avec dans ses bagages, des journaux, des tracts et une vieille carte de la JDC, était placé directement sous mandat de dépôt.[5]Le 3 septembre 1956, un

---

2 Télégramme envoyé par Roland Pré au ministre français d'Outre-Mer le 30 mai 1955 ; cité par Deltombe Thomas, Domergue Manuel, Tatsitsa Jacob (2011), *Kamerun ! Une guerre cachée, p.176.*

3 CAOM, Affaires politiques 3335, Lettre du ministre Pierre-Henri Teitgen à Roland Pré.

4 Sur ces événements de mai 1955, lire Deltombe Thomas, Domergue Manuel, Tatsitsa Jacob (2011), *Kamerun ! Une guerre cachée, p.113-185.*

5 Ibid, p. 149

groupe de personnes se rendant à Bamenda (Cameroun britannique à l'époque) pour une rencontre de l'UPC étaient arrêtées à un poste de contrôle de la gendarmerie dans la subdivision de Mbouda et placées immédiatement sous mandat de dépôt.[6]

Pour ajouter du vernis légal à cette entreprise de répression, la justice fut mise à contribution. Des audiences foraines mobiles furent organisées dans les différents chefs-lieux de subdivision afin de juger le plus rapidement les milliers de personnes qui avaient été arrêtées et qui croupissaient déjà en prison. On parlerait d'une parodie de justice si on n'était pas en situation coloniale, marquée par l'absence de justice pour les nègres. La situation paraissait normale donc. Cette violence institutionnelle s'abattait également sur les organisations sociales révélant ainsi son vrai visage, celui d'une machine politique chargée d'éteindre toute voix dissidente sur le territoire du Cameroun. Alors qu'aucun syndicat n'était cité dans la décision d'interdiction de l'UPC, la répression n'épargna pas cette force sociale. La branche syndicale qui paya le plus le prix de cette politique d'inféodation au forceps des forces sociales fut celle qui était idéologiquement proche de l'UPC, à savoir l'USCC-CGT.

Il faut dire en passant que l'administration française avait maille à partir avec cette organisation syndicale quelques années auparavant. Par la corruption, les intimidations, les multiplications des syndicats à sa solde, l'administration française n'était pas arrivée à faire plier l'USCC-CGT, surtout sa puissante fédération des cheminots. Cette dernière fédération venait de remporter la dernière élection des délégués syndicaux et ceci au grand dam de l'administration et de ses suppôts.[7] La répression contre l'UPC donna ainsi l'occasion à l'administration française d'en finir avec cet autre élément gênant qu'était l'USCC-CGT.

C'est ainsi que des leaders syndicaux tels que Jacques Henri Ngom, Thomas Tang, Roger Elombo, Alphonse Essex, Martin Babong par ailleurs délégué du personnel et membre du Conseil d'administration de la REGIFERCAM (Régie des chemins de fer du

---

[6] Ibid p.150

[7] Lire à cet effet, Emmanuel Tchumtchoua, « Cheminots, syndicalisme et nationalisme au Cameroun sous administration française. (1946-1960) : une histoire àécrire » in *Africana Studia, Revista international de estudos Africanos. Internatinal Journal of African Studies*, No. 28, 2017, pp. 169-186

Cameroun), Théophile Mbock furent jetés en prison[8]. Les statistiques syndicales parlent de plus d'une centaine de membres écroués dans les prisons de Douala, Yaoundé, Edéa et Nkongsamba.[9] Certains de ces syndicalistes n'étaient même pas membres de l'UPC. Leur seul crime était d'appartenir à des syndicats que l'on pourrait qualifier de revendicatifs et de nationalistes. Pour renforcer la répression et isoler davantage les syndicalistes emprisonnés, l'administration française fit changer les gardiens de prison pour les remplacer par des « Tchadiens et des Kirdis » du Nord-Cameroun.[10]

Après l'interdiction et la répression, l'administration française pensait qu'elle en avait fini avec les mouvements nationalistes au Cameroun. C'est d'ailleurs ce que déclara non sans une certaine jubilation Roland Pré lors d'un déjeuner avec la presse en juin 1955 à Paris « Il y a aujourd'hui un vide politique au Cameroun, car l'UPC a entrainé la CGT dans sa chute », (Fotso et al, 2011 :147).

2. La solidarité entre les classes ouvrières comme arme de combat

Le mouvement syndical insubordonné aux intérêts de la l'administration coloniale ne disparut cependant pas avec les lois de 1955. Il reçut plutôt le soutien de quelques acteurs du syndicalisme français pour se poursuivre.

2.1. Au début était Ernest Fines

Ernest Fines était un cheminot français, originaire de la région de Carcassonne, affecté au Cameroun comme adjoint au chef de gare.[11] Il était en outre membre de la CGT, principalement de la fédération

---

[8] ANY 2 AC 7059 UPC leaders. Arrestations 1955
Archives de la CGT Paris (Fédération nationale des cheminots français)

[9] Archives de la CGT Paris (Fédération nationale des cheminots français), Lettre en date du 6 mars 1956 du comité de défense et de solidarité Ernest Fines à monsieur le juge (Douala).

[10] Archives de la CGT Paris (Fédération nationale des cheminots français), Lettre manuscrite en date du 31 juillet 1955 de monsieur Fines à monsieur Alphonse Drouard.

[11] Toutes les informations ici sont tirées de la lettre envoyée le 26 mars 1956 par le comité de défense et de solidarité Ernest Fines au juge de la cour d'Appel de Yaoundé in Archives de la CGT Paris (Fédération nationale des cheminots français),

nationale des cheminots. Par contre, nous n'avons aucune indication montrant qu'il était membre du parti communiste français. Une fois arrivé au Cameroun, il s'engagea naturellement dans le syndicat local à savoir le syndicat des cheminots du Cameroun qui était affilié à la l'USCC. Il s'inséra rapidement et si bien dans le tissu syndical local que ses camarades n'eurent aucune peine à lui confier la trésorerie. Lorsque l'administration française décida de décapiter le syndicalisme et le nationalisme au Cameroun, il fut dans un premier temps épargné. Son statut de fonctionnaire français en détachement lui servit de bouclier de protection, mais pas pour longtemps.

C'est lui qui alerta les syndicalistes français sur la répression qui avait cours au Cameroun. Il rédigea à cet effet un petit article de synthèse pour le journal « La vie ouvrière »[12] de la CGT. Dans le but de « donner plus de vigueur… au syndicat »[13] attaqué de toute part par la répression, il décida de réorganiser le syndicat des cheminots dont il était le trésorier et dont le Secrétaire général était en prison. Il proposa à cet effet la candidature de Momha comme Secrétaire général par intérim et pour une prochaine formation en France.[14]

Cette démarche de Fines allait à l'encontre des objectifs recherchés par l'administration française. La foudre de la répression s'abattit sur sa tête ainsi que sur celle de son poulain Momha. Ils furent arrêtés et jetés en prison sous le prétexte de « reconstitution d'association dissoute ». Pour comble, la REGIFERCAM refusa aussitôt de lui payer son salaire. Sa famille n'eût alors autre choix que de rentrer en France le laissant aux mains de ses bourreaux[15]. Contrairement à ce que l'administration avait prévu, l'arrestation et l'emprisonnement d'Ernest Fines permirent le lancement d'une véritable campagne de mobilisation en France et ailleurs, révélant ainsi au monde ce qui se passait au Cameroun.

Les premiers à prendre l'initiative furent ses collègues cheminots de la ville de Carcassonne qui mirent sur pied « un comité d'action et de solidarité pour la libération du cheminot Audois Ernest Fines et

---

[12] Archives de la CGT Paris (Fédération nationale des cheminots français), lettre en date du 31 juillet 1955 de monsieur Fines à monsieur Drouard.

[13] Ibid.

[14] Ibid.

[15] Archives de la CGT Paris (Fédération nationale des cheminots français), Comité d'action et de solidarité pour la libération du cheminot Audois Ernest Fines et pour le soutien à sa famille.

pour le soutien à sa famille »[16]. Le fait d'insister sur son identité d'Audois visait à montrer que c'est un enfant du pays et cela paya. Dans tout le département de l'Aude et les départements environnants, des petits comités se créèrent inondant les autorités françaises et camerounaises, les juges et les journaux, de tracts et de pétitions.[17] Les syndicats membres de la CGT servirent de relais à cette vaste campagne de mobilisation. Dans cette croisade contre « l'arbitraire » pour emprunter le langage de ces militants, il va sans dire que les cheminots tenaient la tête de prou, solidarité de corps aidant. Ils allèrent jusqu'à menacer de faire grève si Fines n'était pas relâché.[18]Partout en France et jusque sur les bancs de l'Assemblée, la politique française au Cameroun était brocardée.

Un organisme indépendant, le Comité de défense des libertés démocratiques en Afrique noire, créé avec le soutien des syndicalistes français, joua un rôle primordial dans une sorte d'internationalisation de cette mobilisation. Cet organisme dirigé par le syndicaliste Pierre Kaldor coordonna au niveau national, et ce en rapport avec les secrétaires fédéraux Georges Seguy et Alphonse Drouard, « la solidarité des cheminots français auprès des travailleurs camerounais emprisonnés à la suite de la répression sanglante dont ont été victimes ces travailleurs par les colonialistes français »[19]. Devant une telle pression, l'administration française céda. Fines fut relâché en appel et expulsé du pays en décembre 1956.

2.2. Mobilisation pour les leaders syndicalistes camerounais.

La relaxe de Fines ne mit pas fin à la mobilisation en faveur du syndicalisme camerounais. Celle-ci s'accrut et se perfectionna. Par souci d'efficacité, les responsables de cette mobilisation réorganisèrent les interventions autour des secteurs fédéraux. Chaque

---

[16] Archives de la CGT Paris (Fédération nationale des cheminots français), lettre en date du 14 novembre 1955 de monsieur Georges Malgouyress, Secrétaire General du secteur fédéral à monsieur Alphonse Drouard, Secrétaire fédéral.

[17] Archives de la CGT Paris (Fédération nationale des cheminots français), Lettre envoyée le 26 mars 1956 par le comité de défense et de solidarité Ernest Fines au juge de la Cour d'Appel de Yaoundé.

[18] Ibid.

[19] Archives de la CGT Paris (Fédération nationale des cheminots français), Lettre en date du 7 novembre 1957 du Secrétaire fédéral G. Seguy au secteur fédéral de Paris-Nord.

secteur de la CGT fut chargé de parrainer un ou plusieurs syndicalistes camerounais emprisonnés. C'est ainsi que le secteur de Paris-Nord reçut la mission de parrainer le syndicaliste Théophile Mbock, emprisonné à Yaoundé.[20] Ce parrainage consistait à envoyer des lettres de protestation aux différents responsables administratifs du Cameroun et en France et aux juges en particulier. Chaque secteur se devait de faire connaitre la cause de son filleul, si on pouvait le dire ainsi, à l'opinion nationale et internationale et cotiser de l'argent pour payer les frais d'avocat et soutenir la famille. Il faut préciser ici que l'administration française au Cameroun avait poussé la méchanceté jusqu'à priver de salaire ceux qui étaient arrêtés et emprisonnés. Le but de la manœuvre était clair, faire pression sur ce dernier afin qu'ils abandonnent le combat. D'ailleurs, certains à l'instar de Jacques Ngom et Alphonse Essex comprirent vite la manœuvre. Ils décidèrent d'abandonner le syndicalisme revendicatif et furent relâchés immédiatement avec en prime une « reconstitution de solde »[21]. Ce privilège ne fut pas accordé à tous, car d'autres qui avaient même purgé l'entièreté de leur peine, mais qui avaient décidé de conserver l'esprit initial du syndicalisme camerounais durent se battre pendant longtemps pour réintégrer le corps et souvent sans reconstitution de solde. On nous excusera ce qui peut apparaître comme une digression, mais elle a l'avantage de nous indiquer l'envers du décor de cette comédie ubuesque et mensongère que fut le discours français sur le maintien de l'ordre au Cameroun.

Dans cette répartition de tâche, le comité de défense des libertés démocratiques en Afrique noire, en liaison avec les responsables syndicaux français, se consacra à la coordination de toutes ces actions avec un accent particulier sur l'organisation du soutien financier aux syndicalistes emprisonnés et à leur famille ainsi que la constitution d'avocats devant assurer la défense des mis en cause. À titre purement illustratif, l'épouse de Martin Mabong reçut de cette coordination la somme de 5000 francs français.[22] Il faut rappeler ainsi que la répression entrainait en plus de la privation des libertés, la suspension du salaire. Seule cette solidarité syndicale doublée de la mobilisation

---

[20] Ibid.

[21] Archives de la CGT Paris (Fédération nationale des cheminots français), lettre en date du 23 mai 1958 d'Ernest Fines à monsieur Drouard.

[22] Archives de la CGT Paris (Fédération nationale des cheminots français), lettre manuscrite en date du 9 septembre 1955 de monsieur Martin Babong, secrétaire adjoint du syndicat unique des cheminots à monsieur Alphonse Drouard.

des syndicalistes camerounais pour soutenir les familles des personnes emprisonnées permit à ces derniers ainsi qu'à leur famille respective de supporter.

Dans cette organisation, deux avocats français commis par la CGT et le comité de défense des libertés démocratiques en Afrique noire jouèrent dans ces moments de grande tristesse, un rôle d'une importance capitale. Dans cette machination dont le haut-commissaire tenait les clés, maitres Louise et Roger Teoder[23] surent redonner l'espoir aux Camerounais montrant ainsi et comme l'écrit Martin Babong qu'il ne faut pas « confondre le vrai peuple français avec les colonialistes »[24].Ils furent pendant longtemps les seuls liens entre les prisonniers dont certains étaient privés de simples visites et l'extérieur. En transportant les courriers, les aides financières et même des médicaments en plus de la défense des inculpés, ils servirent d'agents de liaison entre les prisonniers, les organisations internationales et les syndicalistes locaux.

2.3. La CGT et les combats fratricides dans les syndicats alliés

De peur que cette forte mobilisation internationale ne fasse tache d'huile en faisant connaitre toutes les pratiques peu orthodoxes de l'administration française au Cameroun, celle-ci décida de changer de stratégie en relâchant une très grande partie des syndicalistes emprisonnés.

Par contre, elle décida de combattre le syndicalisme de l'intérieur afin de le détruire ou d'entrainer son explosion. Elle encouragea et soutint tous les leaders syndicalistes qui avaient à l'instar de Jacques Ngom et Alphonse Essex, décidé de tourner le dos au syndicalisme revendicatif pour s'accommoder avec l'esprit voulu par la France. En réalité, depuis la rupture du RDA de Felix Houphouët-Boigny avec le parti communiste français à l'instigation de François Mitterrand, le gouvernement français faisait pression sur les mouvements syndicaux en Afrique noire afin qu'ils rompent avec la CGT en créant des

---

[23] Ces données proviennent de deux documents : Archives de la CGT Paris (Fédération nationale des cheminots français).
Lettre manuscrite en date du 31 juillet 1955 d'Ernest Fines à monsieur Drouard.
Lettre manuscrite en date du 9 septembre 1955 de monsieur Martin Babong, secrétaire adjoint du syndicat unique des cheminots à monsieur Alphonse Drouard.
[24] Ibid.

syndicats autonomes. En Afrique de l'Ouest, ce message eut un grand succès avec la création à Cotonou du 16 au 19 janvier 1957 de l'Union générale des travailleurs d'Afrique noire (UGTAN). Cette union donc le siège était à Dakar était dirigée par Sékou Touré (Matip, 1959).

Cette stratégie française n'ayant pas réussi au Cameroun à cause du refus de l'UPC de suivre Felix Houphouët-Boigny dans son désengagement, l'administration française changea de fusil d'épaule. Après l'interdiction de l'UPC qui d'office la mettait hors du jeu politique, cette administration manœuvra afin de pousser les responsables syndicaux à rompre les liens qui existaient entre ce parti et les syndicats. Elle espérait ainsi l'explosion des syndicats et la reprise en main de ce secteur par des personnes qui lui étaient affidées. C'est sous cet angle qu'il faut lire le conflit qui éclata au sein de l'USCC dès la libération de leaders syndicaux en 1956 et qui connaitra son épilogue lors du deuxième congrès de la CGKT en février 1958.

Si de manière très schématique Ernest Fines résume le combat au sein des syndicats par cette phrase lapidaire : « Ngom Jacques est contre les responsables upécistes et surtout Moumié, Mayoa quant à lui, reste toujours solidaire de ses frères en exil »[25], la réalité est plus complexe. C'est autour des liens entre l'UPC et les syndicats que se situaient les lignes de clivage au sein de l'UGKT. D'un côté, il y avait Jacques Ngom et Alphonse Essex, les anciens membres du bureau confédéral qui après leur sortie de prison s'étaient mis à critiquer vertement les membres du Bureau de l'UPC et surtout les trois réfugiés de Kumba à savoir Felix Roland Moumié, Ernest Ouandié et Abel Kingué. Ils les accusaient d'être responsables des événements de 1955.[26]Il s'agissait en réalité d'une stratégie pour justifier une éventuelle rupture avec ce parti et la CGT-France, mais conscient de la forte sympathie des ouvriers en faveur de cette alliance, il avait décidé de louvoyer et d'attaquer de biais. Bien qu'ayant participé au congrès constitutif de l'UGTAN à Cotonou en 1957 et ne voulant ni perdre le soutien de l'administration, ni celui des ouvriers, il resta des plus ambigus sur ce sujet.

---

[25] Archives de la CGT Paris (Fédération nationale des cheminots français), lettre en date du 23 mai 1958 d'Ernest Fines à monsieur Drouard
[26] Ibid.

De l'autre côté, il y avait la très grande majorité des syndicalistes en tête desquels les membres du bureau du puissant syndicat unique des cheminots du Cameroun et quelques membres de l'ancien bureau confédéral tels que Beck Mayoa et David Nokmis. Pour eux, tant que la France n'était pas partie, il fallait s'en tenir aux termes du contrat initial et continuer à lutter « pour le respect des libertés syndicales et démocratiques, pour le bien-être, la liberté de tous les peuples à disposer d'eux-mêmes ».[27] Pour eux, il n'y avait pas de raison de mettre fin au rapprochement entre le combat syndical, la lutte politique et la solidarité entre tous les peuples opprimés.

Dès le congrès de décembre 1956 à la suite de la libération des leaders syndicaux avec la mise sur pied d'une nouvelle structure confédérale dénommée Congrès Général Kamerunais du Travail (CGKT) c'est la vision de cette tendance qui prévalut. L'article 3 des statuts de cette nouvelle structure est plus clair. Il dispose que :

> La confédération générale Kamerunaise du travail est adhérente à la Fédération syndicale mondiale (FSM). Elle entretient des relations d'amitié et de solidarité avec la CGT de France, les Trade-Unions britanniques et les autres organisations syndicales sœurs africaines et internationales sur la base de l'égalité absolue » (Zang-Atangana, 1989).

De plus, le choix de l'expression Kamerun pour désigner le Cameroun montrait clairement que cette union syndicale continuait à se réclamer de l'héritage du combat de l'UPC et qu'elle n'entendait pas rompre avec elle. Seulement, Jacques Ngom et Alphonse Essex, bien que n'étant pas entièrement d'accord avec cette vision réussirent à se faire élire comme membre du bureau confédéral, le prestige du passé aidant. La collaboration ne fit pas long feu et au congrès de 1958, sentant la bourrasque arrivée, il refusa d'y prendre part.

Au sortir de ce congrès, et comme le souhaitait l'administration française, le Cameroun avait deux unions syndicales. La CGKT dont le secrétaire était Mayoa Beck et l'ancien bureau confédéral dirigé par Jacques Ngom qui avec la complicité de l'administration française, avait fait main basse sur le siège et tous les biens de l'union syndicale.[28] Malgré le soutien de l'administration, cette tendance

[27] Archives de la CGT Paris (Fédération nationale des cheminots français), motion du 2e congrès national de la CGKT du 20 février 1958 intitulé « Message aux détenus politiques ».

[28] Archives de la CGT Paris (Fédération nationale des cheminots français), lettre en date du 23 mai 1958 d'Ernest Fines à monsieur Drouard.

mobilisa très peu d'ouvriers syndiqués. Elle ne réussit pas à faire retourner la majorité des délégués du personnel et des membres des conseils d'administration élus jadis sous l'étendard de l'USCC-CGT.[29] La fête du travail du 1er mai 1958 célébrée par chacune des tendances dans un lieu différent servit de baromètre pour jauger une fois de plus la popularité de chacune des unions confédérales. Malgré les interdictions de l'administration, c'est une marée humaine qui se retrouva à la salle des fêtes d'Akwa (lieu choisi par le bureau de Mayoa Beck) alors qu'à l'ancien siège confédéral à Kassalafam à New-Bell, la tendance Ngom « groupait avec peine une centaine de participants »[30].

Face à ces luttes et cette division dans le milieu syndical camerounais, les responsables de la CGT furent des plus perplexes puisqu'ils ne maitrisaient pas les enjeux. Même s'ils déploraient comme l'écrivait Alphonse Douard, secrétaire confédéral « que dans un pays colonisé les camarades ne sentent pas la nécessité de mieux s'entendre »[31], ils étaient tout de même liés par un principe qui gouvernait leurs rapports avec les syndicats africains à savoir « ne pas intervenir dans le cadre démocratique des organisations nationales syndicales »[32]. En somme, s'il pouvait donner des conseils, des formations, des soutiens divers et même prendre part à leur congrès comme le fit Monjauvis pour le congrès de la CGKT de 1958, ils s'interdisaient d'intervenir dans le choix des responsables et dans l'organisation interne des syndicats amis.

Dans le respect de ce principe et n'ayant pas toutes les données de ce problème, les responsables de la CGT se tournèrent vers Ernest Fines, fin connaisseur des milieux syndicaux camerounais pour y avoir longtemps milité et qui venait d'être refoulé du pays afin de recueillir son avis et pour voir s'il peut conduire une possible

---

[29] Il faut préciser que la situation changea les années suivantes. Avec le soutien de l'administration qui par exemple refusa d'organiser les élections dans les bastions nationalistes du Moungo et de l'Ouest sans oublier l'arrestation de quelques responsables de la tendance Mayoa, Ngom Jacques rafla une majorité de sièges de délégués de personnel aux élections de 1959 et 1960. Voir Joseph-Marie Zang-Atangana, *Les forces politiques* ... pp. 140-143.

[30] Archives de la CGT Paris (Fédération nationale des cheminots français), lettre en date du 23 mai 1958 d'Ernest Fines à monsieur Drouard.

[31] Archives de la CGT Paris (Fédération nationale des cheminots français), lettre en date du 22 mars 1957 d'Alphonse Drouard à Ernest Fines.

[32] Ibid.

médiation. La lettre d'Alphonse Drouard est sur ce point assez claire « Je crois, mon cher camarade Fines, que tu peux aider nos camarades avec ton expérience que tu as du mouvement ouvrier. À mon avis, tu es le camarade le mieux placé pour les conseiller et les orienter »[33]. Il s'agit d'une invite à une intervention *intuitu personae* de type privé, Ernest Fines n'ayant pour le moment aucune fonction dans l'organigramme de la CGT. Ce travail était d'autant plus urgent que profilait à l'horizon un congrès de l'union internationale des syndicats et le Secrétaire général de chacune des tendances se voulait l'unique représentant du Cameroun. D'ailleurs, monsieur Essex avait déjà envoyé sa candidature.

La réponse d'Ernest Fines mit fin à toutes les supputations. Pour lui, il y a eu un congrès et la CGT y était représentée par Monjauvis. Ce congrès a élu Mayoa Beck, mais Jacques Ngom se maintenait avec le soutien de l'administration dans les locaux de l'union.[34]Ne pouvant prendre parti ni pour l'un, ni pour l'autre, les responsables de la CGT décidèrent d'attendre et d'observer ce qui fut très mal ressenti par la tendance Mayoa Beck sur qui s'abattit une fois de plus la foudre de l'administration avec l'interpellation et l'emprisonnement de certains de ses responsables « pour atteinte à la sureté de l'Etat » (Zang-Atangana, 1989). Par contre, l'administration soutint à fond la tendance Ngom en refusant, par exemple, l'organisation des élections syndicales dans les grands bastions du nationalisme camerounais comme le Mungo et l'Ouest pour cause « d'insécurité » et qui était en réalité les fiefs de Mayoa Beck. Malgré cette pression, la Confédération Générale camerounaise du Travail (CGCT) de Mayoa Beck obtint 12, 54% aux élections de 1959 et 17,05 à celles de 1960 contre 24,28% et 35,78% pour l'Union Générale des travailleurs (Frantz Fanon, 2010).

Ce parti-pris de l'administration ainsi que son immixtion dans les affaires syndicales entraîna des scissions et des divisions dans toutes les autres centrales syndicales existant au Cameroun (Confédération Générale du Travail, Force-ouvrière, Union des syndicats autonomes du Cameroun, Confédération camerounaise des syndicats croyants, Union camerounaise des Travailleurs croyants). Ce fut le début du déclin des syndicats indépendants au Cameroun et la création

---

[33] Ibid.

[34] Archives de la CGT Paris (Fédération nationale des cheminots français), lettre en date du 23 mai 1958 d'Ernest Fines à monsieur Drouard.

quelques années plus tard d'une centrale syndicale unique sous la coupe du parti unique fut le dernier coup de marteau sur un cercueil.

Conclusion

Les Camerounais n'ont certes pas inventé le syndicalisme, mais leur principal mérite est d'en avoir fait un instrument de lutte contre la colonisation et l'oppression, suscitant ainsi l'ire de l'administration coloniale française pour qui le bon nègre est le nègre « soumis... domestiqué... infériorisé » pour emprunter des expressions chères à Frantz Fanon (Frantz Fanon, 2010). Dans cette bataille idéologique entre deux forces antagonistes et fidèles à sa doctrine anti-impérialiste et anticoloniale, la CGT française se tint auprès des syndicalistes camerounais, les sauvant ainsi des fourches caudines d'une administration qui avait déjà décidé de leur sort. En étudiant cette partie de l'histoire du Cameroun, ce texte lance un regard nouveau sur un sujet pas suffisamment étudié à savoir le syndicalisme et sa contribution à la lutte pour l'indépendance. Ce faisant, il abandonne l'approche manichéiste souvent en vogue dans l'historiographie africaine par une intelligibilité critique de la complexité des situations vécues dans l'espace coloniale. Malheureusement, il ne s'agit ici que d'un fragment et d'une tentative, l'histoire globale des moments de l'éveil de la conscience nationale chez nous et des moyens par lequel notre peuple a décidé de faire le procès de l'entreprise coloniale reste encore à écrire et il s'avère urgent à l'heure où émergent d'autres radicalités antinationales.

Sources et références bibliographiques.

1- Sources archivistiques

Archives nationales de Yaoundé

- 2 AC 5824 Activités de l'Union des syndicats confédérés 1951-1955.
- 2 AC 7059, UPC leaders, Arrestations 1955.

Archives de la CGT sise Porte de Montreuil à Paris (Fédération nationale des cheminots)

Lettre en date du 31 juillet 1955 de monsieur Ernest Fines à monsieur Drouard

- Comité d'action et de solidarité pour la libération du cheminot Audois Ernest Fines et pour le soutien à sa famille
- Lettre en date du 14 novembre 1955 de monsieur Georges Malgouyress, Secrétaire General du secteur fédéral à monsieur Alphonse Drouard, Secrétaire fédéral
- Lettre manuscrite en date du 9 septembre 1955 de monsieur Martin Babong, Secrétaire adjoint du syndicat unique des cheminots à monsieur Alphonse Drouard.
- Lettre envoyée le 26 mars 1956 par le comité de défense et de solidarité Ernest Fines au juge de la cour d'Appel de Yaoundé.
- Lettre en date du 07 novembre 1957 du Secrétaire fédéral G. Seguy au secteur fédéral de Paris-Nord.
- Lettre en date du 23 mai 1958 d'Ernest Finex à monsieur Drouard.
- Motion du 2e congrès national de la CGKT du 20 février 1958 intitulé « Message aux détenus politiques ».
- Lettre en date du 22 mars 1957 d'Alphonse Drouard à Ernest Fines.
- Lettre en date du 15 septembre 1955 de monsieur Martin Babong à monsieur Drouard.

Centre des archives d'Outre-Mer (Aix-en-Provence)

- CAOM, Affaires politiques 3335, lettre du ministre Pierre-Henri Teitgen à Roland Pré.

2- Sources imprimées

Ouvrages

- Deltombe Thomas, Domergue Manuel, Tatsitsa Jacob, *Kamerun ! Une guerre cachée à l'origine de la Françafrique. 1948-1971,* Paris, la découverte, 2011.
- Donnat Gaston, *Afin que nul n'oublie. L'itinéraire d'un anti colonialiste. Algérie-Cameroun-Afrique*, Paris, L'Harmattan, 1986.
- Eyinga Abel, *Démocratie de Yaoundé, syndicalisme d'abord,* 1944-1946, Paris, L'Harmattan, 1985.

- Eyinga Abel, *L'UPC. Une révolution manquée*, Paris, édition Chaka, 1991.
- Fanon Frantz, *Les damnés de la terre*, Paris, La Découverte, 2010.
- Fotso et al., *La lutte nationaliste au Cameroun 1940-1971*, Paris, l'Harmattan, 2011.
- Joseph Richard, *Le mouvement nationaliste au Cameroun. Les origines sociales de l'UPC*, Paris, Karthala, 1986,
- Mbembe Achille, *La naissance du maquis dans le Sud-Cameroun. (1920-1960), histoire des usages de la raison en colonie,* Paris, Karthala, 1996.
- Mongo Beti, *Main basse sur le Cameroun, autopsie d'une décolonisation*, Rouen, Éditions des peuples noirs, 1977.
- Moumé Etia Léopold, *Les années ardentes. Aux origines de la vie syndicale et politique*, Paris, JALIVRES, 1991.
- Tchumtchoua Emmanuel, *De la JEUCAFRA à l'UPC. L'éclosion du nationalisme camerounais*, Yaoundé, CLE, 2006.
- Zang-Atangana Joseph-Marie, *Les forces politiques au Cameroun réunifié, Tome 3,* Paris, L'harmattan, 1989.

Thèses et mémoires

- Dikoumé Albert François « Les travaux publics au Cameroun sous administration française de 1922 à 1960 : Mutations économiques et sociales », thèse de doctorat d'Etat, Université de Yaoundé, 2006.
- Kaptué Léon, « L'expérience syndicale au Cameroun : Des origines à 1960 », thèse de doctorat d'État en histoire, Université de Yaoundé, 1988.
- Moussa Gouane Arouna, « Les syndicats de cheminots de 1944 à 1999 », mémoire de maîtrise en histoire, Université de Douala, 2004.

Table des matières

Structures éditoriales du groupe L'Harmattan

L'Harmattan Italie
Via degli Artisti, 15
10124 Torino
harmattan.italia@gmail.com

L'Harmattan Hongrie
Kossuth l. u. 14-16.
1053 Budapest
harmattan@harmattan.hu

L'Harmattan Sénégal
10 VDN en face Mermoz
BP 45034 Dakar-Fann
senharmattan@gmail.com

L'Harmattan Cameroun
TSINGA/FECAFOOT
BP 11486 Yaoundé
inkoukam@gmail.com

L'Harmattan Burkina Faso
Achille Somé – tengnule@hotmail.fr

L'Harmattan Guinée
Almamya, rue KA 028 OKB Agency
BP 3470 Conakry
harmattanguinee@yahoo.fr

L'Harmattan RDC
185, avenue Nyangwe
Commune de Lingwala – Kinshasa
matangilamusadila@yahoo.fr

L'Harmattan Congo
67, boulevard Denis-Sassou-N'Guesso
BP 2874 Brazzaville
harmattan.congo@yahoo.fr

L'Harmattan Mali
ACI 2000 - Immeuble Mgr Jean Marie Cisse
Bureau 10
BP 145 Bamako-Mali
mali@harmattan.fr

L'Harmattan Togo
Djidjole – Lomé
Maison Amela
face EPP BATOME
ddamela@aol.com

L'Harmattan Côte d'Ivoire
Résidence Karl – Cité des Arts
Abidjan-Cocody
03 BP 1588 Abidjan
espace_harmattan.ci@hotmail.fr

Nos librairies en France

Librairie internationale
16, rue des Écoles
75005 Paris
librairie.internationale@harmattan.fr
01 40 46 79 11
www.librairieharmattan.com

Librairie des savoirs
21, rue des Écoles
75005 Paris
librairie.sh@harmattan.fr
01 46 34 13 71
www.librairieharmattansh.com

Librairie Le Lucernaire
53, rue Notre-Dame-des-Champs
75006 Paris
librairie@lucernaire.fr
01 42 22 67 13

www.ingramcontent.com/pod-product-compliance
Lightning Source LLC
LaVergne TN
LVHW011446061026
849535LV00004BA/977
* 9 7 8 2 1 4 0 2 0 8 0 8 9 *